文明远扬

文化走出去内容、形式和途径创新

王春林◎著

中国经济出版社
CHINA ECONOMIC PUBLISHING HOUSE
·北京·

图书在版编目（CIP）数据

文明远扬：文化走出去内容、形式和途径创新／王春林著．—北京：中国经济出版社，2019.11（2024.1 重印）

ISBN 978－7－5136－5634－4

Ⅰ.①文… Ⅱ.①王… Ⅲ.①文化交流—研究—中国 Ⅳ.①G125

中国版本图书馆 CIP 数据核字（2019）第 067184 号

责任编辑　夏军城
责任印制　马小宾
封面设计　任燕飞

出版发行　中国经济出版社
印 刷 者　三河市同力彩印有限公司
经 销 者　各地新华书店
开　　本　710mm×1000mm　1/16
印　　张　13.25
字　　数　260 千字
版　　次　2019 年 11 月第 1 版
印　　次　2024 年 1 月第 2 次
定　　价　48.00 元
广告经营许可证　京西工商广字第 8179 号

中国经济出版社　**网址**　www.economyph.com　**社址**　北京市东城区安定门外大街 58 号　**邮编**　100011
本版图书如存在印装质量问题，请与本社销售中心联系调换（联系电话：010－57512564）

目 录

第1章 导 论

1.1 选题背景

在经济全球化、社会信息化的时代背景下，顺应世界潮流，抓住时代机遇，加快文化创新发展，推动文化走出去，利用文化来塑造国家的国际形象和影响力，已成为实现中华民族伟大复兴的重要战略抉择，成为当下社会各界高度关注的热点话题。

从当代世界文化发展趋势看，自20世纪80年代以来，随着全球化、信息化、网络化、现代化、市场化的深入发展，文化与经济、政治日益交融，文化的政治性、经济性日益凸显，文化发展在当代世界中的地位和作用日益增强。在全球化语境下，世界各国在文化交流互鉴中涌现出以下发展趋势。

一是文化在国际竞争中的地位越来越突出。一方面，全球范围内经济和文化资源的流动和扩散、重组和整合加快，不同民族和国家之间的文化传播，使各个民族和国家的文化在交流互动中相互包容、借鉴创新；另一方面，全球化带来人的社会关系的世界化和人的社会交往的世界化，不同社会以及不同地区的人们产生了前所未有的文化交往。一个民族所创造的先进文化成果，不仅为本民族所享用，也为其他民族所分享。“一个文化创造力强盛的民族，更容易赢得其他民族在观念上的尊重、情感上的亲近、行动上的支持。”① 这种借助文化贸易和文化外交获得其他民族尊重、亲近和支持的强势国家，具有“不战而屈人之兵”的软实力。因而国际文化贸易、文化外交现已成为国家综合国力竞争的一个新领域，世界各国都采取了各种措施提高本国文化的国际竞争力，以此扩大本国文化的国际吸引力和影响力。

二是国际文化贸易越来越活跃。随着现代化与城市化的演进，生产效率和人们生活水平的不断提高，人们休闲娱乐的时间逐渐增加，对文化产品和服务的消费需求日趋增大，由此带动了世界范围内文化产业的蓬勃发展。同时，数字技术、信息技术、互联网技术的传播和应用，为国际文化贸易提供了强大推动力。作为国际贸易的一个重要组成部分，国际文化贸易不仅能够为文化出口大国带来

---

① 张学英.论增强国家文化软实力的基本路径[J]. 理论研究,2012(1):33.

巨大的经济效益，而且能提升其文化影响力。因此，无论是发达国家，还是广大发展中国家，都高度重视发展文化产业，积极拓展国际文化市场。现今，文化产业已成为世界经济增长的重要引擎，国际文化贸易也越来越活跃。

三是东方文化价值观越来越受到推崇。1972 年罗马俱乐部出版了《增长的极限》一书，第一次深刻分析了人类社会发展与地球资源的极限问题，敲响了资源消耗增长模式的警钟。2008 年美国爆发“次贷危机”引发全球金融危机，暴露出自由资本过度追逐利润的原始野性。从罗马俱乐部对人类发展困境的讨论，到东西方人文学者对美国“次贷危机”的深层原因分析，人们开始反思西方价值观的痼疾以及西方文化带来的种种流弊。学者们意识到，西方资本主义和工具理性风靡世界的几百年中，一方面科学技术生产力给人类带来了高度发达的物质文明；另一方面，资本血性和个人主义、自由主义在狂热追求垄断利润和物质享受的社会氛围中，造成了民族冲突、战争，自然环境遭到破坏，社会矛盾不断加剧，以至于人类面临日益严峻的生存威胁。总的来说，西方文明正面临着三大基本矛盾：人与环境的冲突导致的生态危机；人与人的冲突导致的社会危机；人与自我的冲突导致的精神危机。当人们认识到西方文化的缺陷时，开始向东方寻找新的智慧源头。在东方文明中，中华文化最具代表性。中华文化的思维方式是天人合一，追求人与自然、人与社会、人与自我的平衡和谐。在这种思维方式下产生的文化即是“和”文化。在中华“和”文化中，儒家侧重于构建人与社会的和谐关系，道家侧重于人与自然的和谐关系，中国佛教侧重于人与自我心灵的和谐关系，三者互补形成一个有机整体，恰好可以化解西方文明带给人类的三大基本矛盾。因而世界不少有识之士呼吁，21 世纪要应对人类面临的危机，须从中华文化中汲取智慧。由此，中华文化的天人合一、人际和谐、人文理性等核心文化理念越来越受到西方社会的关注和推崇。

四是新一代信息技术对全球各民族的文化生产和传播产生了全方位的影响。“当前，互联网技术迅猛发展，与之相关的信息传输新技术、新应用不断取得新突破，分众化、移动化、视频化加快普及，大数据、云计算、移动互联、人工智能迅速发展，虚拟现实（VR）、增强现实（AR）、全景视频、沉浸式观看正在兴起。”① 互联网技术和平台深刻影响文化内容的生产、传播与消费，也深刻影响人类的生产方式、生活方式、学习方式和娱乐方式。数字出版、网络多媒体成为影响世界文化格局和舆论生态的重要因素，对传统文化生产与传播产生了全方位的影响。进入海量信息的互联网时代，国际文化交流与竞争尤其需要把握文化传

① 聂辰席．深刻洞察网络视听发展新趋势，努力营造积极健康的网络视听精神家园[J]．中国有线电视，2016(12)：1351.

承与创新的关系，需要以多样化手段承载多样化文化，以多样化手法演绎多样化创造，丰富互联网文化形态，提供精准化个性化互联网文化服务。鉴于网络世界“无边界、传播快”等特点，互联网技术革命既为民族文化走向世界带来了便利条件，同时网络时代的文化安全问题也成为世界各国共同面临的难题。面对西方强势文化的入侵，各民族传统文化必然会受到严峻的挑战。因此，适应网络时代文化发展规律，在保持民族特色的基础上加快文化内容生产创新、传播方式与途径创新，向现代化世界化发展，成为当今各民族文化发展的必然选择。

从中国文化走出去的战略部署看，当代世界文化发展的新趋势，对于中国文化发展而言，既是挑战更是难得的历史机遇。中华民族在 5000 多年的历史中，创造和积淀了灿烂辉煌的传统文化。作为世界唯一绵延不断的文明，中华文明在近代以前的 2000 多年间，以丝绸之路、玄奘西行、鉴真东渡、郑和下西洋等多渠道和方式参与世界各文明体系的互动与对话，受到世界的景仰和喜爱，并对中国周边国家的文化，乃至欧洲近代文明的启蒙发展产生过重大影响。但在 18 世纪中期以后 200 年间，随着西方现代工业文明的发展，中华文化的国际影响力逐渐衰弱。进入 21 世纪，在世界文化发展的新潮流下，加快中国文化走出去成为中国提升国家软实力的战略任务。

中国以加入 WTO 为契机，全面融入全球化进程。一方面，随着中国文化市场的扩大开放，以美国好莱坞大片、英国创意、法国艺术、日本动漫、韩国的电视剧为代表的发达国家的文化产品和服务大规模涌入中国，虽然满足了人们的文化消费需求，但是文化安全受到了威胁。另一方面，随着经济走出去的步伐不断加快，中国对外经贸大幅增长，成为全球制造业大国、经济总量第二大国和世界贸易第一大国。在经济走出去的带动下，中国凭借丰厚的历史文化积淀，稳步发展对外文化交流和文化贸易，文化对外贸易量逐年增长，中国文化出口的“入超”逐年减少。

面对“文化赤字”、文化安全威胁与国际文化软实力竞争的挑战，党和政府多次从国家战略高度，对文化走出去作出了系列部署，明确了“提高中华文化国际影响力，形成与中国国际地位相称的文化软实力”的目标和具体要求。如 2004 年在党的十六届四中全会《关于加强党的执政能力建设的决定》中要求“推动中华文化更好地走向世界，提高国际影响力”。2005 年在党的十六届五中全会上，将文化走出去上升到战略的高度，提出了“社会主义先进文化建设要加快实施文化产品走出去战略，推动中华文化走向世界”。2010 年 10 月《中共中央关于制定国民经济和社会发展第十二个五年规划的建议》做出更为具体的部署：“加强对外宣传和文化交流，创新文化‘走出去’模式，增强中华文化国际竞争力和影响力。”2011 年 10 月，中共十七届六中全会通过的《中共中央关于深化文化体制改革推动社会主义文化大发展大繁荣若干重大问题的决定》，从建设社会主义文化强国的战略高度，系统阐述了“推动中华文化走向世界”，强调“实施文化走出去工程，完善支持文化产品和服务走出去政策措施，支持重点主流媒体在海外设立分支机构，培育一批具有国际竞争力的外向型文化企业和中介机构，完善译制、推介、咨询等方面扶持机制，开拓国际文化市场”。2012 年 11 月，党的十八大报告从“扎实推进社会主义文化强国建设”，不断增强“中华文化国际影响力”的高度，提出“增强文化整体实力和竞争力”的要求，强调“扩大文化领域的对外开放”。2013 年 11 月，十八届三中全会作出的《中共中央关于全面深化改革若干重大问题的决定》就“提高文化开放水平”问题，提出了要“扩大对外文化交流、加强国际传播能力和对外话语体系建设，推动中华文化走向世界”，并提出“切实维护国家文化安全”的要求。2017 年 10 月，党的十九大报告着眼于中国特色社会主义进入新时代，从“坚定文化自信，推动社会主义文化繁荣兴盛”的高度，提出了“推进国际传播能力建设，讲好中国故事，展现真实、立体、全面的中国，提高国家文化软实力”的要求。从 2004 年至 2017 年，党中央多次在重大战略决策中，从不同的角度对“推动中华文化走向世界”“增强中华文化国际影响力”“维护国家文化安全”“提高国家文化软实力”作出了相关部署和要求。特别是党的十八大以来，以习近平同志为核心的党中央围绕提升国家文化软实力，提出了一系列新思想、新战略和新部署。

近年来，随着文化走出去战略持续推进，中华文化国际影响力日益彰显，同时也面临着一些亟待解决的现实问题。其中，如何适应当代世界文化发展的新趋势，科学把握文化走出去发展规律，不断创新文化走出去的内容、形式和途径，是促进中国文化更好地走出去的核心问题。

1.2 国内外研究动态

为了充分了解中国文化走出去的研究动态，笔者借助图书馆和互联网等途径，查找与中国文化走出去战略、中华文化走出去、中国文化对外交流等专题相关的图书、期刊、报纸和互联网上的文献资料，在此基础上，对国内外研究动态进行了总结梳理和系统分析。

1.2.1 国内对文化走出去的研究与讨论

21 世纪以来，党中央不断强调扩大对外文化交流，推进中华文化走向世界。2005 年，文化部（2018 年 3 月 13 日，根据第十三届全国人民代表大会第一次会议批准的国务院机构改革方案，组建文化和旅游部，不再保留文化部、国家旅游局）《文化建设“十一五”规划》提出“中华文化走出去”战略后，理论界开始关注文化走出去的战略和策略问题。党的十六届五中全会以来，中央一再强调实施文化走出去战略，增强中华文化在世界上的感召力和影响力。随着中国文化走出去战略实施工作的推进，中国文化走出去问题引起了众多专家学者的极大关注，并从理论和实践两个层面进行了探讨和研究，积累了一些研究成果。笔者根据中国知网数据库对“文化走出去”主题文献检索结果进行了统计：2003 年至 2016 年，关于这方面的期刊论文有 4241 篇；在硕博士论文库检索相同主题并排除不相关结果，共计有 287 篇硕博士论文研究中国文化走出去问题；近些年来，国内还出版了一些“文化走出去”研究专著，如陈忱《中国民族文化产业的现状与未来：走出去战略》（2006）、宋阳《中国文化“走出去”发展战略研究》（2012）、张西平《中国文化走出去年度研究报告》（2012 卷，2015 卷）、白志刚《北京文化“走出去”国际比较研究》（2013）、王佐书《文化走出去》（2013）、黄波涛《中华文化“走出去”的财政政策研究》（2013）、刘燕飞《中国传统文化图书“走出去”研究》（2015），等等。在对上述相关文献进行梳理和分析后，笔者发现，国内学者对中国文化走出去的研究主要集中以下五个方面：

第一，对中国文化走出去战略的研究。中国文化“走出去”战略提出的初期，研究较多的是文化“走出去”战略的内涵和对策，思考的重点是如何实施中国文化“走出去”战略。其中代表性观点有：骆玉安提出中华文化走出去战略的三个基本内涵包括对外文化宣传、对外文化交流和对外文化贸易。[①]廖建军，雷鸣从文化软实力角度讨论文化“走出去”的意义。[②] 杨利英论述了中国文化走出去战略的形成过程、重大意义，讨论了三大具体战略措施。[③] 曲慧敏分析了中华文化走出去战略实施内容、渠道和模式问题。[④] 张殿军认为，中国文化在走出去的过程中，既要树立理性的文化“主体间性”理念，也要根据既有文化资源和比较优势，针对不同国家的文化身份和国际文化交往格局，实行有重点、有差异的文化策略。[⑤] 胡晓明撰文分析了中国政府主导的文化活动、西方媒体、大师作品、中国人的形象四种力量对中国文化“走出去”的优势与弊端，指出了政府主导的中国文化海外传播的三个困境。[⑥] 冯颜利研究提出，增强中华文化的竞争力与国际影响力，须“继承传统文化精华，凝练与创新时代文化，不断夯实文化产业基础，重视文化话语体系的协调与对接。”[⑦] 雷兴长、李者聪提出，“中国

---

① 骆玉安．关于实施中华文化走出去的战略思考［J］．殷都学刊，2007（2）：153－156.

② 廖建军、雷鸣．从文化软实力角度看“走出去”战略[J]．出版发行研究，2010(2)：5－8.

③ 杨利英．中国文化“走出去”战略研究[D]．中国人民大学，2010.

④ 曲慧敏．中华文化走出去战略研究[D]．山东师范大学，2012.

⑤ 张殿军．论中国“文化走出去”[J]．理论探索，2012(6)：10－13.

⑥ 冯颜利．中华文化如何“走出去”文化影响力建设的问题、原因与建议[J]．人民论坛，2013(8)：76－83.

⑦ 胡晓明．如何讲述中国故事？——“中国文化走出去”的若干理论与实践问题[J]．华东师范大学学报(哲学社会科学版)，2013(5)：107－117，155.

文化产品走向世界应该实行三大战略步骤：第一步骤，在文化产品内容中国特色化的基础上，通过文化产品形式国际化走向世界；第二步骤，在文化产品形式国际化基础上，通过文化产品内容国际化，参与国际文化市场的竞争；第三步骤，在文化产品国际化基础上，通过文化产品中国化，引领世界文化产品创造。"[①] 赵跃研究提出，应在坚持本土化根基与全球化定位的前提下，采取完善文化政策、加大资金扶持、构建多元渠道、创新传播方式、储备传播人才等措施推进中国传统文化走出去。[②] 李超民认为，实施中华文化"走出去"战略，要"着力构建政府为主导，民间交流为主体，市场调控为杠杆，文化外交与贸易相结合的文化交流新机制，进一步扩大文化领域的对外交流与对话机制"，[③] 逐步形成全方位、多层次、宽领域的文化"走出去"格局。蔡武指出，"文化走出去要在品质和内涵上下功夫，实现品牌化发展、系统化运作""要下功夫研究文化交流的规律，找好接口"；从"深化内涵，提升品质，加快培育一批优秀文化艺术人才、文化企业和文化产品上"推进文化走出去"品牌化发展"。[④] 中共中央宣传部前部长刘奇葆强调指出，"推动中华文化走出去要突出思想内涵和价值观念""推动中华文化走出去要多措并举、多方发力""要坚持政府主导、企业主体、市场运作、社会参与，统筹国际国内两种资源，用好文化交流、文化传播、文化贸易三种方式，凝聚政府、企业、社会组织和个人四方力量，着力构建全方位、多层次、宽领域的文化走出去格局，增强中华文化国际影响力。"[⑤]

第二，对中国文化走出去具体实践的经验分析。随着中国文化走出去实践的推进，一些专家学者开展了对文化走出去现状问题的经验研究。例如，王雅坤、耿兆辉总结分析中国文化走出去的现状和问题，指出中国文化走出去存在"文化产品附加值低，缺少文化内涵和创意；缺少文化共鸣的基础；缺少品牌战略意识等问题，并从技术、文化产品和服务、传播者、受众等四个方面探讨影响中国文化走出去的制约因素"。[⑥] 中国新闻出版走出去是中国文化走出去的重要方面，对中国新闻出版走出去的问题研究成果比较丰富，其中具有理论深度的研究成果不少。例如，范军通过对中国新闻出版走出去的内在动力、外部环境、主要进展、存在问题几个方面进行分析，并提出了改进的建议。[⑦] 潘文年以新经济学理

---

① 雷兴长，李者聪．中国文化产品走向世界的战略步骤与战略选择[J]．求实，2013(4)：77－81.

② 赵跃．本土化与全球化的交融——中国传统文化走出去问题探析[J]．理论学刊，2014(2)：124－127.

③ 李超民．增强文化整体实力和竞争力的意义和路径[J]．东岳论丛，2013(12)：140－144.

④ 蔡武．"文化走出去"要在品质和内涵上下功夫[J]．决策探索，2012(13)：6.

⑤ 刘奇葆．大力推动中华文化走向世界[N]．光明日报，2014－05－22.

⑥ 王雅坤，耿兆辉．中国文化走出去的影响因素及路径选择[J]．河北学刊，2013(3)：209－211.

⑦ 范军．中国新闻出版"走出去"的理论与实践(上)、(下)[J]．出版发行研究，2011(11－12).

论的视角分析中国新闻出版走出去的内涵、实质、动因、主要模式、面临的风险。[①] 肖洋、谢红焰研究认为，入世十年中国数字出版走出去暴露出版权纠纷频发、内容与文化水土不服、盈利模式不明晰、体制与观念滞后等突出问题，指出未来阶段的优先策略是加大扶持赞助力度，创新数字出版产品形式，集中资本、品牌、人才规模合力出击。[②] 李京宇分析了影响中国数字出版"走出去"发展的动力要素，构建了发展数字出版"走出去"的系统动力学模型。[③] 周敏、浮琪琪深入研究数字出版的发展路径，指出增强数字化传播能力是中国文化走出去必须解决的首要问题。[④]

第三，对中国文化走出去的内容选择的研究。2011 年党的十六届六中全会提出"实施文化走出去战略，不断增强中华文化国际影响力"的号召后，文化走出去的内容选择、内容创新等问题成为理论界探讨的一个热点问题，形成了一批较有影响的成果。如崔玉宾研究总结中国文化走出去的内容现状后认为，中华文化走出去面临的主要问题有：中华文化的吸引力不足；传统文化资源开发不够；当代精神总结不足；缺少国际视野与文化适应能力；中国传统文化失语等五个问题。[⑤] 邓显超、袁亚平从跨文化交流的研究视角提出，中华文化走出去要认识中外文化传统习俗、语言交流习惯和文化消费心理的差异，结合维护世界文化多样性和国家文化安全的需要，在系统了解国外文化历史与现实的基础上实现中国话语的合理转换与创新。具体方法：以社会主义核心价值体系为基本遵循，对中华优秀文化进行国际化处理、艺术化演绎和现代化传递，以新闻传播媒介为重要平台，以跨文化交流的文化翻译为关键环节。[⑥] 王雅坤、耿兆辉研究提出，中国文化走出去要"让包含体现人类共同情感与真、善、美的人和事物传播出去，文化产品和服务既体现中国文化的核心价值又包容与其他国家共通的文化价值，既有中国传统文化生生不息的厚重，又要体现中国现代文化与时俱新的特色"。[⑦] 张颐武针对文化走出去如何少打"折扣"问题研究指出，欧美发达国家跟中国的生活和文化距离较大，对中国文化产品兼容度较差，保持更为灵活的姿态和坚

① 潘文年．中国新闻出版业"走出去"研究[D]．南京大学，2011.

② 肖洋，谢红焰．入世十年中国数字出版"走出去"的现状及问题研究[J]．编辑之友，2012(10)：80－81.

③ 李京宇．中国数字出版"走出去"发展的动力机理及模型[M]．华中科技大学，2014.

④ 周敏，浮琪琪．数字化出版助力中国文化走出去的现状及问题探析[J]．科技与出版，2015(7)：31－36.

⑤ 崔玉宾．中国文化"走出去"的现状及对策分析[J]．人民论坛，2013(5)：172－173.

⑥ 邓显超，袁亚平．从话语转换看中华文化走出去[J]．长白学刊，2012(4)：144－147.

⑦ 王雅坤，耿兆辉．中国文化走出去的影响因素及路径选择[J]．河北学刊，2013(3)：208－211.

持贴近受众需求至关重要。① 任成金从历史对比角度分析了中国文化走出去存在国际文化市场所占份额过低；文化输出内容单一；文化认可度低以及文化形象出现认知偏差等问题。他认为推动中国文化走出去，要进一步明晰走出去战略；优化走出去的文化内容体系；拓展走出去的主体范围及渠道，构建中国风格的哲学社会科学体系等。② 杨威、关恒研究提出，摆脱国际话语困境，增强文化国际竞争力，一方面应增强文化原创力，打造中国特色的精英文化品牌，彰显新时期的中国魅力；另一方面要争夺国际话语权，避免西方话语陷阱，想方设法为当代中国建设和发展谋求更多的理解和认同。③ 张志洲分析了中国文化走出去的三个基本动因和文化外交存在的价值观困境，提出中国文化外交和文化“走出去”应把握的两个根本方向：一是争取国际话语权，努力改变中国在国际文化价值观中的结构性弱势地位；二是坚持社会主义核心价值观，在文化现代化、国际化与保持中国传统文化之间寻求最佳的平衡。④ 韩震认为，对外文化传播的话语创新必须基于中国的历史传统和社会发展现实，提炼出贴切描述中国道路、反映中国力量、表达中国精神的中国话语。⑤ 曾婕、沈壮海、刘水静等研究认为，推动中国思想文化“走出去”创新发展，要扣紧文化“走出去”的价值观传播主线，坚持对外文化交流的“多样化”原则、“本土化”原则及“人人参与”原则。⑥ 康同辉、李春雷、袁勤俭从数字出版“走出去”内容建设的角度提出，要从精选经典著作、民俗文化及历史遗迹元素，遴选反映改革开放成就的素材，挖掘国际友好、国际真相的题材，加快哲学社会科学优秀成果“走出去”进程。⑦

第四，对中国文化走出去途径方式的分析研究。吴卫民、石裕祖总结出中国文化“走出去”的六种模式，即政府主导模式、半官半民活动、纯粹民间行为、教育渠道、学术交流、文化贸易等。⑧ 齐勇锋、蒋多将“十一五”以来中国文化走出去的模式和途径概括为一种“政府扶持、企业运营、银企合作、利用和建设国际化流通渠道与传播平台”的具有中国特色的市场化模式。⑨ 张晓风、金起文

---

① 张颐武．文化走出去如何少打“折扣”[N]．人民日报，2013－10－08.

② 任成金．中国文化走出去的历史借鉴与现实选择[J]．中州学刊，2015(2)：91－97.

③ 杨威，关恒．当代中国文化“走出去”路径探究——基于唐宋文化对外传播方式的考察[J]．学术论坛，2015(11)：139－144.

④ 张志洲．文化外交与中国文化“走出去”的动因、问题与对策[J]．当代世界与社会主义，2012(3)：12－16.

⑤ 韩震．对外文化传播中的话语创新[J]．中国特色社会主义研究，2016(1)：68－72.

⑥ 曾婕，沈壮海、刘水静．中华文化“走出去”战略及其实践研究[J]．江汉论坛，2016(2)：5－14.

⑦ 康同辉，李春雷，袁勤俭．文化“走出去”视角下数字出版内容创新研究[J]．学术论坛，2015(2)：76－78.

⑧ 吴卫民，石裕祖．中国文化“走出去”路径探析[J]．学术探索，2008(6)：72－75.

⑨ 齐勇锋，蒋多．中国文化走出去战略的内涵和模式探讨[J]．东岳论丛，2010(10)：5－9.

则把文化走出去的模式归纳为“注资”模式、“借船出海”模式、“联姻”模式、“入驻”模式、技术导向模式等五种模式，提出文化走出去应由文化展示型向经济效益型转变、政府主导型向引导型转变、政策优惠型向环境优化型转变。[①] 王玉梅在其硕士论文中，分析了新华社、中央电视台、中国国际广播电台、中国日报、人民日报等中央媒体“走出去”的现状和经验得失，探索加快文化走出去，赢得话语权的有效途径和方法。(2018 年 3 月，中国中央电视台及中国国际电视台与中央人民广播电台、中国国际广播电台组建中央广播电视总台)[②] 李伟荣从文化传播与译介规律入手，提出了文化“走出去”的五种外部路径：“遴选译介作品与跨界对话；厘清翻译模式与人才培养学者化；讲好中国故事，超越‘中国威胁论’；建立版权代理制度，扩大作品的海外传播力；树立‘和而不同’的国家形象，提升中国文化国际影响力。”[③]

近年来，随着研究的深入，一些关于文化走出去途径领域的延伸研究成果也不断涌现。如李怀亮、万兴伟分析中国影视文化产品“走出去”的问题与对策，从企业培育、国际市场调研、影视配音、人才培养、拓宽和选择合适的发行渠道及建立影视品牌、开发影视产业链等六个方面给出对策建议。[④] 王国平、袁也从分析中国传媒的世界影响力入手，探究了中国传媒文化“走出去”的掣阻与问题，就“走出去”的战略，提出了文化宣传、文化外交、文化贸易、文化品牌、文化人才等六个方面的要务。[⑤] 舒志彪、王志以传播学的视角分析推动中华文化走向世界的路径，从传播主体、传播受众、传播方式和渠道、传播效果四个方面提出了方案。[⑥] 王志勤、谢天振研究提出，中国文学文化要成功走出去，必须综合考虑作者、译者、赞助人和出版机构等各种因素、译介的规律，考虑译入语读者对翻译家的认可程度，了解译入语国家的社会因素、意识形态、占主导地位的文学观念，正视接受环境的时间差和语言差问题。[⑦] 徐永红基于文化间性理论，以文化适应为视角，研究分析中医药文化对外传播问题，通过历史与现实结合，理论与实践结合，宏观、中观、微观三者结合等方法，构建出中医药文化对外传播的模式和促进中医文化适应的策略。[⑧] 韩震、陈海燕研究提出，外语类院校在

---

① 张晓风，金起文．文化走出去的模式及转型[J]．青年记者，2012(11 下)．

② 王玉梅．中央媒体走出去的现状及对策研究[D]．中央民族大学，2011.

③ 李伟荣．中国文化“走出去”的外部路径研究[J]．中国文化研究，2015(3)：29－46.

④ 李怀亮，万兴伟．中国影视文化产品“走出去”的问题与对策[J]．现代传播，2011(11)：12－17.

⑤ 王国平，袁也．推进中国传媒文化“走出去”研究[J]．求索，2013(5)：223－225.

⑥ 舒志彪，王志．推动中华文化走向世界的路径思考——基于传播学视觉的分析[J]．传媒，2013(7)：21－27.

⑦ 王志勤，谢天振．中国文学走出去：问题与反思[J]．学术月刊，2013(2)：21－27.

⑧ 徐永红．中医药文化对外传播研究[D]．华东师范大学，2014.

跨文化沟通、国际人文交流等方面具有人才和学科优势，是助推中国文化“走出去”的重要媒介，应“与兄弟院校和其他机构协同创新，共同开展文化交流平台建设和国际区域问题研究，为提升国家文化影响力和软实力做出贡献。”① 文化和旅游部部长雒树刚撰文提出，“要创新文化‘走出去’模式，构建多层次多样化的文化‘走出去’格局，把政府交流与民间交流结合起来，把组织国内力量与借助国外力量结合起来，不断拓展文化交流的广度深度。积极探索市场化、商业化、产业化的运作方式，培育对外文化贸易主体，形成一批具有较强实力和国际竞争力的外向型骨干文化企业和企业集团。”② 苏红燕从国际文化交流的角度研究提出，“推动中华文化走向世界，必须开展多渠道多形式多层次对外文化交流，广泛参与世界文明对话，才能增强中华文化在世界上的感召力和影响力。”③ 上海社科院花建研究员研究提出，文化地缘战略是中国文化走出去的重要依托，中国发展国际文化贸易要立足中国的民族众多、地域多样、周边复杂的文化国情，因地制宜加强对外文化贸易。要开发多样资源，形成东中西全方位格局；拓展跨境合作，形成国际合作网络；优化服务平台，建立文化贸易基地。④ 李建军以新的视角研究中华文化走出去的途径。他提出，中华文化走出去理念上要实现“单主体”向“双主体”的转变；在中华文化走出去话语上实现由“硬传播”到“软交流”的转变；把孔子学院当作能承载和谐精神的容器，挚爱情感的“搅拌机”，传递着友爱、传递着真诚、传递着信任，传递着人类的美好。⑤ 唐世鼎以案例分析的形式，总结“中国春晚”海外传播的经验，即立足中华文化，传播中国价值；融通中外话语，打造国际品牌；突出市场主体，推进市场运作。⑥ 杨英法、张骥从汉语国际化推广的角度研究提出中国文化走向世界的五条对策思路：健全对外汉语推广机制，改进中华文化的教学融入方式；推进汉语与其他语言的融合，消除国外对汉语的生疏感；加速经济“新常态”下的转型升级，增强汉语国际化的动力；提升文化服务贸易竞争力，在国际贸易中推广汉语商标；借势“一带一路”倡议，优化孔子学院的全球布局。⑦

第五，对中国文化走出去的政策研究。为推进实施文化走出去战略，政府文

---

① 韩震，陈海燕．协同创新 推动中国文化走出去[J]．国家教育行政学院学报，2015(3)：9－12.

② 雒树刚．推进文化创新 繁荣发展文化事业和文化产业[J]．党建研究，2011(1)：23－26.

③ 苏红燕．在国际文化交流中推动中华文化走向世界[J]．理论学习，2012(1)：12－14.

④ 花建．中国文化地缘和中国文化“走出去”的新格局[J]．东岳论丛，2012(1)：46－52.

⑤ 李建军．中华文化走出去新视角[J]．新疆师范大学学报哲学社会科学版，2015(4)：86－91.

⑥ 唐世鼎．打造中华文化走出去的新品牌——中国春晚的海外传播与启示[J]．对外传播，2016(2)：69－71.

⑦ 杨英法，张骥．借力汉语国际化推进中华文化走向世界的思考[J]．河北师范大学学报(哲社版)，2016(1)：98－102.

化主管部门的领导或相关智库专家从宏观指导和决策层面提出了促进文化走出去的政策措施。孙家正撰文指出，提高在社会主义市场经济条件下推动中华文化走向世界的能力，最为关键的是必须加大文化体制改革的力度，加强对文化市场主体——文化企业的培育，加快文化产业发展的步伐。要进一步加强对外文化贸易的体制和机制建设，发挥政府的调控和推动作用。加快建设对外文化贸易的法律法规体系，为企业创造对外文化贸易的良好法律环境。完善对外文化贸易的配套政策，对出口的文化产品和文化服务给予优惠。在金融、保险、外汇、财税、人才、法律、信息服务、出入管理等方面，为文化企业开拓国际市场，扩大市场份额、提高国际竞争力创造必要条件。① 范玉刚研究提出，文化“走出去”在组织和制度设计上要有规划意识；应建立文化“走出去”的国家公共服务平台（统筹国内与海外机构）和统一协调领导机构（协调外宣办、文化和旅游部、新闻出版、侨办、教育部的“汉办”、国家外文局、中国对外图书出版公司、世界图书公司等相关机构以及各省市的文化机构，国有文化企业和民营企业以及外资、合资文化企业等）；在战略框架内实现国家队与省市队的协调与配合，社会精英和普通大众兼顾，在整体统筹中实现政府与民间的联动，主流（官方）与精英（学者）的互动，上（国企）下（民企）的同步。② 国家行政学院祁述裕教授研究认为，文化走出去是文化建设的一个重大问题，要推动中国文化走出去，重点是要把国内的事情做好，打好基础；需要转变文化走出去理念，以文化吸引力为导向，以增加认同为目的；要转变文化走出去的方式，从主要靠行政力量推动文化走出去，转为主要依靠社会力量、特别是市场力量推动文化走出去。③ 黄波涛则在全面研究现行支持文化走出去的财政政策的基础上，进一步提出了支持文化走出去的财政政策建议。④

通过对近年来国内学者有关中国文化走出去主要研究成果的简要梳理可以发现，中国文化走出去研究领域逐步拓展，内容广泛，涉及思想认识、实践发展、理论建构、政策制定等，积累了许多可资借鉴的真知灼见。但从文献研究内容的分布比例看，对顺应世界多极化、经济全球化、文化多样化、社会信息化形势下创新中国文化走出去的内容、形式与途径进行深入研究探讨的文章较少，有必要加强对此专题的系统研究。

1.2.2 国外的研究与讨论

经过查阅 EBSCO（学术期刊文摘及全文数据库）、LexiSNexisAcademi（学术

---

① 孙家正．提高推动中华文化走向世界的能力[J]．求是，2006(01)：37－38.

② 范玉刚．文化“走出去”要有新思维、新视野[J]．中共中央党校学报，2011(2)：102－105.

③ 祁述裕．当前文化建设的几个重点难点问题[J]．行政管理改革，2013(1)：23－29.

④ 黄波涛．中华文化走出去财政政策研究[M]．北京：社会科学文献出版社，2013(7).

大全数据库）等国外文献数据库，关于“chinese culture to go global”的研究文献比较少见，除了国内学者用英文撰写的摘要或文章外，并没有找到国外学者对中国文化走出去的研究成果，说明国外学者对中国文化走出去关注较少。

但是，文化走出去是属于跨文化传播的研究范畴。国外关于跨文化传播的研究早于国内，并且所形成的有关理论、概念和研究范式对中国文化国际传播实践具有重要的指导意义。如美国人类学家爱德华·T·霍尔（Edward Twitchell Hall）于1959年出版《无声的语言》（*The Silent Language*）首次提出“跨文化传播”概念，开启了文化信息传播渠道的研究范式；加拿大学者马歇尔·麦克卢汉（Marshall·Mcluhan）在1964年出版的《理解媒介：论人的延伸》中提出“地球村”和“媒介是人的延伸”概念；美国学者罗伯特·福特纳（RobertS·Fortner）将注意力集中大众传媒与信息国际传播方面，研究国际传播与国际政治、国际关系、国际交流与社会发展的互动关系。Melville J. Herskovits 于1936年发表了《文化适应研究的备忘录》一文。美国人类学家罗伯特·雷德菲尔德（RobertS·Redfield）提出跨文化适应理论，探究“自我”与“他者”在交流中所发生的“变化”。荷兰学者G·霍夫斯泰德，将不同文化间的差异归纳为六个基本的文化价值观维度，提出了“文化维度理论”；在国际关系理论界，1990年哈佛大学教授约瑟夫·奈提出了“软实力”（Soft Power）的理论观点；1993年哈佛大学教授塞缪尔·亨廷顿提出“文明冲突论”；1999年联合国教科文组织起草和通过《世界文化多样性宣言》，2003年联合国教科文大会决议通过《保护和促进文化表现形式多样性公约》，第一次承认文化多样性是“人类的共同遗产”。上述列举的这些跨文化传播的理论建树，无疑会给本研究奠定了较好的理论基础和文献依据。

1.3 相关概念界定

1.3.1 文化

文化是一个内涵丰富、外延宽广的多维概念。文化从本质上讲就是“人化”与“人类化”，是人类主体通过社会实践活动，适应、利用与改造自然界客体，逐步实现自身价值观念的过程。文化是一种复杂的社会现象，不同国家、不同地区的人们对文化的理解不尽相同。①

从汉语的词源上考究，中国古代关于文化方面的观念起源较早，随着文明的演进，对“文化”观念的词语表达由模糊到清晰。中国文化古籍关于“文明”和“人文”的观念，最早可见于先秦《周易·贲》：“刚柔交错，天文也。文明

---

① 余同元．文化及中国文化概念述论［G］//传统文化研究第17辑．北京：群言出版社，2009：66.

以止，人文也。观乎天文，以察时变；观乎人文，以化成天下”。[①] 之后，孔子在《论语·季氏》中谓“故远人不服，则修文德以来之，既来之，则安之”[②]，提出了“以文修德”的观念。魏晋南北朝时期的《北齐书·文苑传序》提出“夫玄象著明，以察时变，天文也；圣达立言，化成天下，人文也；达出显之情，明天人之际，其在文乎”[③]，体现了“以文教化”的思想。在中国文化典籍中，“文化”一词最早出现于汉代。西汉的经学家、文学家刘向在《说苑·指武》中说：“凡武之兴，为不服也，文化不改然后加诛”；[④] 唐末的道教学者杜光庭的《贺鹤鸣化枯树再生表》中有“修文化而服遐荒，耀武威而平九有”；[⑤] 南朝（齐）的文学家王融在《三月三日曲水诗序》中也说道：“设神理以景俗，敷文化以柔远”。[⑥] 这里的“文化”，已经具有“文化传播”“文化教育”的内涵了。

中国学术研究中关于“文化”定义，最初可见于梁漱溟先生 1920 年出版的《东西文化及其哲学》。梁漱溟认为，文化乃是“人类生活的样法”。[⑦] 梁漱溟把人类生活的样法分为精神生活、物质生活和社会生活三大内容，对文化的定义是相对具体的。1922 年，梁启超先生在《什么是文化》中说：“文化者，人类心能所开积出来有价值的共业也”。[⑧] 按照他的说法，人类自由意志选择且创造出来的具有价值的东西才是文化。梁启超在《中国文化史目录》中列有 28 篇，其中包括朝代、种族、政治、法律、教育、交通、国际关系、饮食、服饰、宅居、考工、农事等。从这些目录中，可以推断出梁启超对文化的定义是比较宽泛的。

在西方，“文化”一词最初来源于拉丁文 culture，原意是对土地的耕耘和对植物的栽培，蕴含着人类的活动，是与自然存在相对应的事物。古希腊古罗马时期，随着人们参加社会生活的日益频繁，“culture”被引申为对人的身体和精神两方面的培养。到了 18 世纪启蒙运动时期，文化与教养、理性联系了起来。当时繁盛的中华文明影响到了欧洲，使西方启蒙思想家对“文化”这一概念的外延有了更加宽泛的理解，“文化”这一词语也具有了社会性和民族性的内涵。

19 世纪以来，随着社会学、人类学的发展，文化成为人类学研究的中心概念。英国人类学奠基人 E. B. 泰勒（Edward Burnett Tylor）在 1871 年出版的《原始文化》一书中，首次明确提出了文化的定义，并将文化与文明两个概念共

① 黄寿祺，张善文．周易译注[M]．上海：上海古籍出版社，1989：188.
② 纪昀．四库全书[Z]．北京：线装书局，2007：116.
③ 北齐书[M]．北京：中华书局，1972：601.
④ 说苑·指武[Z]//百子全书．杭州：浙江人民出版社，1984：4.
⑤ 杜光庭．广成集[M]．北京：中华书局，2011：30.
⑥ 罗国威．敦煌本《昭明文选》研究[M]．哈尔滨：黑龙江教育出版社，1999：210.
⑦ 梁漱溟．东西文化及其哲学[M]．北京：商务印书馆，1922：24.
⑧ 梁启超．《饮冰室合集》第五册[M]．北京：中华书局，1989：98.

用。他在书中说："据人类学的观点来看，文化或文明是一个复杂的整体，它包括知识、信仰、艺术、伦理、道德、法律、风俗和作为一个社会成员的人通过学习获得的任何其他能力和习惯。"[①] 这一定义认为文化是彼此联系、相互作用的有机整体，对文化本质的认识产生了深远影响。可以说，其后的各种文化定义，都没有超出这一把文化看作一个复杂整体的基本观念。但泰勒的文化定义中尚缺乏"物质文化"的内容，其后的学者对之进行了补充。美国人类学家克拉克·威斯勒（Clark Wissler）认为，"文化是由人类的反思性思维发展出来的积累性结构，文化因素的积累是这类反思性行为在语言和客观性物质操作中的表达。"[②]

20世纪30年代，作为文化功能学派创始人的英国人类学家B. K. 马林诺夫斯基（费孝通的老师）则从文化对于人类生活的效用和功能的角度考察文化，认为文化是人类生活的手段。他在《文化论》一书中对社会制度、风俗民情、家庭生活、思想道德、巫术、宗教、艺术等进行讨论，分别阐述它们的性质及其功能，以求从生活本身来认识文化的意义。他认为，物质文化决定和制约着精神文化的发展，精神文化在物质文化的发展中起着指导和变革的作用。[③]

马克思主义经典作家对文化也有不少独到而精辟的解释。马克思、恩格斯曾在《德意志意识形态》中指出："从直接生活的物质生产出发来考察现实的生产过程，并把与该生产方式相联系的它所产生的交往形式，即各个不同阶段上的市民社会，理解为整个历史的基础；然后必须在国家生活的范围内描述市民社会的活动；同时从市民社会出发来阐明各种不同的理论产物和意识形态，如宗教、哲学、道德等，并在这个基础上追溯它们产生的过程。这样做当然就能够完整地描述全部过程（因而也就能够描述这个过程的各个不同方面之间的相互作用）了。"[④] 马、恩从唯物史观出发，认为社会精神文化是社会物质生产的产物，文化起源于社会生产。列宁则阐释了文化的阶级性。毛泽东在《新民主主义论》中对文化的论述为："一定的文化（当作观念形态的文化），是一定社会政治和经济的反映，又给予伟大影响和作用于一定社会的政治和经济。"[⑤]

对于文化内部要素的层次结构，有学者认为，文化是由精神要素、语言和符号、规范体系、社会关系和组织、物质产品等组成的有机系统，由物质文化、行为文化（包含行为规范、组织制度、风俗习惯）和精神文化（包含思维方式、

---

① （英）爱德华·泰勒．原始文化[M]．杭州：浙江人民出版社，1988：129.

② （美）克拉克·威斯勒．人与文化[M]．北京：商务印书馆，2004：5.

③ 江创旭．文化—人类生活的手段——评马林诺夫斯基的《文化论》[J]．中国图书评论，1987（3）：171－173.

④ 马克思，恩格斯．《马克思恩格斯选集》第1卷[C]．北京：人民出版社，1995：83.

⑤ 毛泽东．《毛泽东选集》第2卷[C]．北京：人民出版社，1991：663.

思想观点、价值观念、文学艺术、科学知识等）三大部分组成。按表、中、内三个层面划分，即物质文化在最外层，行为规范文化为中层，精神文化为最内核。张岱年先生则认为，“所谓文化包括哲学、宗教、科学技术、文学、艺术及社会心理、民间风俗学。其中社会心理、民间风俗属于最低层次；哲学宗教属于最高层次；科学技术、文学艺术属于中间层次”。[①]

对于文化的分类，不少学者根据文化的内容，将文化划分为道德、政治、军事、宗教、文学、艺术、教育、科技等形式。根据文化存在的时间，可将文化划分为古代文化、现代文化等。根据文化主要流行或被使用的阶层，可将文化划分为官方文化和民间文化，或精英文化（高雅文化）和大众文化（通俗文化、流行文化）等。[②]

当代辞书对文化的定义，有广义和狭义两种，广义的文化是指“人类社会发展过程中所创造全部物质财富和精神财富的总和”。[③] 狭义的文化是指“社会的意识形态，以及与之相适应的制度和组织结构”。[④]

综上，本书所论述的中国文化走出去的“文化”，是外延较为宽泛的概念，其基本内涵是指特定族群、社会在一定时间内所形成的哲学、信仰、道德、文学、艺术等精神生活体系，以及这些精神价值影响下社会成员思维方式、行为模式和社会累积的技术成果。

1.3.2 中国文化

对于“中国文化”的概念，有的学者认为，中国文化就是指中华民族的传统文化，贯穿于每个中国家庭的口授心传的生活模态和思维基底之中，是中华儿女的精神基因。有学者认为，中国文化本身的博大精深和创造主体的多民族性，中国文化是指在汉族儒家文化主导之下的民族多元文化。有研究者认为，中国文化是5000多年来中华各族人民在中国这片土地上创造的一切物质产品和精神产品的总和，既是中国传统文化不断继承发展的过程，也是吸收世界各民族优秀文化并不断创造先进文化的过程。在这个意义上，它包含中国传统文化和外来文化、汉民族文化和其他少数民族文化、中国特色社会主义文化和其他亚文化。还有学者提出，中国文化包含中国传统文化和外来文化，是以汉民族文化为主体，以其他少数民族文化为补充，以中国特色社会主义文化为统领的主流文化。

本书所涉及的“中国文化”或“中华文化”，是相对于外国文化而言的，是

---

① 张岱年．文化与哲学[M]．北京：教育科学出版社，1988：82.

② 余同元．文化及中国文化概念述论[G]//传统文化研究第17辑．北京：群言出版社，2009：66.

③ 辞源[Z]．北京：商务印书馆，1980：1357.

④ 辞海[Z]．上海：上海辞书出版社，1989：4022.

中国传统优秀文化与当代先进文化有机组合的集合概念，指以汉民族文化为主体包括各少数民族文化在内的中国各民族文化，也是以中国特色社会主义文化为主流的多元文化。

1.3.3　中国文化走出去

从语义上理解，“中国文化走出去”就是中国文化走出国门，让世界上其他国家和地区的人们认知、了解和认同中国文化。“走出去”是与“引进来”相对应的概念，“文化走出去”，最初是从中国对外开放战略中延伸出来的命题。2000年10月，党的十五届五中全会通过《中共中央关于制定国民经济和社会发展的第十个五年计划的建议》第一次明确提出“走出去”战略，指出“实施‘走出去’战略，努力在利用国内外两种资源、两个市场方面有新的突破”。这里的“走出去”战略，是指具有一定比较优势的国内企业在国际竞争中把自己的产品、资本、服务、技术和管理积极主动地推向国际市场，充分发挥海内外两个市场、两种资源的优势和作用，以获取发展条件和持续竞争优势，从而提高企业的国际竞争能力。在中国经济“走出去”大潮的推动下，国内一些文化企业探索“走出去”，开展国际化经营和跨国经营。2002年7月，时任文化部部长的孙家正在全国文化厅局长座谈会上指出：“要以更加开放的姿态融入国际社会，进一步扩大对外文化交流，实施‘走出去’战略，着力宣传当代中国改革和建设的伟大成就，大力传播当代中国文化，以打入国际主流社会和主流媒体为主，充分利用市场经济手段和现代传播方式，树立当代中国的崭新形象，把中国建设成为立足亚太、面向全球的国际文化中心。”[①] 2004年9月，党的十六届四中全会通过的《中共中央关于加强党的执政能力建设的决定》提出：“推动中华文化更好地走向世界，提高国际影响力。”2005年10月，胡锦涛在党的十六届五中全会上指出：社会主义先进文化建设要“加快实施文化产品‘走出去’战略，推动中华文化走向世界。”2006年9月，《国家“十一五”时期文化发展规划纲要》指出，“十一五”时期文化发展的重点之一是：抓好文化“走出去”重大工程、项目的实施，充分利用国际国内两个市场、两种资源，主动参与国际合作和竞争，加强对外文化交流，扩大对外文化贸易，初步改变中国文化产品贸易逆差较大的被动局面，形成以民族文化为主体、吸收外来有益文化、推动中华文化走向世界的文化开放格局。随后出台的国家《文化建设“十一五”规划》明确提出推动实施五大发展战略，其中之一就是“中华文化走出去战略”。2007年10月，党的十七大报告强调“加强对外文化交流，吸收各国优秀文明成果，增强中华文化国际影响力”。2010年7月23日，中共中央政治局就深化中国文化体制改革

---

① 孙家正．关于战略机遇期的文化建设问题[J]．文艺研究，2003(1)．

研究问题进行第二十二次集体学习，胡锦涛在讲话中强调："要精心打造中华民族文化品牌，提高中国文化产业国际竞争力，推动中华文化走向世界。"2011年10月，党的十七届六中全会通过的《关于深化文化体制改革推动社会主义文化大发展大繁荣若干重大问题的决定》指出，推动中华文化走向世界。开展多渠道多形式多层次对外文化交流，广泛参与世界文明对话，促进文化相互借鉴，增强中华文化在世界上的感召力和影响力。创新对外宣传方式方法，增强国际话语权，增进国际社会对中国基本国情、价值观念、发展道路、内外政策的了解和认识。

从2002年孙家正首次提出"扩大对外文化交流，实施'走出去'战略"，到2011年党的十七届六中全会《决定》提出"推动中华文化走向世界"的完整表述，体现出党和国家对中国文化走出去内涵和价值意义的认识逐步明晰、不断升华的过程。中国文化走出去从当初作为国家经济"走出去"战略的一个组成部分，到发展成为建设文化强国的一个手段，再到现在成为向世界展现和推介中国特色、中国精神、中国智慧，提高国家文化软实力，实现中华民族伟大复兴的重要保障。

关于中国文化走出去的实质内涵，王佐书等学者认为，文化走出去可以概括为意识形态、历史遗产和生活方式三个层面走出去。从时间进程看，可概括为现代文化走出去和传统文化走出去；从文化产品角度，可分为精神产品的文化走出去和物质产品的文化走出去。无论从哪个角度，其实质是在世界范围内传播优秀的中华文化。[①] 任成金认为，"所谓文化走出去，是指中国的文化以文化外交、文化贸易及文化交流为主要形式走出国门，向世界其他国家传播中国文化符号和价值观念，建立他国民众对中国的文化认知及价值认同，增强中华文化的国际影响力和中国的国际话语权，进一步提升中国的文化软实力"。[②] 还有的学者认为，中国文化走出去的深层含义，是通过各种形式的对外文化交流，使世界各国的人们理解和接纳中国文化的价值观念。综合上述观点，本书把中国文化走出去界定为：通过文化外交、文化交流、文化贸易和文化外宣等多种方式，向世界传播中国传统优秀文化和当代中国先进文化，让世界各国人民尊重、理解和包容中国价值观念，增强中国文化在世界上的感召力和影响力。

1.4 研究目标

中国文化走出去是我国准确把握当代世界文化发展趋势和国家经济发展方位，从扩大文化领域对外开放、增强文化软实力的现实需要出发提出的国家文化

---

① 王佐书．文化走出去[M]．北京：人民日报出版社，2013：6.

② 任成金．中国文化走出去的历史借鉴与现实选择[J]．中州学刊，2015(2)：91－97.

战略。中国作为和平崛起的世界性大国，迫切需要澄清世界对中国的误解与偏见，在国际交往与合作中提升国家整体形象，增进国家政治互信与民心相通。而要做到这些，就必须推进中国文化走向世界，向世界充分展现中华文化的价值观与中华文明的魅力。进入21世纪以来，党和国家对推进文化走出去战略高度重视，持续加大工作力度，通过广泛动员政府和社会的多方力量，努力推动中华文化走向世界。在冷静总结和客观评估中国文化走出去的实际效果时，我们发现，我国文化走出去在初期阶段，“送文化”现象突出，虽然满足了部分国外民众对中华文化的好奇，但文化走出去效果有限。今后进一步推进中国文化走出去，需要更加注重中国文化价值体系的有效传播。也只有这样，才能让中国文化在世界范围内产生感召力和影响力，进而获得与西方文化对话与博弈的主动权。在当今世界正面临多元文化激烈竞争、文化需求因时而变，传播渠道日益全球化、网络化、信息化的新形势下，如何创新中国文化走出去的内容、形式与途径，从而有效实现中国文化价值体系的国际传播，是当前需要深入研究把握的理论课题与实践应用课题。

本书从跨学科研究的视角，综合运用文化管理学、国际传播学、国际关系学、经济学等学科的有关知识和理论，围绕中国文化走出去内容、形式与途径创新问题，展开对中国文化走出去的历史与现状、做法与成效、问题与成因、机遇与挑战等具体问题的归纳总结和分析研究，在借鉴发达国家文化国际传播经验的基础上，结合“一带一路”倡议、互联网+、大数据、云计算等热点，从理论与实践操作层面提出文化走出去内容、形式和途径创新的具体操作策略，并从宏观管理层面提出促进文化走出去的相关支持政策建议。本书旨在促进中国文化走出去更具现实针对性，为国家和地方政府制定文化走出去发展规划、推进文化强国建设实践等方面提供理论参考和实证案例分析。

1.5 研究思路、方法及主要内容

1.5.1 研究思路

本书坚持以问题为导向，着眼于增强中国文化国际吸引力、竞争力和影响力为根本目标，围绕中国文化走出去过程中存在的突出问题，从文化走出去内容创新、形式创新和途径创新三个重点维度展开深入分析研究，提出改进中国文化走出去、增强文化走出去实效的对策措施，以期实现中国文化走出去从“送出去”到“走进去”转变，实现“中国的中国文化”向“世界的中国文化”的转变。

鉴于本书是对工作实践问题的对策研究，总体思路是按照“找出问题——分析问题——解决问题”的研究路径，并按照总—分—总的逻辑思路来行文，包括三个递进层次：①总体现状研究。对中国文化走出去的现状进行总结分析，并结合问卷调查，实证分析中国文化海外传播的状况，从而找出中国文化走出去存在的主要问题；②重点问题研究。分别从文化走出去的内容创新、形式创新、途径创新三个重点维度，提出具体路径；③政策措施研究。在前二者基础上，从加强政府对创新文化走出去的宏观管理层面提出相关的政策建议。

1.5.2 研究方法

为确保对研究问题把握的全面性、系统性和准确性，以及增强对策措施的前瞻性、针对性和可操作性，在具体研究方法的运用上，笔者综合运用了历史研究、实地调研、问卷调查、统计分析、对比分析、案例分析、文献研究等多种方法。一是采用历史研究、文献研究、实地调研、问卷调查、统计分析等方法，通过对中国文化走出去的背景、现状和存在问题进行深入阐述、分析，找出影响文化走出去实际成效的症结所在；二是运用归纳和演绎的方法，揭示文化走出去面临的新机遇和新挑战；三是运用历史研究、比较研究方法对中国古代文化走出去的途径和国外发达国家的有关创新经验进行了对比分析；四是结合案例分析的方法对中国文化走出去的内容创新、形式创新、途径创新的具体路径进行了实证研究；五是运用文化学、经济学、管理学、新闻传播学、国际关系学等多学科研究的方法，力争使研究成果既有较宽的理论视野、透视全局的思想深度，又具有实践操作层面的创新性和实用性。

1.5.3 主要内容和观点

本书共有7章，分导论和主体部分。

第1章 导论，是对全书做一个鸟瞰。

导论详细阐述研究背景、综述国内外研究动态，界定“文化”“中国文化”“中国文化走出去”三个基本概念的内涵，阐明了研究目标，介绍了研究思路、研究方法与主要内容。

主体部分包括2－7章，这是本书的主体内容。

第2章 中国文化走出去现状与问题分析。系统概述了中国文化走出去的主要做法与成就，并在此基础上，从宏观的视角分析了中国文化走出去的主要问题和影响因素。笔者认为，当前中国通过大力开展文化外交、对外文化交流、文化外宣和文化外贸，逐步形成多方位、多层次、宽领域走出去的格局，中国文化走出去在国际上产生了积极影响，中国文化在海外的关注度、影响力持续提升。但从总体上看，文化走出去还存在六个方面的突出问题：一是对外文化贸易总量偏小，核心文化产品贸易逆差较大；二是对外文化贸易区域结构过于集中，文化产品国际影响力还不强；三是文化走出去的内容层次偏低，体现核心价值的文化产品和服务还不多；四是国际传播力有限，还处于国际话语权缺失的状态；五是文化交流主体比较单一，民间交流作用发挥有限；六是文化走出去的当代内容少，文化走出去质量效益不高。经过分析诊断，制约我国文化走出去的关键因素有六个方面，即文化创新能力偏弱、对国外文化市场研究不足、文化产品的科技含量不高、文化企业的国际竞争力不强、文化产业国际营销人才缺乏、文化对外贸易的政策支持力度不够。在国际文化传播新的发展态势下，当前中国文化走出去既面临新的机遇，同时又面临新的挑战。

第 3 章　实证研究：中国文化海外传播状况调查分析。通过问卷调查，以实证方法评估分析中国文化走出去的成效和需要加以改进的地方。问卷调查数据表明：中国文化走出去产生了积极影响；中国文化走出去的总体态势良好；文化差异是影响文化对外传播的重要因素，只有切合受众差异化的需求，文化走出去才能取得良好效果；提高中国文化产品在国际文化市场中的份额是当下文化走出去的根本和关键所在；中国文化走出去要大力加强文化内容创新；中国文化走出去需要创新方式途径，实现多种方式相互补充、相互促进。

第 4 章　文化走出去的内容创新。内容创新是文化生命力的源泉，是文化不断增强吸引力、影响力和竞争力的重要方面，也是文化保持先进性的内在要求。本章分析了当前文化内容走出去的结构特点、内容定位问题，分析了文化内容走出去的影响因素和创新对策，在此基础上提出了构建文化内容创新体系的设想。笔者认为，中国文化走出去的内容结构存在四个方面的明显特点：一是文化符号走出去普遍，成效显著；二是中华传统文化成为走出去的主要内容；三是具有实用价值的文化物品和文化样式成为走出去的“热门”；四是中国民间技艺文化成为走出去的一枝独秀。中国文化走出去的内容应从四个方面进行定位：一是要展现客观全面的中国国情，让世界了解和亲近中国；二是传播中华灿烂辉煌的文化艺术，让世界了解体验中国独特魅力；三是讲述中国精彩故事，让世界理解包容中国的价值观；四是推介中国理论和话语体系，为人类发展贡献中国思想与中国学术。基于这四个方面的内容定位，创新文化走出去内容的基本思路是：促进传统文化与时代精神、流行文化与主流价值、文化创意与现代科技三个方面的“创新对接”；针对中外文化差异带来的文化折扣、文化误读和文化冲突等消极影响，要从转换在地化的文化表述方式、寻求文化共性、增强文化审美适应性、精选热点题材等方面加强内容创新；坚持开放性、现代性和多元性原则，把握好创新和丰富中国故事、继承和升华核心价值观、构建中国国际话语体系；以深化文化体制改革、发展有中国特色的哲学社会科学、引导文化艺术创作、提高文化科技含量等为主要路径，构建具有国际吸引力的文化内容创新体系。

第 5 章　文化走出去的形式创新。在全球化、信息化、网络化的时代背景下，中国文化走出去要达到理想的目标，应结合新形势、新需求、新特点，不断创新和丰富文化传播形式。本部分首先分析了当前中国文化走出去的四种主要形式，接着分别就如何创新文化外交、对外文化交流、文化外贸、文化外宣问题进行了深入研究，并提出四个方面的对策。一是把握文化外交的优势和特点，构建更有亲和力的文化外交模式。建构政府主导，非政府组织、民间团体和公民个人等多元主体共同参与的文化外交体系；增强文化外交互动性，提高国外大众的参与度与能动性。二是创新对外文化交流形式，扩大影响力。创新对外文化交流形式和运作理念，重视各种非政府机构和民间组织的主体作用，构建官、民、商、学共同发力，多形式、多阵地开展活动的文化交流新格局。三是创新文化外贸方式，提升市场竞争力。在政府引导、市场运作的原则下，着力培育一批强优文化企业，推动文化企业跨地区、跨行业兼并重组，鼓励文化企业与科技企业、金融企业联姻，加强合作，培育一批有实力、熟悉国际市场的文化企业，使之成为开拓海外市场的主力。四是创新文化外宣方式，增强文化传播力。增强中国在全球的话语权和舆论引导权，最重要的是促进中国故事、中国声音的有效传播和广泛覆盖。通过拓展多元载体的文化传播渠道，进行多语种、多载体、全方位传播，提高对外传播的艺术性、技巧性，让更多外国人愿意听、愿意看、听得进、看了信，收到“润物细无声”的效果。

第6章　文化走出去的途径创新。西方发达国家利用多渠道、多途径传播其主流文化和价值观念，彰显其文化软实力。我们应借鉴古今中外行之有效的经验，积极创新、因地制宜，构建多途径协同大格局，推动中国文化更好地走出去。构建中国文化多途径协同走出去大格局，就是要动员更广泛的社会力量，面向更宽的领域，实现全方位、宽领域、多层次的文化走出去。一是组织全方位走出去。二是促进宽领域走出去。三是统筹多层次走出去。就具体路径而言，一是做大做强中国国际传播媒体，为文化走出去搭建全天候广覆盖的大平台；二是加强海峡两岸暨香港电影产业合作，促进中国影视文化的国际传播；三是进一步办好海外孔子学院，深化拓展汉语文化国际推广；四是积极举办大型国际盛会，利用国际公共外交平台宣传好中国理念、讲好中国故事；五是发展培育文化产业跨国公司，推动中国文化产品服务走出去；六是发挥民间人际传播与新媒体传播的作用，形成文化走出去的巨大合力；七是发挥入境旅游“就地出口”的文化传播功能，开拓文化走出去的新渠道。在此基础上，针对美国、欧洲、非洲和拉美、阿拉伯国家、东盟国家、日韩的不同特点，提出了因地制宜走出去的主要途径。

第7章　创新优化文化走出去的宏观管理。推进中国文化走出去的内容、形式和途径创新，需要优化文化走出去的顶层设计，强化常态化的体制机制支撑，构建一个尊崇创新、鼓励创新的文化生态制度环境。为此，在前面研究分析的基础上，笔者从政府加强宏观管理的视角，提出针对性的政策建议：一是完善管理体制，加强文化走出去的统筹协调；二是健全文化走出去的法律法规体系；三是优化完善文化走出去的政策支持体系；四是构建文化走出去重大项目绩效评估与信息反馈机制；五是实施优秀文化人才培养工程；六是加强中华优秀传统文化教育，提高国民的人文素养。

1.5.4 主要建树与创新点

本书在借鉴前人相关研究成果的基础上，以宏观与微观相结合的研究视角、实证分析与规范研究相结合的学术研究方法，对中国文化走出去的内容、形式和途径创新问题进行深入研究讨论，其中以下八个方面的内容具有一定的开拓性意义：一是全面分析中国文化走出去的现状特点、主要问题、影响因素以及面临的新机遇和新挑战；二是通过问卷调查，实证分析中国文化海外传播的绩效与存在问题；三是着眼于增强中国文化走出去的实效，提出了文化内容创新的思路方法和对策措施；四是从中国文化走出去战略全局的高度提出了构建具有国际吸引力的文化内容创新体系的理论构想和实现路径；五是提出并论证了文化外交、对外文化交流、文化外贸、文化外宣的创新策略和方法；六是总结中国古代文化对外传播途径和借鉴美国、英国、法国、日本、韩国等文化走出去途径创新经验，提出了构建文化多途径协同走出去大格局的实现路径；七是针对美国、欧洲、非洲和拉美、阿拉伯国家、东盟国家、日韩的不同特点，提出了因地制宜选择文化走出去的有效途径；八是针对加强顶层设计和制度创新，系统提出了创新优化文化走出去宏观管理的政策建议。

第2章　中国文化走出去现状与问题分析

文化走出去是中国建设文化强国的战略任务，也是一项复杂的系统工程。厘清中国文化走出去发展现状和存在问题，对于客观全面把握中国文化走出去的总体状况，从宏观高度认识把握其基本态势、发展规律具有重要意义。本部分试图对十几年来中国文化走出去的实践做一个总体透视，重点探析文化走出去存在问题、影响因素和面临的机遇与挑战。

2.1　中国文化走出去的主要做法与成就

加入 WTO 后，中国对外开放进入了新阶段。随着经济走出去战略的实施，国家经济得到快速发展，国际政治地位逐步提升，文化走出去工作也受到党和国家领导人以及文化管理部门高度重视。中央有关部门和各级地方政府紧紧围绕建设“文化强国”这一新世纪战略目标，把推动中华文化走向世界纳入发展战略的重要轨道，逐步形成了政府主导、社会参与、官民并举、多种方式运作、交流与贸易并重的机制。通过大力开展文化外交、对外文化交流、文化外宣和文化外贸，初步建构了多方位、多层次、宽领域、多渠道走出去的格局，对全面服务中国特色大国外交和“一带一路”建设、提高文化开放水平、提高国家文化软实力产生了积极效应。当前，世界劲吹“中国风”，全球热学“中华文”，中华文化在海外的关注度、影响力持续提升。

2.1.1　坚持以文建信，大力促进文化外交

文化外交是塑造国家形象、提升国家文化软实力的重要外交形式，是增进中外人民之间的友谊和信任、推动国与国之间关系良性发展的重要手段。近年来，为配合国家的政治外交活动，我国普遍采取外交搭台、文化唱戏的方式，与建交友好国家合作举办形式多样、题材丰富的“文化年”“文化节”“文化季”“文化周”和“文化日”等大型文化外交活动。自 1999 年首次在法国巴黎举办了“感知中国——迈向 21 世纪的中国”文化周活动之后，先后举办了英国“中国文化年”、俄罗斯“中国文化节”、爱尔兰“中国文化节”、荷兰阿姆斯特丹“中国艺术节”、美国“中国文化节”，以及“中华文化非洲行”等活动。[①] 与美国、意大

① 张殿民．改革开放后的中国文化外交浅析[J]．黑龙江社会科学，2012(01)．

利、法国、西班牙、德国、希腊、英国、俄罗斯、澳大利亚、土耳其、日本、韩国、埃及、秘鲁等几十个国家合作举办“文化年”“旅游年”“文化交流年”“文化节”“文化季”等对外文化活动。几乎每次重大国事活动都举办一系列中国经典民族歌舞艺术展演、传统和现代文化艺术展览等，充分展示了中华文化的精粹。可以说，每次高水准的对外文化活动，都受到了有关国家政府的高度重视与社会大众的广泛参与，让国外友人直观感受了中华文化的丰富魅力。

2.1.2 促进文化共享共荣，大力开展文化交流与合作

文化，从产生的根源上说，是不同地域人们在特定的地理环境和生产力水平下所创造和积累的精神成果。世界上不同国家和民族由于历史背景、文化传统、宗教信仰、社会制度、生产力发展水平不同，造就了各具特色、丰富多样的文化。正是由于“世界的多样性，文明和文化的差异成为世界交流与合作的动力与起点”。[①] 着眼于加强不同民族文化的交流与合作，共享人类文明优秀成果，近年来，中国积极与国际区域、国际组织开展文化交流与合作，建立中欧、中俄、中美、中阿、中非、中英、中德以及中国－东盟、上海合作组织等双边、多边人文合作交流机制。中国对外文化合作与推广的渠道和层次高端多样，文化交流亮点和品牌不断呈现，人数规模和国际影响力空前扩大。

第一，建立对外文化交流合作机制。近年来，中国与世界众多国家和地区建立了文化交流合作关系。至2017年，中国与“157个国家签署了文化合作协定，累计签署的文化交流执行计划达700余个，并深化与俄、美、英、法、德、南非、印尼、欧盟等中外高级别人文交流机制，初步形成覆盖世界主要国家和地区的政府间文化交流与合作网络。”[②] 进入21世纪以来，中国积极推动国际政府间的文化政策对话交流活动，成功举办“中欧文化高峰论坛”“欧亚文化与文明会议”“中美文化论坛”“上海合作组织文化部长级会议”“东盟10+3文化部长合作论坛”“中非合作论坛”“中阿合作论坛”等。中外文化领域的高端对话不仅表达了中国“和谐世界，和平发展”思想，也进一步展示了中国文化形象，提升了中国在国际文化事务和多边文化领域中的影响力。此外，中国通过加强与联合国教科文组织等国际机构的合作，使中国的世界自然文化遗产、非物质文化遗产得到更好保护。2007年，在联合国教科文组织总部举办“中国非物质文化遗产艺术节”，这是中国政府首次在联合国举办非物质文化遗产保护展览演出活动。2014年，我国与“一带一路”沿线国家在历史文化遗产等领域开展合作，中、

---

① 王光亚．在第60届联大关于不同文明对话议程与和平文化议题的发言[EB/OL]．中华人民共和国常驻联合国代表团官网，2005-10-20[2015-7-6]．http://www.fmprc.gov.cn/ce/ceun/chn/zgylhg/shhrq/zjwh/t217668.htm.

② 谢金英．对外文化工作：推动“走出去”提升软实力[N]人民日报，2017-10-12.

哈、吉三国成功申报“丝绸之路：长安—天山廊道的路网”为世界文化遗产，成为首例跨国合作、成功申遗的项目。中国还参加了《保护世界文化和自然遗产公约》和《保护非物质文化遗产公约》，加入了国际博物馆协会、国际古迹遗址理事会、国际文化财产保护与修复研究中心领导层等国际组织，在保护中国文化遗产的同时，提升了中国在国际多边文化事务中的话语权。

第二，打造国际文化交流品牌。21 世纪以来，中国建立了不少国际化的文化交流平台。如每年“举办相约北京、北京国际音乐节、亚洲艺术节、上海国际艺术节、上海国际电影节、中国国际民间艺术节、中国吴桥国际杂技节、杭州国际动漫节、南宁国际民歌艺术节、北京国际图书博览会、青海湖国际诗歌节、新疆国际民间舞蹈节等活动”[①]，近年新办的“丝绸之路国际艺术节”“海上丝绸之路国际艺术节”“丝绸之路（敦煌）国家文化博览会”“丝绸之路文化之旅”“丝绸之路文化使者”，形成了一系列有较大国际影响的文化品牌活动。国外大牌艺术家、艺术院团和知名机构，如卡拉扬、梅纽因、帕瓦罗蒂、多明戈等世界著名艺术家，俄罗斯国家马戏团、美国波士顿交响乐团、法国巴黎歌剧院芭蕾舞团等，都先后参加中国艺术节交流演出。同时，每年面向海外推出文化节庆活动，着力建设传播中华文化的国际品牌。如“欢乐春节”“国庆”“感知中国”“今日中国”等活动，目前已涵盖亚洲、欧洲、非洲、美洲、大洋洲等地区的大部分国家。其中，“欢乐春节”沿着品牌化、本土化、市场化方向发展，活动规模和质量稳步提升，成为当地欢乐的节日，成为当地媒体关注的焦点。据统计，“欢乐春节”活动已在全球的 500 多座城市举办 2000 多场活动，影响遍及全球 140 个国家和地区，成为向世界展示中华文化魅力的重要文化品牌。

第三，鼓励开展民间文化交流。近年来，在对外文化交流机制上，除了不断加强官方之间的交流合作之外，同时还积极支持鼓励民间团体开展文化交流。据中国文化部统计，全国各地的民间和地方，已与“120 个国家建立了 1500 对友好省州和友好城市关系，与 148 个国家的 458 个民间团体和组织建立友好合作关系”。[②] 由于官民并举，交流项目和人员逐年以较大比例增长。中国对外友好协会及其他各类社会团体已经与 160 多个国家和地区开展了多种形式的民间文化交往，内容涉及文学艺术、文物图书、科学技术、文化保护等多个方面。

第四，兴办孔子学院，推动汉语走出去。语言承载着浓厚的文化，向国外推广汉语应用是促进中国文化国际传播的重要手段。顺应世界范围内汉语学习的巨大需求和国际语言推广的需要，中国在全球兴办孔子学院，为世界各地汉语学习

---

① 蔡武. 新中国六十年对外文化工作发展历程[N]. 中国文化报,2009-07-29.

② 蔡武. 新中国六十年对外文化工作发展历程[N]. 中国文化报,2009-07-29.

者提供在地化的学习环境。自 2004 年 11 月第一所孔子学院在韩国挂牌成立以来，“至 2016 年年底，全世界已经有 140 个国家（地区）建立了 511 所孔子学院和 1073 个孔子课堂，各类学员 210 万人”。[①] 其中，欧洲、美洲和亚洲是孔子学院分布最密集的地区。孔子学院是中国国家对外汉语教学领导小组办公室（国家汉办）在世界各地设立的文化交流机构，以推广汉语和传播中国文化与国学教育为宗旨。2010 年以后，世界各地孔子学院的发展呈现多元化趋势。“除了以汉语言文化推广为主的普通孔子学院之外，还创建了各种各样的特色孔子学院，传播中国文化，如中医孔子学院、商务孔子学院、旅游孔子学院、音乐孔子学院、舞蹈和表演孔子学院、饮食文化孔子学院、茶文化孔子学院等”。[②] 如今，孔子学院已成为中国推广汉语教学，传播中国文化的国际文化品牌，成为覆盖面最广、包容性最强、影响力最大的全球语言文化共同体之一。

2.1.3 加强文化外宣工作，加快国际传播能力建设

中国文化外宣主要是通过国务院新闻办以及新华社、人民日报、中央电视台、中国国际广播电台、中国新闻社、中国日报等主流媒体进行对外传播。20 世纪 90 年代以来，中国“两社、两台、两报”等主流媒体以加快国际传播能力建设为契机，不断丰富传播手段、拓展传播渠道，进行全方位、立体化宣传推介中国。

第 ，开拓对外传播新模式，推进广播电视海外落地。近十几年来，中国大力推进广播电视海外落地。通过建设长城卫星平台，实现卫星直播到户和有线进入，推动中国广播、电视节目在非洲、欧洲、拉丁美洲和大洋洲落地。以 2006 年肯尼亚内罗毕调频台开播为起点，海外整频率落地电台从无到有，快速增长，到 2014 年已发展到 94 家。据不完全统计，目前国际台海外整频率落地电台数量仅次于英国广播公司，位居第二位。中央电视台基本建立覆盖全球的立体多样、融合发展的国际传播体系，“中央电视台节目在 171 个国家和地区落地播出，与约 70 家境外媒体签订框架合作协议，与近百家境外机构达成新闻交换协议。”[③]

第二，在全球布局设点，建设广覆盖的国际传播体系。自 2001 年国家实施广播电视“走出去工程”以来，文化传播海外基础工程建设不断加强。新华社前移阵地，向全球设置驻外机构 160 个，设立亚太、亚欧、北美、拉美、非洲、中东、欧洲 7 个总分社。依托新华社海内外记者网络，开办中国新华新闻电视网

---

① 孔子学院总部/国汉办．孔子学院 2016 年度发展报告［R/OL］. 2016：11. ［2017－6－18］. http://www.hanban.edu.cn/report/2016.pdf.

② 全球已建立 440 所孔子学院及 646 个孔子课堂［J］. 世界知识，2014（09）：8.

③ 参见中央电视台简介［EB/OL］［2017－5－3］. www.cctv.cn/2016/02/17/ARTIoXBRYeNy9KNg3i4iTpO0160217.shtm.

英语电视台，通过卫星、有线及互联网向亚太、欧洲、北美洲和非洲等地区播出，及时播报国际和中国发生的重大和热点新闻事件。人民日报于 1997 年开办人民网，用中文（简、繁）、英语、日文、法文、西班牙文、俄文、阿拉伯文 7 种语言向全球发布信息。人民网还积极推进全球化布局，在日本东京、美国纽约、美国旧金山、韩国首尔、英国伦敦、俄罗斯莫斯科、南非约翰内斯堡、澳大利亚悉尼以及中国香港成立分社并设立演播室，提升人民网的国际传播力和影响力。人民日报海外版、人民日报所属《环球时报》创办英文版，成为具有全球影响力的平面媒体。中央电视台形成以英语新闻频道、英语纪录频道为龙头，以中文国际频道为纽带，6 个语种、7 个国际频道、2 个海外分台，加上多语种网络电视台的国际传播新格局。中国国际广播电台已形成海外分台、边境分台、驻外记者站、境外地区总站、境外节目制作室、海外广播孔子课堂、海外听众俱乐部等多维一体的多层次、立体化对外传播平台。中国日报社先后三次改版，成为中国唯一进入西方主流社会的报纸。中国日报在海外设立北美、欧洲、亚太三个海外总部，以中国版为基础，形成以美国版、欧洲版、亚洲版和香港版四大内容集群的全球传播体系。到目前，中国的主流媒体对外传播已经初步完成了全球五大洲的布点，中国文化在海外的传播可以即时在全球同步展开。

第三，发挥互联网优势，构建新媒体传播平台。互联网具有天然的“无国界”性，是文化国际传播的重要阵地。近年来，中国主流外宣媒体积极探索报刊、广播、电视、网络媒体、手机媒体的融合发展，借助文字、图像、动画、音频和视频多种手段，最大限度扩大受众面，提高信息传播效率。中国现已建成了全球网络视频分发体系，国际、国内镜像站点 30 个，出口带宽 200G，服务器 5000 台；网络传播覆盖 190 多个国家和地区[①]，开通朝、蒙、藏、维、哈 5 种少数民族语言传播。中国国际广播电视网络台（CIBN）以“中国立场、世界眼光、人类胸怀”的传播理念，“依托国际在线多语种网站，使用 61 种语言向全世界传递信息，是全球媒体使用语种最多的传播平台，具有对全球 98% 人口的母语覆盖能力”。[②] 此外，中国还通过《今日中国》《中国画报》《人民中国》《中国报道》《中国文学》《中国与非洲》等外文期刊，宣传国内外的方针、政策、经济和社会文化发展情况。

第四，建立海外中国文化中心，促进中国文化海外推广。中国自 1988 年设立毛里求斯、贝宁“中国文化中心”后，相继在埃及、德国、法国、西班牙、俄

① 张西平．中国文化走出去年度研究报告(2012 卷)[R]．郑州:大象出版社,2012:12.

② 中国立场 世界眼光 人类胸怀——中国国际广播电台台长王庚年谈创办 CIBN[N]．光明日报，2011－01－25.

罗斯、蒙古、马耳他、韩国、日本、墨西哥、泰国、尼日利亚等国建立了14个海外中国文化中心，并在世界82个国家设有96个使领馆文化处（组）。“作为中国政府推广传播中国文化的基地，中国文化中心承担着在驻在国‘举办文化活动、提供信息服务、开展教学培训’三大功能。”① 这些海外“中国文化中心”通过语言教学、音乐会、展览、讲座、文化周、报告会、汉语比赛、影视放映等，不断地介绍和展示中国的文化、教育、体育、影视、出版、古典艺术和生活方式，还通过图书馆、网站的信息服务，让海外公众了解中国文化。海外“中国文化中心”正逐步成为常态化、阵地化的弘扬传播中华文化的重要阵地。

2.1.4 发展对外文化贸易，参与国际文化竞争

拓展文化产业的国际市场，是中国文化走出去的基本任务。为加快中国文化产业走出去，党和国家高度重视文化产业走出去。在2003年12月召开的全国宣传思想工作会议上，胡锦涛同志提出要“大力发展涉外文化产业，积极参与国际文化竞争”。2005年，中央办公厅、国务院办公厅印发的《关于进一步加强和改进文化产品和服务出口工作的意见》，对文化出口提出了系列具体要求。2006年，《国家“十一五”时期文化发展规划纲要》明确提出：“实施走出去重大工程项目，加快走出去步伐，扩大中国文化的覆盖面和国际影响力。”2007年党的十七大报告强调要“加强对外文化交流，吸收各国优秀文明成果，增强中华文化国际影响力”。2011年党的十七届六中全会明确提出要“实施文化走出去工程”。近年来，在国家政策的引导下，中国文化产业发展突飞猛进，国际化进程逐步加快，文化出口稳步增长，文化产品和服务在外贸中的比重逐年提高。

第一，对外文化贸易发展迅速，版权“逆差”逐年缩小。据商务部不完全统计，2013年，中国文化产品出口额达到251.3亿美元，是2006年的2.6倍，出口产品主要是视觉艺术品、文化工艺品、新媒体（游戏机）、印刷品、乐器等；2013年，中国文化服务出口额为51.3亿美元，是2006年的3.2倍。② 版权贸易结构逐年改善，版权出口由2002年的1317种增加到2017年的13816种，16年增长9.49倍，年均增长59%。版权引进与出口比例由2002年的8.7:1缩小到2017年的1.31:1，比例下降7.39倍（见下表2-1），中国出版版权贸易逆差逐步缩小。

---

① 张殿军．当代中国文化外交战略的历史嬗变[J]．天津行政学院学报，2013(1)：61.

② 来有为，张晓路．全球化条件下支持和引导中国文化产业走出去[J]．中国发展观察，2016(4)：24-27.

表 2-1　2002—2017 年中国版权进出口贸易情况统计分析

年份	出口（种）	引进（种）	版权进口与出口差额	版权出口与进口比例
2002	1317	11517	-10200	1:8.7
2003	1427	15555	-14128	1:10.9
2004	1362	11746	-10384	1:8.6
2005	1517	10894	-9377	1:7.18
2006	2057	12386	-10329	1:6.02
2007	2593	11101	-8508	1:4.28
2008	2455	16969	-14514	1:6.91
2009	4205	13793	-9588	1:3.28
2010	5691	16602	-10911	1:2.92
2011	7783	16639	-8856	1:2.14
2012	9365	17589	-8224	1:1.88
2013	10401	18167	-7766	1:1.75
2014	10293	16695	-6402	1:1.62
2015	10471	16467	-5996	1:1.57
2016	11133	17252	-6119	1:1.55
2017	13816	18120	-4304	1:1.31

数据来源：笔者根据中国统计年鉴 2002 年至 2017 年度全国新闻出版业基本情况相关统计数据整理得出。

第二，网络动漫与网络游戏产业走出去势头良好。随着互联网技术、4G 技术和 Wi-Fi 技术的发展，我国的网络动漫与游戏产品的互动性、趣味性、新颖性得到充分体现，网络动漫和网络游戏出口成为中国文化产业走出去的“蓝海”，成为中国文化走出去的排头兵。2013 年，中国动漫出口额达 10.2 亿元，比 2012 年增长 22.89%。[①] “十一五”时期，中国原创动漫出口总额由 2699 万美元增加到 1.386 亿美元，年均增长率超过 50%。其中动画电影《兔侠传奇》获得多个国际大奖并出口 99 个国家和地区，《秦时明月》出口美国、加拿大、法国等 37 个国家和地区，并多次获得国际大奖。网络游戏产业“走出去”持续大步增长。据《2014 年中国游戏产业报告》显示，2014 年中国自主研发网络游戏海外市场销售收入为 30.76 亿美元，比 2013 年增长 69.01%。[②] 中国“累计出口国产网络

① 文化部对外文化联络局．中国对外文化贸易年度报告(2014)[R]．北京：北京大学出版社，2014(12)：7.

② 2016 年中国网络游戏行业概况及发展趋势分析[EB/OL]．[2017-5-2]中国产业信息网．http://www.chyxx.com/industry/201605/419119.html.

游戏产品数量已经突破260款，参与出口的网络游戏企业接近100家"①，国产动漫海外市场逐步扩大。

第三，影视文化产品进入国外主流市场。近年来，一些优秀国产影视作品进入海外主流市场，影视走出去取得新的突破。在电影方面，《一代宗师》2013年登陆北美院线，创造了华语电影的最好票房（659万美元）。《私人定制》《毒战》《爸爸去哪儿》《非诚勿扰》《中国达人秀》在海外也有不少观众。根据《中国对外文化贸易年度报告（2014）》，2012年到2013年中国电视节目出口亮点主要集中在纪录片，由中国国际电视总公司发行的纪录频道制作的节目达25部，累计签约节目230集，销售额超过100万美元，接近中央电视台纪录片海外发行总量的50%，创造了历年来中国纪录片海外发行的历史最好成绩。纪录片《舌尖上的中国》第一季销售到了海外20多个国家和地区，创下了4万美元一集的纪录，成绩斐然。②

第四，文化企业和文化资本走出去不断增多。通过深化文化体制改革，中国文化国企逐步发展壮大，成为开拓国际文化市场的主力军。如中国对外文化集团公司带动一大批"转企改制"后的演艺企业进军国际市场，"平均每年在境外数十个国家和地区，二百余座城市举办各类演出展览和综合文化活动4000余场，全球年度观众总量超过1000万人次"③，面向西方主流观众展现高端的"中华风韵"。安徽出版集团图书贸易业务已发展到全球50多个国家，出口业务涉及版权输出、实物出口、期刊落地，包括电子传媒产品、文化装备、技术服务、文化创意等。浙江华策影视、北京完美世界、腾讯、阿里巴巴、华谊兄弟、福建网龙公司等上百家文化企业在海外设立营销网点，产品覆盖英、法、西班牙等10种语言区域180多个国家。万达集团2012年收购美国第二大院线AMC影院公司美国世界铁人公司，控股澳大利亚第二大电影院线运营商Hoyts公司，一跃成为全球最大的电影院线运营商，大力推动了中国电影走出去；复星集团2015年收购加拿大太阳马戏团，成为文化资本走出去的典范。近年来，中国文化企业频频试手资本运作，通过并购投资、联合投资等方式获取海外优质文化资产控制权。

2.2 中国文化走出去存在的主要问题

一个国家的文化要真正实现走出去，让其他国家人民所认知、认同或理解包

① 2012网游市场报告:网络游戏出口状况一览[EB/OL].[2015-4-3].中国日报网.http://www.chinadaily.com.cn/hqgj/jryw/2013-06-13/content_9297762.html.

② 中华人民共和国文化部对外文化联络局(港澳台办),北京大学文化产业研究院.中国对外文化贸易年度报告(2014)[R].北京:北京大学出版社,2014.

③ 中国对外文化集团公司.集团简介[EB/OL].[2017-6-20].中国对外文化集团公司网站.http://www.caeg.cn/caeg/abouts.shtml#! navHash=jtjj&contentHash=jtjj.

容，并在国际上形成一定的影响力、竞争力乃至贡献力，需要有一个相互影响与潜移默化的过程，一般难以在短时期内达到理想的效果。近年来，在国家的积极倡导和大力推动下，中国文化的世界影响逐年增大，但是与美国、英国、法国、德国、日本和韩国等发达国家相比，中国核心文化产品对外文化贸易的逆差还比较大，文化产品和服务的国际竞争力比较弱。当代文化对外的吸引力、影响力、感召力还不强，与中国的经济影响不相称，与中国所具有的国际地位也不相适应，等等。具体主要体现在以下几个方面：

第一，对外文化贸易总量偏小，核心文化产品贸易逆差还比较大。中国文化产业发展起步晚，文化骨干企业少，普遍存在市场经验缺乏、优质品牌不多、产业规模化和集约化程度较低，国际竞争实力不强等问题，全国文化产业在国民经济中贡献率也较低，远远低于英、美等发达国家。2015 年，中国文化及相关产业增加值约占同期 GDP 的 3.97%。[①] “2003 年至 2013 年，中国文化产品进出口从 60.9 亿美元攀升至 274.1 亿美元”[②]，分别占同期全国外贸总额的 0.715% 和 0.66%，所占比重还相当小。据中国海关公开发布的统计数字，中国文化产品和服务还处于比较严重的逆差状态。在新闻出版方面，如表 2－2、表 2－3 所示，2001 年至 2017 年，17 年来中国图书、报纸、期刊累计出口 7.68 亿美元，进口 38.53 亿美元，总逆差达 30.85 亿美元，2017 年该项的进出口比例为 4.08∶1；累计音像制品、电子出版物出口 1.85 亿美元，进口 19.5 亿美元，逆差达 17.65 亿美元，2017 年该项的进出口比例为 11.79∶1；累计版权输出 102416 种，引进 249742 种，逆差达 147326 种，版权出口与进口平均比例为 1∶2.44。中国的对外文化贸易产品主要是劳动密集型文化产品，而知识技术密集型的影视、音乐、出版物及版权等核心产品所占比重较小，国际竞争力非常弱。以演艺产品为例，中国引进和派出的文艺演出每场收入比约为 10∶1，全部海外商业演出的年收入不到 1 亿美元，不及国外一个著名马戏团一年海外演出收入。[③]

---

① 2015 年中国文化及相关产业增加值比上年增长 11%，占 GDP 的 3.97%。[EB/OL].[2017－2－26]中国经济网，http://www.ce.cn/culture/gd/201608/30/t20160830_15389409.shtml.

② 中国官方矢志扭转核心文化产品及服务贸易逆差[EB/OL].[2014－7－19]中国新闻网，2014－03－18. http://www.chinanews.com/cul/2014/03－18/5966011.shtml.

③ 中国文化产业长期贸易逆差亟待转变[EB/OL].[2015－3－18]前瞻网．ttp://www.qianzhan.com/industry/detail/174/20120601－14c57814eb3a3d24.html.

表 2-2 2001—2017 年中国主要文化产品进出口贸易统计

	图书、报纸、期刊（万美元）		音像制品、电子出版物（万美元）		版权（种数）	
年份	进口	出口	进口	出口	引进	输出
2001	6904.13	1763.94	1072.74	76.92	8250	6530
2002	9847.37	1740.58	1222.89	216.96	11517	1317
2003	14608.27	2330.34	2272.64	139.00	15555	1427
2004	16254.00	2546.23	2136.00	220.00	11746	1362
2005	16418.35	3287.19	1933.00	211.00	10894	1517
2006	18093.5	3631.44	3079.31	284.99	12386	2057
2007	21105.44	3787.46	4340.26	180.51	11101	2593
2008	24061.40	3487.25	4556.81	101.32	16969	2455
2009	24505.27	2437.72	6527.06	61.11	13793	4205
2010	26008.58	3711.00	11382.70	47.16	16602	5691
2011	28373.26	5894.12	14134.78	1502.43	16639	7783
2012	30121.65	4863.15	16685.95	2191.5	17589	9365
2013	28048.63	6012.4	20022.34	2346.96	18167	10401
2014	28381.57	7830.44	21000.13	2214.41	16695	10293
2015	30557.53	7942.6	24207.67	2542.97	16467	10471
2016	30051.73	7785.11	25859.38	3225.6	17252	11133
2017	31978.76	7831.81	34584.46	2933.09	18120	13816
累计	385319.49	76882.81	195018.14	18495.93	249742	102416

数据来源：笔者根据新闻出版总署 2001 年至 2017 年度《全国新闻出版业基本情况》相关统计数据整理得出。全国新闻出版统计网，http://www.ppsc.gov.cn/tjsj.

表 2-3 2002—2017 年中国出版及版权进出口贸易情况统计

年份	图书、报纸、期刊贸易赤字（万美元）	音像制品、电子出版物贸易赤字（万美元）	版权贸易赤字（种）	版权出口与进口比例
2002	-8106.79	-1005.93	-10200	1:8.7
2003	-12277.93	-2133.64	-14128	1:10.9
2004	-13707.77	-1916	-10384	1:8.6
2005	-13131.16	-1722	-9377	1:7.18
2006	-14462.07	-2794.32	-10329	1:6.02
2007	-17317.98	-4159.75	-8508	1:4.28
2008	-20574.15	-4455.49	-14514	1:6.91

续表

年　份	图书、报纸、期刊贸易赤字（万美元）	音像制品、电子出版物贸易赤字（万美元）	版权贸易赤字（种）	版权出口与进口比例
2009	-22067.55	-6465.95	-9588	1:3.28
2010	-22297.58	-11335.54	-10911	1:2.92
2011	-22479.14	-12632.38	-8856	1:2.14
2012	-25258.5	-14494.45	-8224	1:1.88
2013	-22036.2	-17675.38	-7766	1:1.75
2014	-2273.91	-18785.72	-6402	1:1.62
2015	-24830.79	-21664.7	-5996	1:1.57
2016	-22266.62	-22633.78	-6119	1:1.55
2017	-24147	-31651.37	-4304	1:1.31
累计	-264969	-175526.4	-139487	1:2.44

数据来源：笔者根据新闻出版总署 2002 年至 2017 年度《全国新闻出版业基本情况》相关统计数据整理得出。全国新闻出版统计网，http：//www.ppsc.gov.cn/tjsj.

第二，对外文化贸易的区域结构过于集中，国际影响力还不强。据原文化部数据显示，2011 年世界文化市场格局中，美国、欧盟、日本、韩国所占比重依次为 43%、34%、10% 和 5%，而中国仅为 4%，位列第五。① 在中国文化产品占世界文化贸易 4% 的市场份额中，又相对集中于港澳台地区和日、韩、新加坡等汉文化圈。如表 2－4 所示，2011—2017 年中国图书版权输出中，面向中国港、澳、台地区占 24.2%，加上输入日、韩、新加坡部分共占 37.86%，输出到美国、英国、德国、法国、俄罗斯、加拿大 6 国部分占 25%，其他国家和地区占 37%。这说明，中国的文化产品出口市场范围窄，国际市场占有率、影响力还有待提高。

表 2－4　2011—2017 年中国图书版权引进与输出的地区情况对比　（单位：种）

		美国	英国	德国	法国	俄罗斯	加拿大	新加坡	日本	韩国	中国港澳台	其他
2011 年	引进	4553	2256	881	706	55	133	200	2161	1098	1641	1254
	输出	766	422	127	126	40	15	131	161	446	2029	1659
2012 年	引进	4944	2581	874	835	48	122	265	2006	1209	1842	1389
	输出	1021	606	354	130	104	122	292	405	310	2308	3475

① 文化出口需要大格局 全产业链发展模式受青睐［EB/OL］. 中国新闻网,2013－03－06［2015－3－18］. http://finance.chinanews.com/it/2013/03－06/4620090.shtml.

续表

		美国	英国	德国	法国	俄罗斯	加拿大	新加坡	日本	韩国	中国港澳台	其他
2013 年	引进	5489	2521	707	712	84	111	310	1852	1472	1461	2037
	输出	253	574	328	184	184	46	171	292	565	2140	1846
2014 年	引进	5451	2842	841	779	98	165	213	1783	1216	1270	1800
	输出	1216	507	408	371	226	129	416	388	642	437	3034
2015 年	引进	4840	2627	783	959	86	151	240	1724	826	1212	1960
	输出	1185	708	467	199	135	144	555	313	654	2455	3656
2016 年	引进	5201	2873	888	1069	101	142	260	1911	1024	1158	1960
	输出	932	290	262	110	356	87	184	353	576	2390	2788
2017 年	引进	6217	2835	933	1133	90	156	249	2101	168	1056	2216
	输出	592	421	421	172	306	222	254	327	490	2335	5130
合计	引进	36695	12827	5907	6193	562	980	1737	13638	7013	9640	12616
	输出	5965	2817	2367	1292	1351	765	2003	2239	3683	14094	21588
引输比		6.15:1	4.55:1	2.5:1	4.79:1	0.42:1	1.28:1	0.87:1	6.1:1	1.9:1	0.68:1	0.58:1

数据来源：笔者根据国家统计局2011年至2017年度《中国统计年鉴》相关统计数据整理得出。

第三，文化走出去的内容层次偏低，文化核心价值走出去还不多。目前中国出口的文化产品，大部分是加工贸易形式的劳动密集型视觉艺术产品，真正中国原创的或体现中国文化内容的文化艺术品还不多。近年来，中国举办的“文化年”“文化节”等文化交流活动，以及国内艺术团为各国观众和海外华人表演精彩节目，展演的文化内容主要还是杂技、功夫、花灯、舞龙舞狮等体现中国文化元素的民间传统文化，在一定程度上选材层次比较浅，还不能真实反映中国文化的思想内容，而真正能够反映当代中国时代风貌与文化核心价值的文学、艺术作品和电影电视作品却不多见。正如有的学者指出：“当前，并不能代表中国当代发展现状和发展趋势的传统文化和低端文化产品占据了对外文化交流的主要阵地，而社会主义创新文化却迟迟未能在世界上得到认可。”① 同样，在图书出版对外贸易方面，销量居多的是中国传统文化、传统医学、美术典籍、旅游和语言类图书，而反映当代中国政治、经济、社会、文化与生态文明建设的社科类图书却难于走出去。

第四，中国文化国际传播力不强，对外传播国际话语权缺失。在传播媒介全球化背景下，中国对外传播媒体承担着传播文化、促进交流的重要功能。虽然中

① 蔡虹．中国故事国际表达[J]．中国经济周刊，2014(22)：20－21．

国已经初步建立了多媒体、多语种的对外传媒体系，但是在与美国为首的西方国家进行的国际传播竞争中，处于劣势，国际话语权和媒体的公信力不足，对国际主流社会的影响力不强，对海外受众的吸引力不够。目前中国对外传播媒体处于国际话语权缺失的状态，主要有三个关键因素：一是中国没有在国际上建立独立的话语体系，"话语逆差"使得中国对外传播媒体的国际舆论引导能力较弱；二是处于相对强势地位的西方主流媒体，出于遏制中国的图谋，对中国还以负面报道为主；三是中国媒体系统尚不成熟，传播效果还较差，难于形成世界级影响。近年来，一些外国媒体经常发出"中国杂音"，故意歪曲事实。那些没有到过中国的国外民众，对中国的认识依然比较肤浅，对中国的了解还停留在历史教科书上，或者是来自西方媒体的报道。国外大众传播对中国文化走出去的阻滞，影响了国外大众对中国文化形象的正确认知和理解认同。

第五，文化交流主体比较单一，民间交流作用发挥有限。中国文化外交在服务国家整体外交战略的同时，也服务文化走出去战略。衡量文化外交的实际成效，不只是看形式上签订了多少文化合作的协定或组织实施了多少个文化外交项目，更重要的是要看国外政府与民众对中国文化的理解、认知和认同程度。综观近年来中国文化外交的实践，在取得较大成就的同时，仍然存在不少问题，主要体现在：一是举国体制下的官方力量凸显。近年来我们开展的一系列大型文化外交活动，都是由政府强力推动的。无论是北京奥运会和上海世博会，还是中国文化年、文化月、文化周等系列活动，均是政府主办、财政出钱，各级政府支持响应和跟进。这些活动让国外政府和民众感觉到中国政府举国体制的强大号召力，易让人产生"中国意识形态输出"的联想。而且，中国文化走出去的一些活动多从政府视角出发，官方色彩过于浓重，导致文化走出去可信度与亲和力受到制约。特别是在一些西方国家，普通民众大都反感政府的手伸得过长。因此不难理解，为什么中国以官方名义在国外举办的一些文化活动受到当地百姓的冷落和抵制了。在中国文化外交实践中，除了政府管得过多，民间、企业和社会组织作用发挥不足之外，思维过于保守、方法单一也是一个明显的缺陷，这些大大限制了文化外交的实际效果和影响力。二是中外双方存在"一头热一头冷"的现象。国与国之间开展的文化外交活动原本是双方平等互动的活动。但是近年来中国参与的双边或多边文化外交活动主要依赖于我方的努力，对方的主动性没有得到有效地调动和发挥。其中一些合作项目往往会因对方执政主体的更替而受到制约，甚至不能按协定实施。事实上，在国外的一些文艺展演或文化展览等项目完全可以让国外非政府组织或民间团体一起参与，可以请西方人来讲中国故事，这样才能以国外民众喜欢的方式展现中国文化，更好地将中国文化传递给当地民众。在不同文化对话过程中，只有找到彼此利益的共同点、兴奋点，才能增强文化传播的原动力，才能真正将文化外交纳入可持续发展的运行轨道。三是普通民众在文化外交中的作用重视不够。中国文化形象的塑造和传播主要靠文化精英群体，忽略了社会普通群体对公共外交的作用。精英群体在各种文化高峰论坛上或在各种媒体上占据主角，频频亮相。普通民众少有机会在国际交流或国际媒体中发声，展现积极正面的形象。精英群体具有较高社会影响力、号召力，以他们为主角进行对外文化传播，的确有利于提高国家的知名度和影响力。然而，在信息全球化时代，普通民众在文化外交中的地位和影响力日益突出。在一些公共场合，个别国内游客在国外表现出来的低素质，如在公共场所大声说话、不按规则排队等不文明行为举止，引起国外民众的强烈反感，从而减损了精英文化群体在国外民众心目中树立的中国文明形象。

第六，文化走出去的当代内容少，文化走出去质量效益不高。目前我国文化走出去还处于初期阶段，从近年实施中国文化外交项目内容来看，我们展示的文化更多属于民间艺术、武术、气功、中医、民俗、戏曲、文物、饮食等中华传统民族文化，缺乏对当代中国特色社会主义文化艺术的展现，外国人误以为中国是在“文化啃老”。从事出版“走出去”工作十多年的上海长江对外出版有限公司董事长吴新华认为：“从整体上看，我国对外文化传播内容的当代性依然明显不足。”① 虽然外国人习惯于观赏我们传统文化，但实际上从不同文明的平等对话与交流需求看，他们除了想了解中国悠久的历史文化外，还想更多地了解当代中国的国情面貌以及普通百姓的生活方式、价值理念和民间文艺；但我们在文化外交中恰恰忽略了这些方面的内容，使得对方还不能完整、全面地了解中国的文化信息和文化面貌。

在文化走出去的形式中，市场化的文化产业走出去力度不够，以政府为主导的对外文化交流仍是主要形式。虽然民间组织和个人的国际文化交流活动日益频繁，但是政府仍然是文化交流的主要承担者。官方背景下的文化走出去，很容易让海外人士认为这是带有政治色彩的意识形态出口，造成海外民众心理上和行为上的抵触，从而使得文化走出去的效果大打折扣，难于真正实现“走出去”的预期目标。另外，一些面向市场的中国文化产品和服务，由于中外文化差异等原因，有些文化产品只是走进了华人华侨群体之中，未能有效走进海外主流社会。

2.3 中国文化走出去的制约因素分析

从根本上来说，中国文化的国际影响力、感召力既取决于中国文化自身的实力，也取决于中国文化的国际传播能力。深入分析中国文化走出去的主要问题，不难发现，制约中国文化走出去的主要因素有以下几个方面：

---

① 许晓青．中国文化“走出去”面面观[J]．对外传播，2013(7)：31.

第一，文化创新能力不足。祁述裕教授指出："文化能不能走出去，关键是看有没有吸引力。靠宣传、灌输，靠送文化，是无法真正走出去的。"[①] 中国文化走出去的规模、质量和效益不理想，其实最主要的是文化内容缺乏吸引力。中国文化走出去最前端的文化创意产品普遍缺乏创新，或者创意层次浅，"山寨"文化盛行。因为没有好创意、好故事、好形象，没有原创品牌，文化走出去也就没有吸引力。2015 年，中国出版的图书达到了47.57 万种，86.62 亿册，超过美国一倍多，位居世界第一，但是能够走出去的占比较低（1278.75 万册，占0.0015%）[②]，这反映我国"出版社的实际创新能力不高，精品优质的出版内容稀缺，导致我国出版业在走出去时内力不足"。[③] 多年来，在对外文化交流中，我们更偏重于表演、展览、举办活动等展现方式，不少活动由于缺乏创新活力与创意，表面热闹，背后实际的文化影响力很有限。同样由于创新能力不足，中国一些传统文化资源未能有效开发并形成有影响力的产业，反倒被他国开发利用。如美国根据中国脍炙人口的木兰从军故事开发制作的动画影片《花木兰》获得了很高的票房收入，在中国也热播了很久。在中西价值观念、意识形态、审美观、语言表述等方面都有明显差异的情况下，要想打破西方的文化市场壁垒，一定要有故事情节、审美趣味、思想高度上过得硬的新产品。由于缺乏大师级经典作品，原创性精品少，文化产品质量不高，文化创新能力比不上发达国家，文化贸易出现较大的逆差也就不足为怪了。

第二，对国外文化市场研究不深。摸准海外受众的阅读（观赏）需求和价值期待，才能让走出去的文化产品有吸引力、感召力。但是目前中国文化走出去，总的来说缺乏认真细致的市场调查和海外受众的文化需求研究，容易出现走出去的文化产品与国际市场需求相脱节。如在图书出版方面，长期以来都没有仔细研究过国际市场的需求，对中外文化差异与文化共性缺乏了解和认知，对海外受众的审美情趣、文化心理和阅读需求研究不够，常常把国内市场需求等同于国际市场需求，把"国内畅销"等同于"国际需要"，导致部分文化产品"自说自话"，缺乏针对性。又如，在影视作品方面，对不同国家受众在历史、文化、信仰等方面的差异缺乏深刻的理解和认识，缺少跨文化传播的意识。

第三，文化产品的科技含量不高。随着信息技术的突飞猛进，当前国际文化产品的市场竞争，越来越依赖于文化高新科技的应用。进入 20 世纪 80 年代以后，特别是最近 10 来年，数字化技术、3D 动画技术、网络技术、大数据、云计

---

① 祁述裕．当前文化建设的几个重点难点问题[J]．行政管理改革，2013(1)：24.

② 笔者根据原国家新闻出版广电总局发布的《全国新闻出版业基本情况》相关数据分析得出。

③ 李建伟，杨阳．中国出版业发展现状与走出去策略探析[J]．中国出版，2015(5)：6－11.

算技术进入出版、影视音像和演艺领域，使文化产品的生产、流通和消费出现了革命性变化，使国际文化传播进入一个崭新的时代。对比欧美发达国家，中国文化与科技融合不够，运用高新技术提升文化产品质量的能力有限，这是我们文化产品竞争力不强的重要原因。以出版产业为例，在美国、英国、德国等发达国家，已经用信息技术对出版产业进行了全面改造，实现了从出版（市场前端的选题策划、媒体宣传、市场分析，市场终端的订单获取、客户服务、客户信息管理）、印刷到发行（物流配送系统）、零售（大卖场、超市、零售书店、独立书店、连锁书店、网上书店）几大环节的一体化，各出版单位和机构可以共享信息资源。这一方面带来了出版运作效率的提高；另一方面也在无形中导致了技术壁垒。目前，中国文化产业科技装备水平普遍较低，能够运用高新科技进行文化产品生产和流通的企业还不多，这使得中国传统工艺技术生产的文化产品难以适应欧美主流文化市场的需要。

第四，文化企业国际竞争力不强。中国文化企业大部分是从原来的文化事业单位转制过来的，即使经过近年来国家的扶持，涌现出一批潜力大的文化企业集团，但因为依赖国内政策保护，依靠本国和地方市场，没有很好地提高策划创新能力、市场开拓能力、成本控制能力。即使有少部分通过独资、合资或参股、控股等方式进行海外文化投资，但尚未形成具有核心竞争力的文化品牌。美国、英国、德国、日本等文化产业发达国家，几乎都拥有一批国际性知名文化企业集团。如美国大型跨国多媒体公司时代华纳，在全球拥有 200 多家分支机构，拥有多个“世界最大”——世界公认规模最大的在线即时通信软件（ICQ）、最大的在线地图服务提供商、最大的互联网介入服务提供商、最大的影视片库、最大的 CD 和 DVD 制造商。又如，美国新闻集团，“拥有 400 多家子公司，直接或间接控制《泰晤士报》《华尔街日报》等 170 家平面媒体，拥有近 40 家卫星和有线电视频道，具备覆盖全球 2/3 人口的能力”。① 而中国文化企业无论在规模上还是在国际竞争能力方面，差距都十分明显，难以与国际文化传媒巨头相抗衡。当今，中国文化企业要在国际上享有话语权，必须融合报纸、书刊、广播、电视、网络等媒体，打造融媒体跨区域发展的文化传媒集团，努力提升中国文化企业品牌的国际影响力。

第五，文化产业国际营销人才缺乏。国际文化产业通常是资金密集、人才密集、技术密集的产业，外向型文化人才是国际文化经营和文化服务贸易的核心要素。缺乏熟悉国内外文化市场运作及国际文化服务贸易规则的复合型文化经营人才，这已成为中国文化走出去的发展瓶颈。一些文化企业虽然有好的文化产品和

① 刘芳．如何加强我国媒体国际传播能力建设[J]．传媒，2011(10)：70.

文化服务项目，但因为缺乏高水平的国际市场营销人才，难以把握国际市场机遇，不能有效推动文化产品和服务走向国际市场。尽管近几年中国文化贸易中介组织发展加快，但不少文化企业因缺乏国际文化市场营销经验，缺乏面向国际文化市场的文化经纪人才，在国际文化贸易中常常出现失误，以至于让人感觉文化产品和服务出口是做赔本的买卖。

第六，文化外贸政策支持力度不够。“十一五”时期以来，为推动文化走出去战略的实施，国办、文化部（2018 年 3 月 13 日组建文化和旅游部，不再保留文化部）等有关部门相继出台了一系列的政策措施，积极培育外向型文化企业，扶持具有中国特色的文化艺术、演出展览、电影、电视剧、动画片、出版物、民族音乐舞蹈和杂技等文化产品和服务出口。但是，由于相应文化贸易具体政策举措和实施细则没有出台，政策可操作性和可执行性不强，特别是一些政策由于涉及部门庞杂，存在执行难度大、障碍多，使一些支持和优惠政策成为一纸空文，落不到实处。另一方面，由于文化管理体制改革滞后，僵化的管理体制导致文化贸易管理中“缺位”和“越位”并存，文化产品和服务出口贸易无序竞争现象比较严重。在文化贸易服务体系缺失，相关行业协会发育迟缓，产权信用环境不完善的情况下，企业从事对外文化贸易还存在许多不便和风险。

2.4　中国文化走出去的新机遇新挑战

一直以来，中华文化是中华民族生生不息、团结奋进的不竭动力和精神纽带。经过改革开放 40 多年的发展，中国经济实力与国际地位的不断提高，中国与世界的关系进入新的阶段。一方面，中国正在发挥越来越重要的作用，世界经济增长、国际投资、国际贸易以及全球治理体系的建立与完善都需要中国方案，我们要向世界说明中国在当代世界政治经济舞台和格局中的应有地位与作用，展示中国和平发展、包容发展、共享发展的价值观，消除外部各种误读、疑虑、误会乃至偏见。另一方面，自从 2010 年中国成为世界第二大经济体后，中国的经济增长令世界瞩目，中华文化受到外界越来越多的关注。2014 年中国人均 GDP 为 7000 多美元，其中，北京、上海、天津等 7 个省市进入人均 GDP“一万美元俱乐部”，东部沿海城市人均 GDP 已达到富裕国家的临界水平。连续 40 多年的高速发展，被世界称为“中国之谜”，各国人民渴望了解中国，并希望从中国历史悠久的文化中寻找当代中国快速发展的根源。随着经济全球化、信息网络化、传播数字化迅速发展，中国与外部世界的联系更加紧密，彼此在交流和碰撞中相互借鉴、共同发展。与此同时，在后国际金融危机时代，各国都面临加快转变经济发展方式的要求，发达国家纷纷把发展文化产业、促进文化国际贸易作为促进经济发展的重要途径，文化软实力的竞争成为国际综合国力竞争的制高点。

2.4.1 中国文化走出去面临的新机遇①

进入21世纪后，世界经济政治格局发生了深刻变化，中国作为新兴经济大国的崛起，国家综合实力及其国际政治影响力迅速增强，日益接近世界舞台的中央。这为中国文化的全球传播提供了难得的机遇和非常有利的条件。

第一，“中国故事”和“中国方案”日益得到国际社会的关注和重视。进入21世纪以来，中国文化外交活动密集，形式多样。中国通过成功举办北京奥运会、残奥会、上海世博会等大型国际盛会，举办G20峰会、G8峰会、金砖峰会、APEC领导人峰会，发起博鳌亚洲论坛、中非合作论坛、“一带一路”国际合作高峰论坛等年度多边国际论坛，以及承办达沃斯世界经济论坛、国际货币基金组织和世行年会之机，主动向世界讲述中国共产党治国理政、中国人民奋斗圆梦的“故事”，越来越多精彩的“中国故事”不断成为全球关注的焦点。中国包容性发展、和谐发展理念和中国文明、民主、开放、进步的国际形象声誉日隆。特别是党的十八大以来，中国政府不断推出新理念、新倡议，在地区和国际上产生热烈反响。如在发展与美、俄等大国关系方面，中国提出“新型大国关系”构想；在处理周边国家关系上，中国提出了“一带一路”倡议、设立亚洲基础设施投资银行、打造中国—东盟自贸区升级版、孟中印缅经济走廊等一系列重大国际区域合作建议，受到有关国家的积极支持和热情拥护。在国际和地区安全合作议题上，中国提出了“共同安全、综合安全、合作安全、可持续安全”的“亚洲安全观”，得到亚洲国家的高度认同。总的来说，当今国际社会对中国和平崛起和作为负责任大国的形象的理解和认同程度不断提高，中国具备了更加充分的对外文化交流的国际环境条件。特别是中国在“一带一路”愿景与行动中提出以“政策沟通、设施联通、贸易畅通、资金融通、民心相通”（简称“五通”）为主要内容，打造“一带一路”沿线国家政治互信、经济融合、文化互容的利益共同体、责任共同体和命运共同体，得到了全球100多个国家和众多国际组织的支持和参与，相关项目建设覆盖世界60%人口和全球经济总量30%的国家。这些国家从政府官员到普通百姓热情参与文化交流与合作，传承丝路精神，促进文明互鉴，对中华文化产生了浓厚兴趣。我国在与“一带一路”沿线国家和地区的外交、经贸互动中，形成了文化交流、文化传播、文化贸易协调发展的格局。

第二，“中国热”和“汉语热”极大地拓宽了中国当代文化走出去的市场空间。随着国家综合实力不断增强，中国的快速发展吸引了各国人民的关注，这为中国文化的海外传播积聚了“人气”。改革开放四十年，中国人摆脱贫穷落后走向全面小康，国家综合实力不断提高。中国经济实现较高速度发展，中国道路、

---

① 王春林．数字传播条件下中国文化走出去的机遇挑战与对策[J]．出版广角，2014(14)．

中国模式在国际上产生了广泛影响，引起了众多国家的关注与学习借鉴的兴趣。特别自美国次贷危机引发国际金融危机以来，西方资本主义制度饱受诟病，作为其主流意识形态的新自由主义也频遭谴责。此时，众多国际社会成员，尤其是处于工业化初期乃至中期的发展中国家，非常希望实地了解、亲身体会中国改革开放以来推进工业化、城镇化、信息化、农业现代化以及扶贫济困、社会管理创新等方面的成功经验。因此，中国近年来举办的众多国际盛会，如中非合作论坛、中阿合作论坛、APEC 领导人峰会、博鳌亚洲论坛等，都能够吸引众多政要、学者、媒体记者等各界精英，特别是广大发展中国家和地区领导人员积极参与。世界越来越多的人把目光投向中国，乐于与中国政府和中国人民交往合作，于是在全球范围内出现了方兴未艾的“中国热”“汉语热”。据文化和旅游部入境旅游统计，2014 年度内地接待入境游客 12849.83 万人次。另据教育部公布的数据，2014 年来华留学人数超过 37 万人。2014 年“全球已建立 465 所孔子学院和 713 个中小学孔子课堂，遍及 123 个国家和地区，注册学员达百万人。全球学习汉语的人数从 2004 年的近 3000 万人攀升至 1 亿人。美、英、法、日、韩等 48 个国家将汉语教学纳入了国民教育体系”。[①]“中国热”“汉语热”在世界各地的持续升温，为中国文化开拓海外市场提供了有利条件。

第三，文化体制改革与文化产业发展为中国文化走出去奠定了良好基础。2011 年，《中共中央关于深化文化体制改革推动社会主义文化大发展大繁荣若干重大问题的决定》提出：“坚持改革开放，着力推进文化体制机制创新，以改革促发展、促繁荣，不断解放和发展文化生产力，提高文化开放水平，推动中华文化走向世界。”近几年随着中国文化体制改革持续推进，文化产业快速发展，成为满足人们日益增长精神需求的支柱性产业，成为国民经济新的增长点。党的十八大以来，以习近平同志为核心的党中央更加重视文化强国战略的顶层设计和整体谋划，高度重视全社会的思想道德建设，强调“用以爱国主义为核心的民族精神和以改革创新为核心的时代精神振奋起全民族的‘精气神’”。目前，中国文化建设已迈上一个新台阶：公共文化服务体系建设得到快速发展，中国丰富多样的历史文化遗产得到有效保护和利用；文化与科技加快融合，新兴文化产业业态不断涌现。在深化体制改革和创新驱动下，国有文化单位的活力被激发出来，民营文化企业得到有力支持，文化整体实力和竞争力不断增强。随着文化对外开放的进一步扩大，文化交流、文化贸易、文化传播与对外话语体系建设正在持续推进。“文化的发展繁荣，离不开改革创新。新一轮文化体制改革的持续深入推进，

① 全球“孔子学院日”首次确立 汉语学习人数攀升至 1 亿[EB/OL]. 人民网 - 教育频道，2014 - 09 - 28[2015 - 1 - 12]. http://edu.people.com.cn/n/2014/0928/c367001-25754689.html.

必将铸实中华文化伟大复兴的体制基础。”① 当前，文化体制改革引领中国文化走出去迈上跨越式发展轨道，今后将有更多中国文化企业在海外投资，对外文化交流从“送出去”向投资落地型转变，这为中国文化走向世界，扩大国际影响力奠定了良好的基础。

第四，数字技术的快速发展与普及将大力提高文化走出去的效能。当前，随着移动互联网的发展和普及，数字信息传播已经发展成为文字、图片、音频、视频等信息内容并行，纸质、电子、网络、卫星通信同步的多媒体、全媒体传播方式，电子图书、数字报纸、互联网期刊、网络动漫、网络游戏、手机出版、数据库出版等日益丰富的数字出版形态正在改变人们的阅读方式和娱乐方式，开拓出新的文化消费领域和精神生活空间。数字出版产品形态的广泛性与兼容性、数字传播方式的互动性和多样性等优势，使数字出版成为文化国际传播的新兴领域、文化出口的关键平台。因此，在数字出版条件下，中国文化走出去面临难得的机遇。抢占数字出版传播新高地，繁荣发展数字出版产业，是增强中国文化走出去实效，增强中华文化辐射力和影响力的必然要求。

一是数字出版能使中国文化走出去的成本更低、速度更快、覆盖面更广。21 世纪以来，快速发展的计算机技术、通信技术、网络技术、流媒体技术、存储技术、显示技术，使出版传播全面进入数字时代。数字技术实现了创作、编辑加工、印刷复制、发行销售和阅读消费等全程数字化，出版传播形式越来越丰富和多样化。“数字出版以互联网为传播渠道和载体，其生产的数字内容建立在全球平台之上，并通过数据库达到重复使用目的。”② 由此可见，数字出版是全球化、网络化、批量化且便于检索的绿色出版方式，世界上不同地域、不同民族、不同文化的人们都可以通过网络便捷地传播和交流文化作品。中国是传统出版大国，图书出版品种居世界第一位，电子出版物总量居世界第二位。通过互联网方式传播中国的数字出版读物，能让世界各国的人们共享中国的优秀文化。

二是数字出版有利于跨越文化传播的意识形态壁垒，使中国文化走出去的内容更加丰富。西方一些国家以冷战思维对待中国的崛起，在“文明冲突论”的固化思维中，将中华文化视为异质文明加以排斥。对中国的图书、报刊等文化产品加以审查和防范，除旅游、饮食、中医、武术、建筑等内容出版物外，中国文化产品普遍遭遇西方的文化壁垒，存在发行难、落地难。与传统媒介相比，“互

---

① 霍小光，张晓松，杨维汉，华春雨．九万里风鹏正举——以习近平同志为总书记的党中央深改元年工作述评[N]．人民日报，2015－01－28.

② 李旭．数字出版是最大众化的“大众出版”[N]．中华读书报，2013－04－01.

联网的‘把关人’较少，具有较高的‘可进入性’，互联网用户可以随时访问世界各地的新闻，获取即时信息”[①]。通过互联网，一方面，数字媒体可以及时有效地报道中国当代的政治、经济、文化、科技成就，展现中国真实的国家形象和民族形象，传达国家意志和民族精神，在世界舆论中争取主动权和话语权，捍卫与拓展国家的权益；另一方面，中国网民建立个人网站或个人主页，或者进入公共网站 BBS、新闻组、聊天室等言论场所，或者通过博客、微博、播客等新媒体，与全球网民进行信息和影像的自由交流。这样，网络媒介突破了一些国家和政府对外来思想文化的控制，让每个人都可成为言论自由的出版者，这为中国文化全面深入地走向世界打开了一扇方便之门。

三是数字出版能减少跨文化传播中语言障碍导致的文化折扣，使中国文化易于被外国人理解和接受。目前，中国文化产品在世界文化产业中影响较小的一个客观原因就是语言障碍。按照美国人类学家霍尔（E. T. Hall）的研究，中文属于高语境文化，而西方文化属于低语境文化。由于文化背景和语言的差异，对于西方人而言，中文难学难懂。在跨文化传播中，语言障碍所产生的文化折扣，大到期刊杂志、图书，小到电影电视、录音录像、动漫、电子游戏等所有传播领域。随着电视、数码产品、手机、多媒体阅读器等成为数字出版的传播媒介，信息传播形式已由单一的纸质文字扩展为具有交互功能的图文声像，跨文化传播也由以文字为主向音频、视频、图片等多媒体形态延伸。图像、视频可以增加实在感，既增加人们的阅读兴趣，也有助于人们领悟和接受。在国际社会渴望了解中国的形势下，反映当代中国的景观图像、新闻图片和人民生活的音视频，反映出当代中国真实面貌、精神气质的图片、图像和音视频等数字多媒体出版物受到国外大众的关注。这些多媒体数字出版，能让世界各国观众愉悦自然地领略中国的文化风貌，潜移默化地接受中华民族的核心价值。

四是数字出版便于及时发现并满足国外读者的需求，使中国文化走出去的针对性实效性更强。网络技术和数字技术改变了传统出版编辑流程和营销方式，数字出版将传统出版“作者—出版社—批发商—零售商—读者”流程简化为作者—出版者—读者和作者—读者，作者在图书生产和营销中的作用更加突出。如通过出版网页的评论、投票等互动功能，以及收集网站点击率和受众调查数据，出版的选题、创作、编辑加工到作品营销更具针对性，更有效率。同时，数字出版具有数据库在线、大储存量、在线搜索功能，能大规模地满足读者个性化需求，并能极大提高中国作品在国外出版的效能。因此，发挥数字化出版功能，提升文化内容质量，中国文化走出去将会迎来“黄金时代”。

---

① 潘源．消除软实力“软肋”传播“中国梦”愿景[J]．民族艺术研究，2013(6)：140.

2.4.2 中国文化走出去面临的新挑战

虽然中国文化走出去具有很多优势，面临美好的发展前景，但是中国文化要在融入世界主流文化市场实现新突破，还面临着严峻挑战。

第一，数字出版技术拓宽了文化走出去的空间，海外巨大的数字阅读需求，对中国数字出版物的内容质量提出更高要求。日益普及的智能手机、电子阅读器和平板电脑，促进了数字内容消费市场需求日益增长。中国作为文明古国、文化大国和经济大国，伴随着中国经济地位、国际影响力的迅速提升，国际上阅读中国、共享中华文化的愿望越来越强烈。客观上，海外对中国内容的数字出版需求更加多样化。尽管中国是传统出版大国，但是数字出版起步晚，总体上还处于初级阶段。中国的数字出版物在内容、语言、制作等方面还不能满足国际市场的需要。近年来，很多国外出版商在采购中国图书海外版权的同时，纷纷要求授权数字版权，试图抢占“中国内容”数字出版资源，一些大型国际出版集团利用自己的数字出版产品销售平台，邀请中国出版社在其平台上销售“中国内容”。[①] 因此，打造多语种、本土化，体现中华文化精粹和当代成就、更具有时代特点的数字化精品力作，是数字出版时代中国文化走出去的紧迫任务。

第二，数字技术丰富了文化传播的载体和渠道，实现中国文化多渠道、立体化走出去的目标，需要利用高科技手段创意开发传统文化资源。数字化传播正在蓬勃发展，成为文化走出去的新载体和新渠道。在这个时代，文化的传播与阅读不再是“直线、一维、被动的，而是非线性、互动、立体的”。[②] 中国有着丰富的文化资源，但是，中国文化的产业化发展尚处于初期，缺乏将文化资源开发为足够精彩产品的文化创意。中国许多文化资源尚停留在原始呈现的初级阶段。有些资源却被外国人利用了，如美国就利用中国文化开发了《功夫熊猫》和《花木兰》三维动画片，在中国赚取了数亿美元。韩国和日本利用《三国演义》和《西游记》开发动漫和游戏产品。我们要多渠道、立体化实现中国文化走出去，就应贴近海外受众群体的阅读习惯和智能手机、电脑、户外显示设备等终端设备客户的需求，不断丰富和发展多种形态的数字内容产品，努力推动中国文化产品和服务出口向高端化发展。

第三，数字传播模式加剧了国际文化传播竞争，改变中国国际传播话语权的弱势状况，需要构建国际一流的数字传播体系。数字传播模式具有交互性、虚拟性和智能化、个性化等特性，大大提升了文化产品的表现力、传播力和感染力。

---

① 张洪波．立体化多样化趋势呈现——2010 年中国出版“走出去”分析报告[N]．中国新闻出版报，2011 - 09 - 01.

② 陈丽菲，俞锦莉．数字时代出版传播与阅读文化特征探讨[J]．媒介研究，2009(2).

在全球化时代，“传播力决定影响力，谁的传播手段先进、传播能力强大，谁的文化理念和价值观念就能广为流传，谁就能掌握国际话语权”。[①] 以美国为首的西方发达国家先声夺人，凭借雄厚的经济实力和技术装备优势，强化本国数字信息传播设施建设，积极打造 Google、Amazon、Yahoo、Youtube、Facebook 等一批有实力有影响的网络媒体，进一步强化了国际传播的主导地位和话语霸权。当前的世界文化格局是“西强东弱”。一方面，美国等为首的西方国家凭借雄厚的经济物质基础和得天独厚的信息技术优势，将反映西方特色的文化价值理念、生活方式，源源不断地输送到世界的各个角落；另一方面，他们又借助语言中介和对外文化交流等管道，把体现其文化成果和思想灵魂的学术话语体系渗透到非西方的发展中国家，致使西方政治经济模式和文化理念在发展中国家大行其道。可以说，在国际文化市场上，美国等国家处于绝对的强势地位。尽管中国在大力加强“两社、两台、两报”的数字化国际传播能力建设，但在当前国际舆论环境中，“西强我弱”的格局没有改变。中国要塑造良好的国家形象，维护国家文化利益和安全，增强国家软实力，需要建设“语种多、受众广、信息量大、影响力强、覆盖全球”的国际一流数字化传播体系。

第四，中国参与国际文化竞争的实力特别是高端人才培养有待加强。人才是先进思想和优秀文化的生产者、传播者，“人”是文化发展的根本动力与源泉。目前，中国文化走出去最大的挑战和“瓶颈”在于参与国际文化竞争的高端人才缺乏。近年来，在中国政府的大力推动下，中国文化走出去虽然取得了明显的成绩，但是中国对国际文化交流的参与和影响程度还不深，对外文化交流和文化贸易还停留在比较低的水平上。中国对外交流文化产品，基本上还以中华武术、中医、剪纸、泥人、刺绣、大红灯笼之类的民俗作品、兵马俑等传统文化、历史文化遗产等，而能够体现中国文化核心价值且在国外较有影响的当代原创戏剧歌舞和影视作品并不多，问题的根源在于文化人才短板制约。一是具有国际视野的文化创意高端人才不多。文化走出去应以创意产品为核心，创意产业最大的资本是“人才”。由于具有国际视野的文化创新人才不足，导致中国文化创意产业不发达，创意能力不强。二是对国际文化市场开拓能力比较薄弱，缺乏懂国际市场营销、涉外项目策划及文化经纪的文化经营管理人才。由于中国文化产业起步晚，能够直接走出去的文化企业少，擅长跨国项目策划、文化经纪、市场营销、资本运作的复合型人才缺乏。文化走出去是一个文化含量高、技术密度、竞争特别激烈的领域，富有文化产品创新开发和市场开拓能力的复合型人才是赢得国际文化产业竞争的核心资源。中国文化资源十分丰富，不乏好的文化产品和项目，

① 王庚年．国际传播发展战略[M]．北京：中国传媒大学出版社，2011：210.

但是中国却没有像美国拥有诸如好莱坞、百老汇、迪士尼等一大批国际知名品牌。三是缺乏具有全球文化视野的高端翻译人才。中国虽然拥有许多优秀文化产品，受到受众的喜欢，但是由于文化差异、语言障碍，翻译人才缺乏，翻译水平不高，导致这些优秀文化作品的内涵及艺术魅力不能完整地呈现。因此，中国文化要顺利走出去，必须针对人才需求状况，加强培养和储备适应国际市场竞争需要的高端文化创新人才与跨文化企业经营管理人才。

第3章 实证研究：中国文化海外传播状况调查分析

研究分析中国文化走出去的实际状况，提出有针对性、实效性的改进措施，需要有针对性地对中国文化海外传播受众进行调查分析和定量研究，以掌握第一手资料，这样的研究结论才更有说服力。可是，要对不同文化、不同信仰和思维方式的外国人进行调查研究，操作难度比较大。既要便于开展调查，又要调研对象具有代表性，从数量不大的调查样本观测整体水平，那么来华留学的外国人便是本次调查比较适合的人群。

首先，来华留学生具有广泛性。近年来，全球各地来华留学生大幅增加。据教育部网站披露，2013 年共计有来自 200 个国家和地区的 35.65 万名各类外国留学人员，分布于全国 31 个省、自治区、直辖市的 746 所高等学校、科研院所和其他教育教学机构。其中，广西接受外国留学生人数超过 1 万人。① 其次，来华留学生作为跨文化传播受众具有代表性。广大来华留学生是中国文化的学习者，他们来中国之前，或多或少对中国文化有一些接触和了解。他们可能参加过孔子学院、孔子课堂的学习，也可能观看过中国的电影电视节目或者阅读过中国书籍等。再次，来华留学生评价中国文化跨文化传播的实际效果更具有发言权。这些来华留学生当中，绝大部分是中国文化的爱好者，有可能还是中国文化的国际传播者，不少留学生参与过一些中国文化海外传播活动。对于中国文化走出去的成效如何，给国外普通民众产生了什么样的文化影响力，他们对中国文化的认知和评价是值得认真研究分析的指标，特别是了解他们对中国文化的接受心理、认知方式、学习需求，听取他们对改进传播方式的意见建议，对我们客观分析中华文化海外传播的现状和成效，进一步丰富和创新文化走出去的内容、方式和途径，具有重要的研究价值。

3.1 调查方法与样本

3.1.1 问卷设计

本次问卷调查共设置了 25 个方面的问题，分为四大部分。第一部分是被调

---

① 2013 年中国留学人员情况［EB/OL］［2014 - 12 - 6］. 中华人民共和国教育部网站 . http://www.moe.gov.cn/publicfiles/business/htmlfiles/moe/s5987/201402/164235.html.

查对象的基本信息，包括性别、国籍、年龄、学历、职业、学习汉语的时间。第二部分是对被调查对象对中国文化符号、文化样式的认知和接受程度的调查，主要了解他们对中国长城、兵马俑、茶叶、中医、包饺子、中国功夫、舞龙舞狮、中国书法、中国民乐、中国诗词的了解和喜爱状况；第三部分是对接受中国文化情况的调查，重点了解他们接触和认知中国文化的渠道方式以及阅读中国书籍、观看中国电影电视动漫、观看中国文艺表演以及购买中国文化艺术品等方面的情况；第四部分是调查其对中国文化海外传播效果的评价，包括对中国文化海外传播效果的总体评价、对中国电影电视以及对中国文化传播方式的评价和意见建议等。为便于统计分析，问卷以选择题型为主，少部分题目设有开放式填空。考虑到部分外国留学生、外籍教师不熟悉汉语，此次问卷采用中英文双语设计。

3.1.2 调查方式

此次调查活动历时6个多月，调查的样本选取南宁、桂林、广州、上海、杭州等城市6所高校的600名外国留学生，采用抽样问卷调查为主、随机访谈为辅的方式。笔者委托所在大学负责留学生工作的老师发放和回收问卷。在问卷调查过程中，尽可能对受调查对象进行非正式讨论和交流，申明此次调查的目的意义，对其支持此次问卷调查表示感谢，确保调查对象能够真实、客观地回答问卷中的问题。为确保每份问卷有效性，在问卷回收前，对答卷的完整性进行逐一检查，尽量避免出现数据缺失。

3.1.3 样本情况

此次调查重点是了解外国留学生在海外接受中国文化的状况，调查对象抽样时，重点选择新近来中国的留学生；同时，考虑了性别、年龄、职业、学历、学习汉语时间长短、国籍等因素。本次调查发出问卷600份，收回582份，有效回收率97%。问卷受访者中，以年轻人为主，18岁以下61人，19—25岁429人，26—40岁84人，40岁以上8人。男性240人，占41.2%；女性342人，占58.8%。学历结构方面，高中以下48人，占8.2%；大学学历451人，占77.5%；硕士研究生64人，占11%，博士研究生19人，占3.3%。学习汉语时间不满2年时间的占绝大多数，其中不到半年的84人，占14.4%；7至12月的186人，占32%；1至2年的173人，占29.7%；2年以上的139人，占23.9%。职业方面，教师125人，占21.48%；设计师19人，占3.26%；商人42人，占7.22%；未就业大学生376人，占64.6%；其他20人，占3.44%。问卷调查的对象来源较广泛，分别来自亚洲、欧洲、美洲、非洲、大洋洲五大洲的19个国家。按照亨廷顿对世界文明的划分，这些国家涵盖了中华文明、西方文明、伊斯兰文明、日本文明、非洲文明等五大不同类型的文化圈层，详见表3-1。

表 3-1　收回问卷样本情况统计

项　目		样本数	占比（%）	地区	国　籍	样本数	占比%
	男	240	41		泰国	106	18
性别	女	342	59		老挝	100	17
	合计	582	100		越南	88	15
	18 岁以下	61	11	东盟	印度尼西亚	69	12
年龄	19-25 岁	429	74		柬埔寨	28	5
	26-40 岁	84	14		缅甸	10	2
	40 岁以上	8	1		马来西亚	8	1
	高中以下	48	8		英国	31	5
学历	大学	451	78		德国	16	3
	硕士研究生	64	11		美国	16	3
	博士研究生	19	3		加拿大	12	2
	不到半年	84	14	欧美	法国	9	2
学习汉语时间	7 至 12 月	186	32		瑞士	10	2
	1 至 2 年	173	30		澳大利亚	4	1
	2 年以上	139	24		新西兰	4	1
	教师	125	22	日韩	韩国	41	7
	大学生	376	65		日本	12	2
职业	设计师	19	3	亚洲其他	蒙古	12	2
	商人	42	7	非洲	阿尔及利亚	6	1
	其他	20	3		合计	582	100

3.2　调查结果的统计与分析

笔者对回收的 582 份调查问卷采用 SPSS 录入和数据分析。根据单选题和多选题不同题型，采用频数分析和多选项二分法，计算变量的频数和百分比。考虑东盟、欧美和日、韩的文化影响和经济发展水平，为便于考察中国文化走出去在这三个区域的成效，在问卷统计时，除对总体样本进行分析的同时，还把泰国、老挝、越南、印度尼西亚、柬埔寨、缅甸、马来西亚留学生列入“东盟”板块，将英国、美国、德国、法国、加拿大、瑞士、澳大利亚、新西兰等 8 个西方传统国家留学生列入“欧美”板块，将日本、韩国留学生列入“日韩”板块进行分类统计，并进行相关对比分析。

3.2.1　对中国文化元素的认知和态度

为评估调查对象对中国传统的物质文化、行为文化和精神文化三个层面的认知和态度，我们设计了“知道”和“不知道”，“喜欢”与“不喜欢”共 10 个方面40个项目的选择题。表3-2显示，对于总体调查对象而言，“知道”长城、兵马俑、茶叶、中医、包饺子、中国功夫、舞龙舞狮、中国书法的比例普遍较高，达70%以上，对中国民乐、中国诗词的比例也接近60%。“喜欢”这些项目的比例虽然相对低一些，除中国民乐、中国诗词在50%左右外，其他也都达60%以上。这表明，经过这些年大规模组织中国文化走出去活动，各国对中国传统文化的认识程度有了大幅度提高。同时，通过东盟国家与欧美国家调查对象的数据对比，我们发现，在“不知道”这组数据中，欧美国家比东盟国家平均高出近13个百分点。这表明，欧美国家与中国的文化差距较大，特别是对中医、中国民乐、中国诗词的认知有较大的难度。在“不喜欢”这组数据中，东盟国家对长城、兵马俑、中国功夫、中国书法、中国民乐的比率高于欧美国家，这说明中国近年来在欧美国家组织开展的“中国文化年”“文化周”“文化节”和“感知中国”等文化活动取得了较好的效果。同时，通过统计数据，也让我们清醒地认识到，深受外国学生喜爱的更多只是表层的文化形式，中国书法、中国民乐、中国诗词等具有深层文化内涵的文化形式仍然难以让他们喜欢。

表3-2 对中国文化元素的认知与态度的调查统计

选项	知道（%）			不知道（%）			喜欢（%）			不喜欢（%）		
	总体	其中		总体	其中		总体	其中		总体	其中	
		东盟	欧美		东盟	欧美		东盟	欧美		东盟	欧美
长城	94.8	97.3	80.8	5.2	2.7	19.2	92.6	93.6	82.8	4.8	3.8	2.0
兵马俑	72.5	69.7	70.7	26.6	30.1	29.3	73.0	72.4	65.7	22.0	27.1	10.1
茶叶	92.8	93.6	89.9	4.3	3.3	11.1	84.5	84.8	80.8	10.7	15.2	19.2
中医	81.4	83.6	67.7	17.7	16.4	32.3	64.8	68.5	35.4	31.8	31	44.4
包饺子	82.1	83.6	62.6	17.2	16.4	33.3	79.4	81.4	58.6	17.2	16.6	21.2
中国功夫	81.1	82.9	72.7	16.2	15.6	21.2	72.9	74.8	71.7	23.5	22.5	8.1
舞龙舞狮	70.1	75.8	74.7	28.5	24.2	23.2	64.1	64.1	42.4	30.9	30.9	31.3
中国书法	79.4	79.4	71.7	20.6	25.4	28.3	69.6	74.6	67.7	26.6	25.4	12.1
中国民乐	59.3	59.3	38.4	38.8	38.8	59.6	49.1	56.2	36.4	44.8	41.6	37.4
中国诗词	58.9	64.5	24.2	40.5	34.7	75.8	51.7	57.2	15.2	41.6	37.8	52.5

3.2.2 了解中国文化的方式和渠道

为调查了解留学生对中国文化的认知方式和渠道，问卷设计了读书、上网、看电影电视、观看中国的演出、阅读报刊、到中国旅游、听广播和其他等8个选项。统计数据表明，选择看电影电视的比率最高，占 41%；其次是读书，占 17%；再次是上网，占 15%；到中国旅游，占 14%；排在最后的是阅读报刊，占 1%。对比分析东盟、欧美和日韩受访对象的统计数据，我们发现，除东盟留学生与总体排序大致相同外，欧美和日韩留学生了解中国文化的渠道和方式的差异比较大，日韩留学生选择到中国旅游的方式排第一位，占 30%，读书排第二位，占 24%，随后是其他，占 20%，上网和看电影电视大致相当，占 11%，排在最后的是看演出和听广播，占 0%；而欧美留学生选择看电影电视方式排第一位，占 35%，其次是到中国旅游，占 32%，选择阅读报刊的方式排在最后，占 0%。调查数据表明，文化差距越大，看电影、电视和旅游等了解他国文化的直观方式越受欢迎。这也表明，在信息全球化时代，报刊和广播等传统媒体作为跨文化传播的方式和渠道，将会被其他方式所取代。

表 3－3　了解中国文化的方式和渠道的调查统计

选　项	频　数				百分比（%）			
	总体	其　中			总体	其　中		
		东盟	日韩	欧美		东盟	日韩	欧美
A. 读　书	147	102	25	19	17.23	19.88	23.81	14.29
B. 上　网	124	100	11	12	14.54	19.49	10.48	9.02
C. 看电影电视	360	235	12	46	42.2	45.8	11.43	34.59
D. 看中国的演出	17	10	0	3	1.99	1.95	0.00	2.26
E. 阅读报刊	5	2	5	0	0.59	0.39	4.76	0.00
F. 到中国旅游	118	39	31	42	13.83	7.60	29.52	31.58
G. 听广播	13	10	0	3	1.52	1.95	0.00	2.26
H. 其　他	69	15	21	8	8.09	2.92	20.00	6.02
合　计	853	513	105	133	100.00	100.00	100.00	100.00

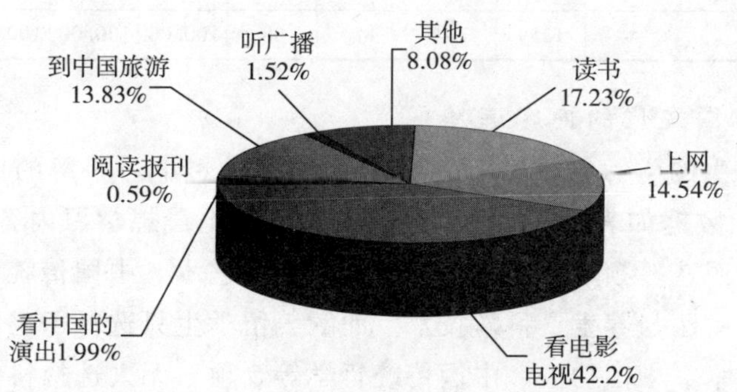

图 3－1　了解中国文化的方式和渠道

3.2.3 对最代表中国文化的文化象征认识

为考察外国留学生对中国文化精髓的了解情况，问卷设置了一个问题，即“最能代表中国文化的是什么”，提供了孔子、《道德经》、四书五经、武术与旗袍、大红灯笼、莫言小说、中国长城、舞龙舞狮等8个选项。调查统计数据如表3-4所示，总体选择频数最高的是中国长城，占32.01%，选择频数排第二位的是孔子，排第三位的是武术与旗袍，排第四位的是舞龙舞狮，排最后的是莫言小说。对比东盟、日韩和欧美受访对象所选内容的频数排序，前三项排序相同，后五项欧美与日韩的选择比率排序相同，但与东盟和总体的选择比率差异较大。其中，日韩、欧美受访对象对《道德经》、舞龙舞狮的选择比率分别排第四位和第五位，而对四书五经、大红灯笼、莫言小说3个选项的选择比率为0。从中可以说明，中国长城、孔子、武术与旗袍、舞龙舞狮对世界的影响较大，它们代表的中国文化价值得到了普遍认同；同时欧美和日韩对中国道家文化元典《道德经》的价值认同要高于东盟国家。

表3-4 对最能代表中国文化的文化象征调查统计

选项	频数				百分比（%）			
	总体	其中			总体	其中		
		东盟	日韩	欧美		东盟	日韩	欧美
A. 孔子	231	191	19	19	18.35	25.00	21.35	21.59
B. 道德经	112	55	5	5	8.90	7.20	5.62	5.68
C. 四书五经	64	39	0	0	5.08	5.10	0.00	0.00
D. 武术旗袍	228	131	14	14	18.11	17.15	15.73	15.91
E. 大红灯笼	71	50	0	0	5.64	6.54	0.00	0.00
F. 莫言小说	20	20	0	0	1.59	2.62	0.00	0.00
G. 中国长城	403	208	48	47	32.01	27.23	53.93	53.41
H. 舞龙舞狮	130	70	3	3	10.33	9.16	3.37	3.41
合计	1259	764	89	88	100.00	100.00	100.00	100.00

3.2.4 学习中国文化的内容选择

为了解外国留学生的学习需求，问卷对“到中国最想学习了解的内容”设计了7个选项。统计数据如表3-5所示，过半数留学生最想学习内容是汉语。其他6个选项中，按照选择频数的比率依次为中国传统艺术、中国传统哲学、管理知识、中国功夫、中医与养生、科学技术。而欧美留学生只选择了汉语、中医与养生、中国传统艺术、中国功夫、中国传统哲学等5项，无人选择科学技术和管理知识；与此相类似，日韩留学生也只选择了汉语、中国传统哲学、中国传统艺术、中国功夫等4项，没有人选择中医与养生、科学技术、管理知识。从中可以看出，欧美和日韩留学生对中国的科学技术、管理知识没有兴趣，日韩留学生对“中医与养生”也没有什么学习兴趣。但是东盟留学生却把学习“管理知识”排到了第三位。

表 3 – 5　对最想学习了解的中国文化内容的调查统计

选　项	频　数				百分比（%）			
	总体	其　中			总体	其　中		
		东盟	日韩	欧美		东盟	日韩	欧美
A. 汉　语	476	324	49	75	50.91	48.14	62.82	51.02
B. 中国传统哲学	99	64	14	15	10.59	9.51	17.95	10.20
C. 中医与养生	62	39	0	20	6.63	5.79	0.00	13.61
D. 中国功夫	66	43	6	17	7.06	6.39	7.69	11.56
E. 中国传统艺术	123	94	9	20	13.16	13.97	11.54	13.61
F. 科学技术	36	36	0	0	3.85	5.35	0.00	0.00
G. 管理知识	73	73	0	0	7.81	10.85	0.00	0.00
合　计	935	673	78	147	100.00	100.00	100.00	100.00

3.2.5　阅读中国图书的类别选择

为了解外国留学生对中国图书的阅读需求，问卷对“喜欢阅读中国哪类图书”设置了 7 个选项，统计数据如表 3 – 6 所示。通过统计数据可以发现，除对“中国旅游类”的选择频数外，东盟、日韩和欧美留学生对其他 6 项选择的差异较大。按选择频数比率，东盟留学生的选项排位依次为：中国旅游类，占 26%；中国经济类，占 21%；中国社会类，占 18%；中国历史类，占 12%；中国地理类，占 10%；中国政治类，占 9%；中国文学类，占 4%。日韩留学生的选项排位依次为：中国旅游类，占 39%；中国历史类，占 37%；中国文学类，占 11%；中国社会类，占 8%；中国地理类，占 6%；中国政治类和中国经济类，分别占 0%。欧美留学生的选项排位依次为：中国旅游类，占 30%；中国社会类，占 18%；中国经济类，占 13%；中国历史类，占 10%；中国政治类、中国地理类、中国文学类并列最后，各占 9%。引起这种差异一方面是因为与学习汉语为主导动机的日韩留学生对中国政治、中国经济缺乏正确的认知有关；另一方面，国际金融危机之后，中国经济一枝独秀，中国改革开放带来中国经济社会巨大发展，吸引东盟和欧美国家留学生在学习汉语的同时，想了解当代中国政治、中国经济和中国社会的发展现状和成功经验。

表 3-6 喜欢阅读中国哪类图书的调查统计

选项	频数				百分比（%）			
	总体	其中			总体	其中		
		东盟	日韩	欧美		东盟	日韩	欧美
A. 中国政治类	74	61	0	12	7.08	8.94	0.00	9.45
B. 中国经济类	161	143	0	17	15.41	20.97	0.00	13.39
C. 中国社会类	169	121	8	23	16.17	17.74	7.77	18.11
D. 中国地理类	96	69	6	12	9.19	10.12	5.83	9.45
E. 中国旅游类	277	177	40	38	26.51	25.95	38.83	29.92
F. 中国历史类	141	81	38	13	13.49	11.88	36.89	10.24
G. 中国文学类	127	30	11	12	12.15	4.40	10.68	9.45
合计	1045	682	103	127	100.00	100.00	100.00	100.00

3.2.6 来中国前阅读中国图书状况

中国图书出版走出去是中国文化海外传播的重要渠道。自 2001 年加入 WTO 以来，中国采取图书出版贸易和出版版权贸易的形式推动中国出版走出去，中国图书版权输出数量逐年增长，2003—2012 年中国版权输出总计 3.8 万种。目前，中国出版物已进入世界 190 多个国家和地区。在外国来华留学人员当中，他们在来中国留学前曾经阅读的中国图书大概有多少？为了解他们阅读中国图书的状况，笔者在问卷中设置了中文版和外文（非中文）版中国图书的阅读量两道选择题，调查结果详见表 3-7、表 3-8。从调查样本总体阅读量来看，阅读过 5 本以下中国版图书的人数占 59%，6—20 本的占 26%，21—50 本的占 10%，51 本以上的占 3%；比较欧美、日韩、东盟三个区域国家受访者的中国图书阅读量，阅读 5 本以下的受访者人数欧美有 91%、日韩有 70%、东盟有 47%，阅读 6—20 本的受访者人数欧美有 0%、日韩有 11%、东盟有 36%，说明欧美留学生的阅读最少、日韩留学生相对少、东盟国家留学生相对多些。从中也能说明，东盟、日韩是中国出版物版权输出的主要市场。另外，从阅读外文（非中文）版中国图书数量调查统计来看，受访者中阅读 5 本以下的人数较阅读中国版图书的人数减少了一些，尤其是日韩减少了 39%；阅读过 6—20 本、以及 21—50 本的人数有较大幅度的增加，如欧美阅读 21—50 本的占 10%，日韩占 40%。这说明通过版权贸易、合作出版等渠道，把中文图书翻译成相应的外文进行出版，更容易让外国读者接受。同时说明，由于西方和日韩的文化壁垒还比较严重，也可能因为中国对外出口中国版图书的可读性不强、翻译水平不高，装帧设计差等技术性原因，中国大陆出版的中文书刊，在欧美、日韩等国际图书市场的竞争力还很弱。

表3－7　阅读中国版图书的数量调查统计

选　项	频　数				百分比（%）			
	总体	其　中			总体	其　中		
		东盟	日韩	欧美		东盟	日韩	欧美
A. 5 本以下	346	194	37	90	59.45	47.43	69.81	90.9
B. 6—20 本	154	147	6	0	26.46	35.94	11.32	0.00
C. 21—50 本	58	49	0	9	9.97	11.98	0.00	9.10
D. 51 本以上	20	10	10	0	3.44	2.44	18.87	0.00
E. 缺项	4	9	0	0	0.69	2.20	0.00	0.00
合计	582	409	53	99	100.00	100.00	100.00	100.00

表3－8　阅读外文（非中文）版中国图书的数量调查统计

选　项	频　数				百分比（%）			
	总体	其　中			总体	其　中		
		东盟	日韩	欧美		东盟	日韩	欧美
A. 5 本以下	308	195	16	82	52.65	47.68	30.19	82.83
B. 6—20 本	150	131	3	7	25.64	32.03	5.66	7.07
C. 21—50 本	73	42	21	10	12.48	10.27	39.62	10.10
D. 51 本以上	51	38	13	0	8.72	9.29	24.53	0.00
E. 缺项	3	3	0	0	0.51	0.73	0.00	0.00
合计	585	409	53	99	100.00	100.00	100.00	100.00

3.2.7　观看中国电影的数量

电影是最受人们喜爱的视听娱乐方式，也是传播民族历史文化越来越重要媒介。最近10多年来，中国电影逐步进入国际市场，已成为中国文化走出去的重要渠道。相关数据显示，2012年，有75部国产影片销往80个国家和地区，其中《大闹天宫》《十二生肖》《一代宗师》等影片取得亿元海外票房。同时，电影作为中国文化走出去的一种重要载体，中国近年来开始加强国产电影的海外推广。外国来华留学生对中国电影的兴趣如何？通过调查发现，外国来华留学生观看中国电影的数量相对较多。如表3－9统计数据，在受访留学生样本总体中，观看中国电影数量在5部以下的占8%，6—10部的占32%，31部以上的占40%。在来自东盟、日韩和欧美三个地区的留学生中，观看中国电影的数量呈现"N"字形。从观看31部以上的人数比例来看，日韩留学生最多，占55%；东盟留学生次之，占40%；欧美留学生相对少，占32%。出现这种差异，主要因素是日韩、东盟国家对中国历史文化背景比较熟悉，中国的古装片、武打片、喜剧片等商业电影在东亚、东南亚较受欢迎。

表 3-9 观看中国电影的数量调查统计

选项	频数				百分比（%）			
	总体	其中			总体	其中		
		东盟	日韩	欧美		东盟	日韩	欧美
A. 5 部以下	48	31	10	4	8.20	7.58	18.87	4.04
B. 6—10 部	188	113	11	52	32.30	27.63	5.66	52.53
C. 11—20 部	77	68	3	5	13.30	16.63	5.66	5.05
D. 21—30 部	39	34	0	6	6.70	8.31	0.00	6.06
E. 31 部以上	230	163	29	32	39.50	39.85	54.72	32.32
合计	582	409	53	99	100.00	100.00	100.00	100.00

3.2.8 观看中国电视剧的数量

相对于中国电影，中国电视剧在国外的影响力要小一些。从表 3-10“观看中国电视剧数量调查”数据看，总体样本中，观看 5 部以下中国电视剧的占 26%，6—10 部的占 26%，11—20 部的占 14%，21—30 部的占 8%，31 部以上的占 24%；其中，东盟、日韩、欧美留学生调查样本中，观看 5 部以下的，日韩留学生占 45%，欧美留学生占 39%，东盟留学生占 18%。与“观看 5 部以下中国电影”的人数相比，分别高出 16%（总体）、35%（欧美）、26%（日韩）、10%（东盟）；同样，与“观看 31 部以上中国电影”的人数相比，则分别少了 16%（总体）、10%（日韩）、3%（欧美）、11%（东盟）。这说明，中国电视剧作品无论是内容本身还是境外流通渠道都有很大局限，在电视产品跨文化传播这一领域，中国电视剧走出去还有很大的提升空间。

表 3-10 观看中国电视剧数量调查统计

选项	频数				百分比（%）			
	总体	其中			总体	其中		
		东盟	日韩	欧美		东盟	日韩	欧美
A. 5 部以下	153	75	24	39	26.30	18.34	45.28	39.39
B. 6—10 部	157	140	5	16	25.90	34.23	9.43	16.16
C. 11—20 部	83	81	0	2	14.30	19.80	0.00	2.02
D. 21—30 部	47	34	0	13	8.10	8.31	0.00	13.13
E. 31 部以上	138	79	24	29	23.70	19.32	45.28	29.29
合计	582	409	53	99	100.00	100.00	100.00	100.00

3.2.9 观看中国动漫作品的数量

随着视觉消费时代的到来，动漫文化深刻影响着人们的生活方式，动漫作品传播已经成为跨文化传播的一种重要形态。近年来，在走出去战略推动下，中国动漫产业对外合作交流和版权贸易得到了稳步发展。“葫芦兄弟”“蓝猫”“喜羊羊”“天眼”“炮炮兵”等一批民族动漫品牌成为弘扬中华优秀文化、提升国家文化软实力的重要载体。那么，从中国动漫的海外受众层面观察，中国动漫作品在海外的影响力如何？问卷调查结果如表3－11所示，在总体样本中，没有观看过中国动漫作品的人数占27%，其中，日韩的受访者占89%，欧美的受访者占31%，东盟的受访者占15%。观看3个以下的，总体占34%，东盟的受访者占39%，欧美的受访者占24%，日韩的受访者占11%。观看11个以上的，日韩为0，欧美的受访者占9%，东盟的受访者占13%。从中可以看出，中国动漫作品在日韩国家的影响力还较低，在欧美国家较弱，在东盟国家稍有些影响。

表3－11 观看中国动漫作品的数量调查统计

选 项	频 数				百分比（%）			
	总体	其 中			总体	其 中		
		东盟	日韩	欧美		东盟	日韩	欧美
A. 0个	155	62	47	31	26.60	15.16	88.7	31.31
B. 3个以下	197	161	6	24	33.80	39.36	11.3	24.24
C. 4—5个	99	96	0	3	17.00	23.47	0	3.03
D. 6—10个	68	36	0	32	11.70	8.80	0	32.32
E. 11个以上	63	54	0	9	10.80	13.20	0	9.09
合计	582	409	53	99	100.00	100.00	100.00	100.00

3.2.10 接触中国电脑游戏产品的数量调查

伴随着互联网技术的飞速发展和信息时代的到来，网络游戏依托网络平台的无障碍传播，成为大众普遍喜爱的娱乐文化产品。最近10多年来，中国的“网游”产品正逐渐发展壮大，并占据一定的市场份额。从外国来华留学生群体接触中国电脑游戏产品的数量调查看，如表3－12所示，总体样本中，57%的人接触过中国的电脑游戏产品。在东盟和欧美受访者中，接触过3个以下的分别占34%和43%，接触过4个以上的分别占26%和5%。但是，总体上，在国际“网游”市场中，中国的电脑游戏产品影响力还很有限，如接触过11个以上中国电脑游戏的问卷调查对象，只占样本总体的3%，东盟受访者占5%，而欧美受访者则无一人。这反映出，中国虽然是电脑游戏产品的生产大国，但与日本、韩国和美国为代表的游戏强国相比，中国电脑游戏还没有形成品牌竞争力。

表 3－12　接触中国电脑游戏的数量调查统计

选　项	频　数			百分比（%）		
	总体	其　中		总体	其　中	
		东盟	欧美		东盟	欧美
A. 0 个	251	162	51	43.10	39.61	51.52
B. 3 个以下	218	139	43	37.50	33.99	43.43
C. 4—5 个	78	74	4	13.40	18.09	4.04
D. 6—10 个	16	15	1	2.70	3.67	1.01
E. 11 个以上	19	19	0	3.30	4.65	0.00
合计	582	409	99	100.00	100.00	100.00

3.2.11　观看中国歌舞演出次数

歌舞演出是展示中国文化的重要渠道。近年来，中国在世界各地举办“感知中国”“中国文化年”“文化艺术节”等一系列文化交流活动，许多中华民族歌舞精品走出国门，走向世界，在国际舞台上展现了中国文化的风采，扩大了中国文化的影响。为考察中国歌舞在海外知识分子群体中的影响力，我们对来华留学生进行了观看中国歌舞演出次数的调查。从表 3－13 的统计数据来看，在调查总体样本中，观看 0 次的受访者只占 12%，观看 4 次以上的占 62%，观看 11 次以上的占 21%；在东盟、日韩和欧美受访者中，观看 0 次的，东盟只占 5%，日韩有 19%，欧美有 35%；观看 4 次以上的，东盟有 67%，日韩有 60%，欧美有 47%；观看 11 次以上的，欧美有 24%，东盟有 22%，日韩有 9%。这说明，中国的歌舞演出在东盟的影响力较大，在日韩次之，在欧美较小。但是，从中国歌舞的艺术吸引力而言，欧美比较看好，东盟次之，日韩兴趣不大。

表 3－13　观看中国歌舞演出次数的调查统计

选　项	频　数				百分比（%）			
	总体	其　中			总体	其　中		
		东盟	日韩	欧美		东盟	日韩	欧美
A. 0 次	67	22	10	35	11.50	5.38	18.87	35.35
B. 3 次以下	152	112	11	17	26.10	27.38	20.75	17.17
C. 4—5 次	150	108	27	6	25.80	26.41	50.94	6.06
D. 6—10 次	92	75	0	17	15.80	18.34	0.00	17.17
E. 11 次以上	121	92	5	24	20.80	22.49	9.43	24.24
合计	582	409	53	99	100.00	100.00	100.00	100.00

3.2.12　知晓中国歌曲的数量

音乐艺术是用音乐语言来表达人类思想的文化形式，具有直指人心的力量。通俗歌曲是当代世界最具媒介性、商业性、流行性和时尚性的通俗文化。民族歌曲最具民族特色，也是最容易流行传播的民族文化形式。一个国家和民族的歌曲能够在世界上流行，被他国民众学习和传唱，不仅表明音乐本身具有独特魅力，而且也是这个国家或民族文化软实力的一个重要表征。进入 21 世纪以来，中国的音乐团体、音乐人赴海外演出渐成风潮，中国歌曲也随着广播、电视、电影和商业演出以及唱片、CD 和网络传媒等多种渠道在世界各地传播。中国音乐文化在国际传播效果如何？笔者从来华留学生知晓中国歌曲的数量这个侧面进行了问卷调查。调查数据如表 3－14 所示，在 582 名样本总体中，占 94% 以上的受访者知晓中国歌曲 1 首以上，知晓 11 首以上的占 48%。在东盟、日韩和欧美三个地区的受访者中，知晓 0 首的，东盟有 2%，日韩有 11%，欧美有 19%；知晓 4 首以上的，东盟有 85%，日韩有 70%，欧美有 70%；知晓 11 首以上的，日韩有 64%，东盟有 54%，欧美有 17%。从中可以看出：一方面，中国歌曲正如汉语一样越来越受到欢迎，有一定的知晓度；另一方面证明了中国音乐文化在国际的“软实力”得到了提升。

表 3－14　知晓中国歌曲的数量调查统计

选　项	频　数				百分比（%）			
	总体	其　中			总体	其　中		
		东盟	日韩	欧美		东盟	日韩	欧美
A. 0 首	33	8	6	19	5.70	1.96	11.32	19.19
B. 3 首以下	85	52	10	11	14.60	12.71	18.87	11.11
C. 4—5 首	112	71	3	35	19.20	17.36	5.66	35.35
D. 6—10 首	72	57	0	17	12.40	13.94	0.00	17.17
E. 11 首以上	278	221	34	17	47.80	54.03	64.15	17.17
合计	582	409	53	99	100.00	100.00	100.00	100.00

3.2.13　参观中国文化艺术（博物馆藏品）展览的次数

中国文化艺术具有五千多年的发展历史，中华文明悠久历史所积淀的物质文化遗产和非物质文化遗产灿烂辉煌、瑰丽多姿，具有无与伦比的艺术魅力。在近年来组织的文化走出去活动中，我们也把一些古代文物、现代文化艺术品通过展览的方式，向国外大众介绍和展出。为了解海外中华文化学习者对中国历史文化的关注与兴趣点，我们对留学生在其本国“参观中国文化艺术（博物馆藏品）展览次数”进行了调查，调查的结果统计见表 3－15。根据统计数据，在总体受访者中，0 次参观的占 18%，参观过 4 次以上的占 44%，其中，参观过 4—5 次的占 27%，6—10 次的占 12%，11 次以上的占 5%；在东盟、日韩和欧美受访者中，参观 0 次的，欧美有 35%，东盟有 16%，日韩有 11%；参观过 4 次以上的，日韩有 60%，欧美有 51%，东盟有 41%；参观过 4—5 次的，日韩有 49%，东盟有 26%，欧美有 25%；参观过 6—10 次的，欧美有 17%，日韩有 11%，东盟有 10%；11 次以上的，欧美有 9%，东盟有 5%，日韩为 0。这反映，国外的汉语学习者，大多数人对中国文化艺术展览感兴趣，其中日韩兴趣最大，东盟次之，欧美较少。但是，对中国文化艺术深度爱好的，欧美人较多，东盟人次之，日韩人较少。从观看展览人数的比例也可看出，中国的历史文化艺术在国外具有较大的影响力。

表 3－15　参观中国文化艺术（博物馆藏品）展览次数的调查统计

选　项	频　数				百分比（%）			
	总体	其　中			总体	其　中		
		东盟	日韩	欧美		东盟	日韩	欧美
A. 0 次	106	65	6	35	18. 20	15. 89	11. 32	35. 35
B. 3 次以下	213	173	15	13	36. 60	42. 30	28. 30	13. 13
C. 4—5 次	157	108	26	25	27. 00	26. 41	49. 06	25. 25
D. 6—10 次	71	42	6	17	12. 20	10. 27	11. 32	17. 17
E. 11 次以上	30	21	0	9	5. 20	5. 13	0. 00	9. 09
合计	582	409	53	99	100. 00	100. 00	100. 00	100. 00

3. 2. 14　游览中国城市个数

到中国旅游是国外民众了解中国当代物质文明和精神文明发展状态的常见方式。中国许多城市是区域的政治、经济、文化中心，有着丰富的历史文化沉淀。一些历史文化名城，保留了大量历史文化遗产，体现了中华民族悠久灿烂的文化。一些快速发展的新兴城市，反映了中国经济建设的成就与繁荣发展的现代文化，见证了中国改革开放的伟大成就。为考察国际社会了解中国当代发展状况的积极性和关注度，我们对来华留学生留学前“曾游览中国城市个数”进行调查。调查统计结果如表 3－16 所示。在总体受访者中，曾游览 0 个中国城市的占 13%，游览过 4 个以上中国城市的占 50%；其中，曾游览过 4—5 个中国城市的占 23%，曾游览过 6—10 个中国城市的占 8%，曾游览过 11 个以上的中国城市占 19%。在东盟、日韩和欧美受访者中，曾游览 0 个中国城市的，东盟受访者占 16%，欧美受访者占 12%，日韩受访者为 0 人；曾游览过 4 个以上城市的，日韩受访者占 60%，欧美受访者占 57%，东盟受访者占 48%；曾游览过 6—10 个中国城市的，欧美受访者占15%，日韩受访者占11%，东盟受访者占6%；曾游览11个以上中国城市的，日韩受访者占49%，欧美受访者占31%，东盟受访者占12%。这反映，国际社会对游览中国城市普遍感兴趣，并把游览作为深入了解中国文化的一个重要方式。特别是日韩和欧美国家的年轻人，他们家庭经济条件较好，广泛游历中国的历史文化名城，并把游历的所见所闻发至微博，和家人、朋友分享，客观上促进了中国文化走出去。

表3-16　曾经游览中国城市个数调查统计

选项	频数				百分比（%）			
	总体	其中			总体	其中		
		东盟	日韩	欧美		东盟	日韩	欧美
A. 0个	77	65	0	12	13.30	15.89	0.00	12.12
B. 3个以下	214	148	21	30	36.80	36.19	39.62	30.30
C. 4—5个	133	123	0	11	22.90	30.07	0.00	11.11
D. 6—10个	45	24	6	15	7.50	5.87	11.32	15.15
E. 11个以上	112	49	26	31	19.20	11.98	49.06	31.31
合计	582	409	53	99	100.00	100.00	100.00	100.00

3.2.15　了解中国传统节日情况

中国传统节日是中华民族集体的历史记忆，是中国传统文化的标签。每一个中国传统节日都承载了中华民族千百年来的风俗习惯、历史渊源、美妙传说、独特情趣和广泛深厚的民族感情。对中国传统节日的了解程度，反映了外国留学生对中国文化的认知水平。通过问卷调查，我们了解到，总体上外国来华留学生对中国传统节日的了解程度比较高。从表3-17的统计数据来看，占98%的受访者了解中国最重要的传统节日——春节，东盟和欧美受访者了解春节分别为96%和95%。除春节之外，了解端午节和中秋节的人数也较多，分别占受访总人数的80.8%和84.5%，占东盟留学生受访人数的88.5%和83.6%，欧美留学生中了解这两个节日的人数相对较低，分别占到受访者的69.7%和78.8%。在总体受访者中，了解元宵节、清明节、重阳节的受访者相对较少，分别占57.6%、62.7%、49.3%。除欧美留学生受访者了解重阳节、元宵节只占二成外，了解中国这6个主要节日的人数最少有四成。这说明，近年来中国在海外组织开展的春节、中秋文化活动取得了明显效果，中国传统节日正逐渐走出国门，成为很多国家重视的节日。

表 3-17 了解中国传统节日情况的调查统计

选项	频数			百分比（%）		
	总体	其中		总体	其中	
		东盟	欧美		东盟	欧美
A. 春节	569	394	94	97.8	96.3	94.9
B. 元宵节	335	257	37	57.6	62.8	37.4
C. 端午节	470	362	69	80.8	88.5	69.7
D. 中秋节	492	342	78	84.5	83.6	78.8
E. 清明节	365	225	45	62.7	55.0	45.5
F. 重阳节	287	181	30	49.3	44.3	30.3

3.2.16 购买中国文化产品开支情况

中国文化产品对外贸易是中国文化走出去的重要形式。中国文化产品在国外市场的销售状况，直接反映中国文化走出去的实际成效。为了解外国留学生在国外文化产品市场实际购买中国文化产品的情况，我们进行了“购买中国文化产品情况”的问卷调查。调查统计结果见表 3-18。调查统计数据显示，582 名受访者中，曾购买中国文化产品开支 50 美元以下的有 273 人，占 47%；开支 5 0—100 美元左右的有 170 人，占 29.2%；开支 100—300 美元左右的有 48 人，占 8.2%；开支 300—500 美元左右的有 61 人，占 10.4%；开支 500 美元以上的有 17 人，占 2.9%。这些受访者，大多数对中国文化有一定了解，同时是爱好中国文化的大学生、研究生，他们用于购买中国文化产品的开支，相对较少。如根据在广州留学的一名韩国留学生介绍，他近 3 年购买文化产品的支出大约有 3000 多美元，而实际用于购买中国文化产品的消费支出不到 200 美元。比较欧美、日韩、东盟的受访者，曾购买中国文化产品 50 美元以下的，欧美受访者有 63%，日韩有 22.6%，东盟有 48.4%；曾购买 50—100 美元的，欧美有 9%，日韩有 54.7%，东盟有 31%；曾购买 300—500 美元的，欧美有 10%，日韩有 7.6%，东盟有 11%；曾购买 500 美元以上的，日韩有 5.7%，东盟有 2.7%，欧美有 2%。从中可以看出，中国文化产品在日韩和东盟市场更受欢迎；在欧美文化市场，中国文化产品占据的份额很小，产品缺乏竞争力。

表 3-18 购买中国文化产品开支情况的调查统计

选项	频数				百分比（%）			
	总体	其中			总体	其中		
		东盟	日韩	欧美		东盟	日韩	欧美
A. 50 美元以下	273	198	12	62	47.00	48.41	22.64	62.63

续表

选项	频数				百分比（%）			
	总体	其中			总体	其中		
		东盟	日韩	欧美		东盟	日韩	欧美
B. 50—100 美元	170	127	29	9	29.20	31.05	54.72	9.09
C. 100—300 美元	48	29	4	9	8.20	7.09	7.55	9.09
D. 300—500 美元	61	44	4	10	10.40	10.76	7.55	10.10
E. 500 美元以上	17	11	3	2	2.90	2.69	5.66	2.02
F. 缺项	13	0	1	7	2.30	0.00	1.89	7.07
合计	582	409	53	99	100.00	100.00	100.00	100.00

3.2.17 对中国文化海外交流与传播效果

当前，在国家的积极倡导与大力推动下，随着中国文化走出去工程的深入实施，中国对外文化传播的内容、渠道、形式越来越丰富多样，日益呈现出面向全球的全方位多层次交流与传播态势，政府主导、社会参与、多渠道并进的中华文化走向世界的发展格局正在逐步形成。那么，中国文化海外交流与传播的实际效果如何呢？调查结果如表3－19所示，在总体样本中，认为“非常好”的占17.2%，认为“比较好”的占46.2%，认为“一般化”的占28.5%，认为“不太好”的占4.3%，认为“非常不好”的占1.4%。就是说，肯定性评价占63.4%，否定性评价占5.7%。从中可以看出，近年来的中国文化海外交流与传播的总体效果是好的，得到了普遍认可。在东盟、日韩和欧美三个区域的调查样本中，认为“非常好”的欧美有20.2%，东盟有18%，日韩有0%；认为“比较好”的，日韩有77.3%，东盟有50.1%，欧美有20.2%；认为“一般化”的，欧美有55.5%，东盟有26.4%，日韩有5.7%；认为“不太好”的，日韩有17%，东盟有3.9%，欧美没有；认为“非常不好”的，欧美有3%，东盟有1.2%，日韩没有。

表3－19 对中国文化海外交流与传播效果的调查统计

选项	频数				百分比（%）			
	总体	其中			总体	其中		
		东盟	日韩	欧美		东盟	日韩	欧美
A. 非常好	100	74	0	20	17.20	18.09	0.00	20.20
B. 比较好	269	205	41	20	46.20	50.12	77.36	20.20
C. 一般化	166	108	3	55	28.50	26.41	5.66	55.56
D. 不太好	25	16	9	0	4.30	3.91	16.98	0.00
E. 非常不好	8	5	0	3	1.40	1.22	0.00	3.03

续表

选项	频数				百分比（%）			
	总体	其中			总体	其中		
		东盟	日韩	欧美		东盟	日韩	欧美
F. 数据缺失	14	1	0	1	2.5	0.24	0.00	1.01
合计	582	409	53	99	100.00	100.00	100.00	100.00

3.2.18 对中国电影和电视剧内容评价

观看电影电视剧是外国人了解和认知中国文化的主要方式，也是中国文化对外交流传播的重要载体。通过对外国观众评价中国电影和电视剧内容的调查，可以反映中国电影电视剧的海外传播状况及其所体现出来的文化软实力。笔者开展外国留学生对中国电影电视剧内容评价的调查，结果如表3－20所示。根据统计数据，在582名抽样调查总体中，认为中国电影电视剧内容“吸引人”的占38.5%，“有意思”的占34.9%，“较枯燥”的占14%，“难理解”的占7.4%，“不可信”的占“4.6%”。也就是说，对中国电影电视剧内容作正面肯定的占73%，负面性评价占26%。其中，持肯定性评价的人数占比最高的是来自东盟的留学生，占79%；持负面性评价的人数占比最高的是来自欧美的留学生，占39%。认为“较枯燥”的人数占比最多的是来自日韩的留学生，占24.5%；认为“难理解”的人数占比最多的是来自欧美的留学生。这些数据可以说明，中国的电影电视剧更适应东盟观众，而不适应欧美、日韩观众的审美需求。

表3－20 对中国电影和电视剧内容评价的调查统计

选项	频数				百分比（%）			
	总体	其中			总体	其中		
		东盟	日韩	欧美		东盟	日韩	欧美
A. 吸引人	224	168	17	34	38.49	41.08	32.08	34.34
B. 有意思	203	157	19	17	34.88	38.39	35.85	17.17
C. 较枯燥	101	51	13	8	13.92	12.47	24.53	8.08
D. 难理解	44	18	0	21	7.43	4.40	0.00	21.21
E. 不可信	27	13	4	10	4.64	3.18	7.55	10.10
F. 缺项	13	2	0	9	2.20	0.49	0.00	9.09
合计	582	409	53	99	100.00	100.00	100.00	100.00

3.2.19 中国文化世界影响力的评价

中国文化作为世界文化的重要组成部分，与世界其他民族的文化多元共生，相互融合发展，为人类文明进步做出了巨大贡献。为了考察国外民众对中国文化内容的世界影响力评价，笔者设计了“中国文化内容对世界影响最大的是什么”问卷。调查结果统计如表 3 - 21 所示：选择频数第一的是“儒家思想”，占总体样本的 38.14%；选择频数第二的是“孙子兵法”，占总体样本的 16.67%；选择频数第三的是“说不清”，占总体样本的 13.23%；选择“毛泽东思想”和“道家思想”的频数并列第四，都占总体样本的 10.48%；选择频数第五的是“中国现代化建设理论”，占总体样本的 7.73%。在儒家思想、孙子兵法、道家思想、毛泽东思想、中国现代化理论五个选项中，按照选择频数比例排序，除儒家思想排序均为第一位外，东盟、日韩、欧美三个区域受访者对其他四项的选择差异较大。按照东盟受访者选择频数比例，孙子兵法排第二，中国现代化建设理论排第三，毛泽东思想排第四，道家思想排第五。按照欧美受访者选择频数比例，毛泽东思想排第二位，道家思想排第三，中国现代化建设理论排第四，孙子兵法排第五。按照日韩受访者选择的频数，道家思想排第二，孙子兵法与中国现代化建设理论并列第三。从中可以看出，随着孔子学院在全球大规模举办，以儒家思想为代表的中国传统文化得以广泛传播，并取得了良好的效果。同时，国际金融危机之后，随着中国经济持续高速发展，中国发展模式也受到世界的关注。支撑中国经济社会发展的中国现代化建设理论在东盟国家产生了广泛影响。

表 3 - 21　中国文化对世界的影响力评价的调查统计

选　项	频　数				百分比（%）			
	总体	其　中			总体	其　中		
		东盟	日韩	欧美		东盟	日韩	欧美
A. 儒家思想	222	155	17	35	38.14	37.62	32.08	35.35
B. 孙子兵法	97	90	3	4	16.67	21.84	5.66	4.04
C. 道家思想	61	42	6	13	10.48	10.19	11.32	13.13
D. 毛泽东思想	61	44	0	17	10.48	10.19	0.00	17.17
E. 中国现代化建设理论	45	32	3	8	7.73	7.77	5.66	8.08
F. 说不清	77	41	24	11	13.23	9.95	45.28	11.11
G. 缺项	19	8	0	11	3.26	1.94	0.00	11.11
合计	582	412	53	99	100.00	100.00	100.00	100.00

3.2.20　中国印象

外国人来中国留学，通过亲身体验、直观感受当下的中国，比通过各种传媒间接得到的关于中国、中国百姓和中国文化的印象更为丰富、更为具体也更为全面。为了考察外国留学生到中国留学后对中国印象的变化状况，笔者在问卷调查中，设置了“中国印象变化情况”选择题，选项有 8 个。问卷统计结果如表 3 - 22 所示，在总体样本中，选择“对中国人的印象比原来好”的，占 39%；选择

"对中国人的印象比原来差"的，占9.4%；选择"对中国政府印象比原来更好"的，占17.4%；选择"对中国政府印象比原来差"的，占5%；选择"对中国民间社会印象比原来好"的，占8.9%；选择"对中国民间社会印象比原来差"的，占1.6%。通过对"中国人""中国政府""中国民间社会"三方面的"更好"与"更差"印象对比数据，反映出外国留学生到中国后，经过一段时间的学习和考察，近四成外国留学生对中国人的印象有了向好的改变，近一成人有变差的改变。对比明显的是，受访者对中国政府和中国社会的印象向好的变化比向差的变化所占比例更高，这可说明国外媒体对中国人、中国政府和中国社会的报道存在偏见，甚至是故意贬低。这也反映，接受外国留学生来中国留学，有利于改变外国人对中国的不良看法，有利于消解"中国威胁论""中国人权状况差"等错误思想。

表3-22 对中国的印象变化情况的调查统计

选项	频数			百分比（%）		
	总体	其中		总体	其中	
		东盟	欧美		东盟	欧美
A. 对中国人的印象比原来好	266	191	36	38.95	39.46	36.36
B. 对中国人的印象比原来差	64	57	2	9.37	11.78	2.02
C. 对中国政府印象比原来好	119	64	10	17.42	13.22	10.10
D. 对中国政府印象比原来差	34	28	3	4.98	5.79	3.03
E. 对中国民间社会印象比原来好	61	58	18	8.93	11.98	18.18
F. 对中国民间社会印象比原来差	11	9	0	1.61	1.86	0.00
G. 没变化	84	54	15	12.30	11.16	15.15
H. 不好说	44	23	15	6.44	4.75	15.15
合计	683	484	99	100.00	100.00	100.00

3.2.21 改进中国文化海外传播与交流方式

近年来，中国通过电影、展览、电视节目、图书出版、孔子学院、网络、国际会议等多种方式和渠道开展对外文化交流和传播。从国外受众的角度看，这些文化传播与交流方式是否适应他们的需求，是否有改进的必要？为此，笔者进行了问卷调查，调查结果如表3-23所示。总体样本中，选择改进"电影"的频数比率最高，占28.4%；选择改进"网络"的频数比率排第二位，占17.9%；选择改进"电视节目"的频数比率排第三位，占15.2%；选择改进"图书出版"的频数比率排第四位，占12.4%；选择改进"孔子学院"的频数比率排第五位，占10.8%；选择改进"展览"频数比率排第六位，占10.1%；选择改进"国际会议"的频数比率排第七位，占5.2%。在东盟样本中，七个选项的频数比例略有差异，各项排序基本相同，只是改进“网络”比改进“电视节目”的选择比率高 4%，表明对于东盟国家，改进“网络”传播比改进“电视节目”传播更为重要。在日韩样本中，选择改进“孔子学院”排第一位，占 30%；选择改进“电影”“图书”并列排第二位，占 21.4%；选择改进“电视节目”“展览”并列排第三位，占 11.4%；选择改进“网络”排第四位，占 4.3%；选择改进“国际会议”频数为 0。在欧美样本中，按照选择频数比率从高到低排序，依次为电影、网络、国际会议、电视节目、展览、孔子学院、图书出版。东盟、日韩、欧美三个区域对改进中国文化海外传播与交流 7 种方式的不同排序，反映出他们不同的评价与需求。

表 3－23　改进中国文化海外传播与交流方式的调查统计

选项	频数				百分比（%）			
	总体	其中			总体	其中		
		东盟	日韩	欧美		东盟	日韩	欧美
A. 电影	219	143	15	62	28.40	25.31	21.43	48.44
B. 展览	78	60	8	10	10.12	10.62	11.43	7.81
C. 电视节目	117	97	8	12	15.18	17.17	11.43	9.38
D. 图书出版	96	79	15	3	12.45	13.98	21.43	2.34
E. 孔子学院	83	42	21	10	10.77	7.43	30.00	7.81
F. 网络	138	119	3	16	17.90	21.06	4.29	12.50
G. 国际会议	40	25	0	15	5.19	4.42	0.00	11.72
合计	771	565	70	128	100.00	100.00	100.00	100.00

3.3　问卷调查的基本结论

综合分析上述问卷调查结果，可以得出以下几点结论：

第一，中国文化走出去产生了积极影响。从问卷对象对中国文化元素的认知和态度的调查数据可知，外国留学生中知道长城、茶叶、包饺子、中医、中国功夫的占 80% 以上，知道中国书法的占 79%，知道中国民乐、中国诗词的占 59%；其中，喜欢中医的占 64.8%，喜欢中国书法的占 69.6%，喜欢中国诗词占 51.7%。在阅读中国图书数量方面，阅读过中文图书 21－50 本的占 9.97%，阅读外文版中国图书 21－50 本的占 12.48%；观看中国电影 31 部以上的占 39.5%；观看中国电视剧 31 部以上的占 23.7%；观看中国动漫 11 个以上的占 10.8%；观看中国歌舞演出 11 次以上的占 20.8%；知晓中国歌曲 11 首以上的占 47.8%，参观中国文化艺术展览 6—10 次的占 12.2%。在调查对象中，了解中国传统节日春节的占 97.8%。了解中秋节的占 84.5%，了解端午节的占 80.8%，了解清明节的占 62.7%。这些调查数据充分表明，有相当比率的调查对象对中国文化有一定程度的接触、了解和认知，中国文化在海外的影响比较广泛，从中可以见证“感知中国”“中国文化年”孔子学院等文化走出去项目和平台取得了较好成效。

第二，中国文化走出去的总体态势良好。调查对象对中国文化海外交流与传播效果持肯定意见的占63.4%，其中，认为“非常好”的占17.2%，“比较好”的占46.2%。对中国电影和电视内容的评价，持肯定态度的占73.3%，其中，认为中国电影电视内容“吸引人”的占38.49%，“有意思”的占34.88%。这些数据说明，调查对象对中国文化走出去总体上是肯定的，他们普遍认为通过学习了解中国文化，改变了自己对中国政府、中国社会和中国人的印象，增进了对中国的好感与文化认同。

第三，文化差异是影响文化对外传播的重要因素，只有切合受众差异化的需求，文化走出去才能取得良好效果。不同民族的文化差异性，在通常情况下容易形成文化的互补性，这是文化对外传播具有吸引力的根源。在“最想学习的中国文化内容”问卷调查中，日韩、欧美、东盟三个区域国家的调查对象把“汉语”排在第一位，分别占62.8%、51%、48.1%；欧美和东盟的调查对象把“中国传统艺术”排在第二位，而日韩的调查对象却把“中国传统哲学”排在第二位。东盟、日韩和欧美的调查对象分别把“管理知识”“中国传统艺术”“中医和养生”排在第三位。从上述需求的不同排位反映出不同文化背景下的文化学习需求的差异性。同样，在“喜欢阅读中国的哪类图书”调查中，欧美、日韩、东盟的调查对象也表现出明显的文化差异，如欧美的调查对象对中国旅游、社会、经济三类图书需求比较集中，日韩的调查对象则对中国旅游、历史、文学类图书需求比较集中，东盟的调查对象则对中国旅游、经济、社会类图书比较喜爱。问卷调查反映出来的不同区域对象的文化需求差异，可以充分说明，文化对外传播需要了解把握对方的文化差异和文化需求，选择有针对性的文化内容或文化产品走出去。

第四，提高中国文化产品在国际文化市场中的份额是当下文化走出去的根本和关键所在。通过扩展“购买中国文化产品开支情况”问卷调查了解，开支“50美元以下”的，占总体的47%，其中，欧美调查对象占62.6%，东盟占48.4%，日韩占22.64%；开支“50－100美元”的，占总体的29.2%，其中，日韩调查对象占54.72%，东盟占31.05%；“阅读中国版图书数量”的问卷调查发现，阅读“5本以下”欧美调查对象占90.9%、日韩占69.81%、东盟占47.43%；“阅读外文版中国图书数量”的问卷调查发现，阅读“5本以下”欧美调查对象中占82.83%，东盟占47.68%，日韩占30.19%。这些数据可以说明，中国文化产品在国外市场的销售很不乐观，特别是在欧美文化市场的份额还少得可怜。中国文化走出去要从过去“送出去”转变为“卖出去”，是今后中国文化走出去实现良好经济效益和社会效益必须攻克的难点，也是创新文化走出去内容、方式和途径的重点方向。

第五，中国文化走出去要大力加强文化内容创新。在调查对象对“中国文化内容对世界影响最大的是什么”问卷回答中，“儒家思想”排第一位，占总体的38.14%；“孙子兵法”排第二，占16.67%；选择“说不清”排第三，占总体样本的13.23%；而排第五的是“中国现代化建设理论”，占总体样本的7.73%。另外，在“对中国电影和电视剧内容评价”中，选择“较枯燥”占13.92%，日韩调查对象中这一选项占比高达24.53%。选择“难理解”的，总体占比7.43%，其中欧美调查对象中占比更高，达21.21%，在6项选择中排第二。关于“改进中国文化在海外传播与交流方式”，选择改进“电影”的占总数的28.4%，其中欧美调查对象高达48.44%；选择改进“电视节目”的占总数的15.18%，其中在东盟调查对象占17.17%。上述调查数据反映中国的电影、电视内容还不能适应海外观众的需求，特别是有相当部分调查对象认为“较枯燥”“难理解”，需要我们在内容表达上更多考虑对方国家的文化差异和审美习惯，大力提高文化产品的创新性和娱乐性。

第六，中国文化走出去需要创新方式途径，实现多种方式相互补充、相互促进。对于“了解中国文化的方式和渠道”，排第一位的是“看电影电视”，占42.2%；排第二位的是“读书”，占17.23%，其中日韩调查对象占到了23.81%，东盟调查对象占19.88%；排第三位的是“上网”，占14.54%，东盟调查对象占19.49%；排第四位的是“到中国旅游”，占13.83%；排在后面的方式还有看中国演出、听广播、阅读报刊和其他，排后面4种方式累计占比只有12.19%。这说明中国文化走出去要抓住电影电视传播、图书出版传播、网络传播和入境旅游传播这四种文化传播的主渠道。在对“改进中国文化海外传播与交流方式”调查中，认为需要改进“网络”的占17.9%，排第二位；改进“电视节目”的占15.18%，排第三位；改进“图书出版”的占12.45%，排第四位；改进“孔子学院”的占10.77%，排第五位；改进“展览”的占10.12%，排第六位；改进“国际会议”的占5.19%，排第七位。欧美、日韩、东盟三个区域调查对象对这七种方式的排序有一定的差异，如欧美调查对象把改进“网络”排在第二位，把改进“国际会议”排第三位；日韩调查对象把改进“孔子学院”排在了第一位，改进“图书出版”排在第二位。虽然排位不一致，但都反映了改进和创新的必要。从中国文化走出去的自身特点考虑，文化走出去要取得较好的综合效益，必然需要结合不同国度的文化需求层次与经济发展水平，有重点地改进和创新走出去的方式途径，形成多种途径、多种方式相互补充、相互促进，实现综合、立体、多元地走出去。

第4章 文化走出去的内容创新

内容创新是文化生命力的源泉，是文化不断增强吸引力、影响力和竞争力的重要方面，也是文化保持先进性的内在要求。文化走出去的内容创新，首先要有正确的内容定位，针对当前中国文化走出去的战略目标及时转变观念，寻求文化内容创新的新方向和新思路，"对症下药"解决困局；其次，针对中外文化差异和国外受众不同特点，要以"适应性"为主要原则，通过内容创新消除国际传播壁垒，让中国文化融入世界文化；最后，要以高度文化自信，以前瞻性视角，构建具有国际吸引力的中国文化创新体系，充分发挥中华文明对世界发展的积极推动作用。

4.1 中国文化靠什么走出去

中国文化走出去的实质在于中国文化内容的国际传播。推动中国文化走出去，首先要明确"靠什么文化内容走出去"问题。这个问题直接关系中国文化走出去内容创新的方向和路径。只有将高品位的优秀文化推向世界，才能增强中华文化的国际感召力和影响力，从而获得世界的广泛理解、认同和支持。正如程曼丽教授所说，"只有当自己的文化与价值观念在国际社会广为流传并得到普遍认同的时候，软实力才算是真正提升了。"① 因此，中国文化走出去，不但要有文化的外壳，更要有文化的内核、文化的神韵。对于中国文化走出去内容的选择，应如习近平总书记所要求的，"宣传阐释中国特色，要讲清楚每个国家和民族的历史传统、文化积淀，基本国情不同，其发展道路必然有着自己的特色；讲清楚中华文化积淀着中华民族最深沉的精神追求，是中华民族生生不息、发展壮大的丰厚滋养；讲清楚中华优秀传统文化是中华民族的突出优势，是我们最深厚的文化软实力；讲清楚中国特色社会主义植根于中华文化沃土、反映中国人民意愿、适应中国和时代发展进步要求，有着深厚历史渊源和广泛现实基础。"② 习近平还深刻指出："当代中国是历史中国的延续和发展，当代中国思想文化也是中国传统思想文化的传承和升华，要认识今天的中国、今天的中国人，就要深入

---

① 程曼丽．论我国软实力提升中的大众传播策略[J]．对外大传播，2006(10)：32.

② 习近平．在全国宣传思想工作会议上的讲话[N]．人民日报，2013－08－21.

了解中国的文化血脉，准确把握滋养中国人的文化土壤。”① 习近平总书记的这两段重要论述，既为世界深入了解中华文化提供了基本立足点和视角，同时也告诉我们中华文化走出去内容选择的着眼点。总而言之，中国文化走出去既要向世界展示中华文化的独特魅力，塑造中国作为东方文明古国的形象，又要向世界说明中华文化的价值追求，阐明中国和平发展道路的核心价值理念。

4.1.1　中国文化走出去的内容结构特点

进入 21 世纪以来，中国文化内容走出去沿着由表及里、由浅入深的路径，逐步从文化符号过渡到文化艺术品，再到文化理念、文化价值观，内容的层次、种类和思想内涵不断深化。当前文化走出去的内容结构，具有以下明显特点：

第一，文化符号走出去普遍，成效显著。文化符号是代表一国文化独特个性的抽象载体，是民族文化内涵的重要标识。中国五千多年的发展历史，产生了丰富多彩而又独具民族特色的文化符号。如表征中国建筑文化的符号：长城、北京故宫、天坛、苏州园林、四合院等；表征中国生活方式的文化符号：春节、中国菜、中国武术、太极拳、陶瓷、丝绸、旗袍等；表征中国艺术文化的符号：书法、中国画、京剧、二胡、舞龙舞狮、兵马俑等；表征中国语言文化的符号：汉字、汉语等；表征中国思想文化的符号：老子、孔子、周易、太极图、理学、禅学等。改革开放以后，随着中国经济走出去，中国文化符号伴随商品国际贸易、国际游客流动走向世界各地。近些年来，中国政府和民间组织的对外文化交流活动，也都注意选择代表中国国粹的京剧、书法、山水画、中国民乐、中华武术、汉字、兵马俑、舞龙舞狮、灯笼、长城等文化符号作为“感知中国”的必备内容。前文《对中国文化的认知与态度的调查统计》（表 3－4）的数据显示，中国 10 种具有鲜明民族特色的文化符号走向世界，获得了平均 77.2% 的知晓度。但是也要看到，外国人对这些文化符号所承载的中国思想观念、生活方式了解却不多。近年在海外较受欢迎的中外合拍电影《功夫梦》中的中国功夫、北京故宫、五台山等中国文化符号成为吸引西方观众眼球的重要元素。长城、兵马俑、北京故宫等古老的文化遗产和龙、大红灯笼、武术等中华传统文化元素迎合了西方人猎奇式的审美期待，构成了海外观众对中国文化形象的大致认知。

第二，中华传统文化成为走出去的主要内容。我国是个有着悠久历史的多民族国家，数千年来创造和积累了丰富的历史文化和民族民间文化。近些年来，我们走出去的文化产品，无论是出版的图书、电影、电视或动漫、游戏主题内容主要集中在中国传统文化方面。如 2014 年中法建交 50 周年时，有人调查统计，在法国最有影响的 10 部中国图书依次是：《论语》《孙子兵法》《道德经》《易经》

---

① 习近平．中国共产党人始终是中国优秀传统文化的忠实继承者和弘扬者[J]．党建，2014(10)：1.

《水浒传》《西游记》《骆驼祥子》《鲁迅小说集》《酒国》《家》[①]。这说明，近年中国出口到海外市场的图书中，中医、食谱、气功、武术、汉语教学用书以及《孙子兵法》《三国演义》《西游记》《红楼梦》等古代图书比较多，而反映当代中国人生活、思想、当代哲学社会科学研究成果的图书相对较少。孔子学院（孔子课堂）和中国海外文化中心虽然成为中国文化出口的前沿阵地，但其除了进行汉语教学之外，介绍的中国文化主要以太极拳、中医、文房四宝、中华饮食等传统文化为内容，对当代中国主流文化内容涉及不多。演艺市场，京剧和杂技、少林功夫是中国在海外最受欢迎的演艺产品。这些中国古代文化艺术成为文化走出去的主流，长期下去，显然不利于当代中国的国家文化形象塑造。

第三，具有实用价值的文化物品和文化样式成为走出去的热门。具有民族特色同时又有一定实用价值的刺绣、景泰蓝、瓷器、藤编、雕刻等工艺品，以及中国饮食文化、中医文化、养生文化、武术文化比较热门，汉语培训班、汉语水平考试培训班、书法班、中国餐饮烹饪班、中国传统养生班、古筝班、武术班也广受欢迎。这反映，中国的实用文化国外很有市场。在近年走出去的影视节目、出版报刊以及图书中，与这些实用文化相关的内容比较有吸引力。但是具有较强思想文化内涵的文学、社会科学文化产品在国际市场反应较为平淡。从中可以看出，当代中国文学等思想文化产品的吸引力还有限。

第四，中国民间技艺文化成为走出去的一枝独秀。中国的技艺文化源远流长，像中国刺绣、织锦、编织、雕刻、制陶、剪纸等中国文化的瑰宝，很受欢迎。演艺产品中，杂技、功夫剧和民族舞台剧是目前走向世界的优势文化产品，音乐剧和歌舞剧等国际演艺市场主流产品则较为弱势。相关数据显示，以杂技为主的民族演艺对外演出创汇额比重占到了 80% 。[②] 以杂技为主的《龙狮》《东方》和功夫剧《少林雄风》《功夫传奇》曾经风靡世界，在全球 60 多个城市巡演，上座率一直比较高（《龙狮》甚至达到 90% 以上），累计观众达到了上千万人次。相比之下，具有一定文化内涵的中国歌舞剧《丝路花雨》《梦幻漓江》《大梦敦煌》《孔雀》《大河之舞》等民族歌舞，在国外演出的场次与上座率明显要差一些，不能与英国的音乐剧《妈妈咪呀》、美国的音乐剧《猫》的影响力相比肩。中国民间技艺在国外很“吃香”，对扩大中国文化的外在影响有积极意义，但也不能沾沾自喜。全国政协委员、江苏省文化厅副厅长高云认为：“技艺文化走出去，尽管展示了中华民族的心灵手巧和精湛技艺，但由于承载的内涵不

---

① 刘燕飞．中国传统文化图书“走出去”研究[M]．北京：人民出版社，2015：75－76．

② 中华人民共和国文化部对外文化联络局，北京大学文化产业研究院．中国对外文化贸易年度报告2014[R]．北京：北京大学出版社，2014：112．

足，不能激发观赏者内在的情感共鸣，往往热闹过后，不会留下什么。”[①]

4.1.2　中国文化走出去的内容定位

中国文化能否真正有效走出去，首先取决于其是否有正确、合理的定位。习近平总书记指出：“推动中华文化走出去，提高国家文化软实力，关系我国在世界文化格局中的定位，关系我国国际地位和国际影响力，关系‘两个一百年’奋斗目标和中华民族伟大复兴的中国梦的实现。”从习近平总书记指出的三个“关系”可知，向世界其他国家传播中国文化符号和价值观念，建立他国民众对中国的文化认知及价值认同，增强中华文化的国际影响力和中国的国际话语权，进一步提升中国的文化软实力，是中国文化走出去的基本目标，而围绕实现这一目标，恰好是中国文化走出去的内容定位。

第一，展现客观全面的中国国情，让世界了解和亲近中国。国家形象的国际亲和力是一国文化软实力的直接反映。良好的国家形象通常是赢得国际信任和国际话语权的基础。正如美国芝加哥大学政治学教授约翰·米尔斯海默所言：“构建良好的国家形象就是赢得民心，是相互依存时代重要的国家利益所在。”[②] 在经济全球化条件下，一个民主、发展、文明、和平、环保的国家形象对于中国全方位参与国际经济合作和竞争，推进和谐世界与国际命运共同体建设意义非凡。在“西强我弱”的国际舆论环境下，中国的国家文化身份和国家形象长期处于“被话语”“被叙事”的被动状态。改革开放以来，中国经济高速发展，经济实力 2010 年成为全球第二，在国际舞台上的影响力大大提升。世界各国对中国的态度发生了很大的变化：一方面，国际社会特别是一些发展中国家对中国高速发展所创造的奇迹非常感兴趣，他们迫切希望了解中国快速发展的动因，分享中国的成功经验。为此，他们想了解中国的文化，以增强与中国开展贸易合作的能力。另一方面，一些西方敌对势力和个别国家对中国崛起心态失衡，猜疑、戒备和防范日益上升，甚至极尽各种“妖魔化”手段，散布“中国威胁论”，大肆“丑化”“污化”中国形象，企图借“中国威胁论”“资源掠夺论”等舆论手段来污蔑中国发展。面对西方舆论对中国国家形象的恶意中伤、损毁及国外民众被舆论所误导、误读，我们要回应外部关切，要多渠道、多形式、多视角地展现中国的历史文化、风土人情、生活习惯、民族特性，让国际社会了解和认识中国国情、发展道路和发展前景，“充分展示中国文明大国形象、东方大国形象、负责任大国形象、社会主义大国形象”[③]，以增进世界对当代中国社会状况、当代中

---

① 文化“走出去”，要靠内容“走进去”[N]. 新华日报，2014－03－10.

② John. J. Mearsheimer. The Future of the American Pacifier[J]. Foreign Affairs，2001，(5).

③ 刘奇葆．大力推动中华文化走向世界[N]. 光明日报，2014－05－22.

国面貌的正确认知和情感认同。

第二，传播中华灿烂辉煌的文化，让世界了解体验中国文化独特魅力。中国五千多年的文明历史创造了丰富多彩的文化，中华文明是唯一没有中断的古代文明，博大精深源远流长令世界叹服。莱布尼茨曾指出："全人类最伟大的文化和最发达的文明汇集在欧洲和位于地球另一端的东方的欧洲——中国。"[①] 中国的书法、京剧、中国画、中国园林、民族器乐等传统艺术，以及武术、医药、中餐、中华服饰、陶艺是中华文化的表现形式和典型代表。在联合国教科文组织的世界遗产名录中，中国拥有世界文化遗产 34 项、自然与文化遗产 4 项、自然遗产 10 项，居世界第二，人类非物质文化遗产 38 项，居世界第一。作为历史最悠久的中华文明，历史上长期处于世界领先地位，为世界文化做出了巨大贡献。中华优秀传统文化是中国文化的精华所在、气魄所在，体现了中华民族精神内涵。有学者将其概括为"和谐统一的哲学意蕴、家国同构的伦理取向、贵和尚中的思维模式、内圣外王的修身理想、经世致用的科学意识、关怀现世的宗教引导、得形忘像的审美境界、崇德重义的高尚情怀、厚德载物的博大胸襟"。[②] 中国深厚的文化底蕴和丰富的文化资源为文化软实力建设奠定了良好的基础。中国优秀传统文化，因富有独特性和厚重的内涵而广受国外大众喜爱，成为"感知中国""文化中国""欢乐春节"等对外文化交流的常见载体。中华传统文化事实上已经成为中国文化的品牌和象征。推动中国文化走出去，我们可以充分从博大多元的传统文化中挖掘和创造历史与现代共生的文化产品，让国外民众加深对中华文化独特性的认识和理解。传播中华传统文化，必然能极大丰富人类文明的色彩，维护世界文化的多样性。

第三，讲述中国精彩故事，让世界理解认同中国价值观。价值观是文化所承载的精神内核。灵魂缺失的文化发挥不了文化的社会功能，更不能提升文化软实力。社会功能是"以文化人"，"化"具有教化的意思。《周易》说："观乎人文，以化成天下。"（《贲·彖辞》）"化"就是将代表人类进步的人文精神内化于人的心中。这种人文精神，是历史沉淀累积起来的信念和价值观，通常以一种潜移默化的方式无形的影响人们的思想，起着塑造人、提升人的作用，这就是文化的力量。推动中华文化走出去的最高境界，就是让国外民众不但了解中国的价值观，而且理解包容甚至认同我们的制度理念和价值观念。中华文化孕育了天人合一、自强不息、厚德载物的中华民族精神，铸就了中华民族的辉煌历史，培育了中华民族仁爱诚信、修德向善、无私奉献的民族优秀品格，以及贵和持中、和而不

---

① 安文铸．莱布尼茨和中国[M]．福州：福建人民出版社，1993：103.

② 吴雪．坚定文化自信 弘扬优秀传统文化[J]．福建省社会主义学院学报，2017(2)：67－69.

同、“己所不欲，勿施于人”的处世哲学。这些极具生命力的思想和民族价值观，在今天仍然焕发出智慧的光芒，对当代世界的发展有着重要意义。二十世纪英国大哲学家罗素在他的《中国问题》一书中说过：“中国至高无上的伦理品质中的一些东西，现代世界极为需要，若能够被全世界采纳，地球上肯定比现在有更多的欢乐祥和。”① 向世界讲述中国故事，不仅是让世界了解中国文化，更重要的是让中国优秀、先进的价值理念服务于世界，让中国文化的优秀价值观成为人类共享价值观，这是中国作为一个世界大国应有的文化担当。“文化的影响力首先是价值观念的影响力，世界上各种文化之争，本质上是价值观念之争。”②在推动中国文化价值观走出去的过程中，要学习借鉴《功夫熊猫》电影的高明手法，将价值观隐藏在富有吸引力的故事当中，通过一个个生动精彩的好故事让中国价值观走进世界人民的心中。

第四，推介中国理论和话语体系，为人类发展贡献中国思想与中国学术。哲学社会科学的发展程度体现了国家和民族的思维能力、理论素养、精神状况和文明水平。一国文化软实力的最高层次在于该国的哲学社会科学成果被国际学术界、国际社会的接受、承认甚至认可。要中国文化要重新回到世界文化的中心位置，也就是中华文化软实力实现伟大复兴，必然要与西方竞争哲学社会科学的话语权。这是一件很不容易的事情。可以说，今天世界各国解释社会现象所使用的概念、理论和方法都始于西方。甚至近代以来整个社会科学体系（包括学术规范、学术评价体系）也是西方率先创立并一直处于绝对主导位置。在思想文化领域，西方已经占据一二百年的历史，很多国家的话语体系始终处于西方的“殖民”之下。所以，西方人内心里有一种文化优越感，对于一切不符合西方意识形态的东西通常会排斥。有学者认为“中国文化走出去，难在打破西方的话语霸权”③。但是，随着中国的崛起，中国已初步具备实质性外在影响力。中国特色、中国模式包括中国领导人在国际会议上的讲话，都会产生影响，引起发达国家的强烈关注。如中国提出的和谐世界、人类命运共同体理念以及“一带一路”建设倡议，以及解释当代中国发展奥秘的中国学术思想、探讨当今国际制度与国际关系、全球公共问题的治理模式等学术成果，已成为国际学术界不可或缺的公共话题，成为影响当今国际经济、国际政治发展方向的重要参考。哲学社会科学的学术性、客观性使之能够超越文化意识形态的对立，使之更易被世界所接纳。在国际社会，一个国家的哲学社会科学成果一旦被世界所共享，其政治理念和文化

---

① （英）罗素著，秦悦译．中国问题[M]．上海：学林出版社，1996：167.

② 刘奇葆．大力推动中华文化走向世界[N]．光明日报，2014－05－22.

③ 李景源．略论中国文化走出去[J]．江汉论坛，2006(11)：31.

价值在他国眼中就会更具有合法性和道义性。因此，我们要把推动中国哲学社会科学走出去作为创新文化走出去的关键突破口，将承载社会良知、人类的共同理想和终极关怀，体现人类社会文明进步的中国理论和话语体系推向世界，彰显中国思想文化的魅力，树立先进的中国社会文明旗帜。

4.2 跨文化传播的影响因素

文化是民族的身份标识。在长期的历史演变中，每个民族都形成了具有自身独特个性且不可替代的文化。在国与国之间、民族与民族之间存在的文化独特个性，就是文化的差异性。“由于每一个民族都有其自身的文化体系和独特的文化个性，在话语实践与文本表述方式上也不尽相同，话语文本都各自承载了本民族的人文历史、民族心理、价值观、生活方式以及思维方式等，浓缩于语言的表述中。”[①] 因此，中国文化对外传播时，国外受众的文化差异是影响中国文化国际传播效果的关键因素。国外受众在文化价值观、思维方式、语言表达、审美情趣、欣赏习惯等方面与中国有较大的差异，这些差异的存在，一方面让中国文化凸显出独特的文化魅力；另一方面让中国文化难于原汁原味走出去，对文化内容的理解接受会受到较大阻碍。因此，文化走出去的内容创新，一个重要方面是分析国外受众的文化需求与文化差异特点。在保留中国文化基本元素和核心价值的基础上，对文化内容表达进行有针对性的调整和创新。

4.2.1 语言差异的影响

不同的文化背景和语言环境，造成了不同的审美特点和欣赏习惯。一般来说，文化受众更倾向于选择与自己相同或相近语言文化背景的文化产品。中国文化产品和服务要走出去，语言差异是一个突出障碍。与英语相比，中文的国际使用率还比较低。尽管世界上出现了“汉语热”，学习中文的外国人不断增加，然而要精通中文却不容易，中文在国际上使用的范围还不广泛。当年林语堂先生的《吾国与吾民》和《生活的艺术》能够登上美国畅销书排行榜，是因为林语堂能够用流畅、地道的英语来写作。莫言的小说能摘得诺贝尔文学奖桂冠，得益于美国著名翻译家葛浩文能够将小说中的乡土气息用英语生动传神地表达出来，使翻译出来的作品“披上了当代英美文学的色彩”。尽管近年来中国推出“中国文化著作翻译工程”，大量精品图书被翻译成外国语言，但由于翻译者不精通中国文化或外国文化，不少作品翻译效果并不理想。因缺少高水准的翻译，国内许多文学作品难以让海外读者感受到原作的丰富内涵和语言魅力，自然就难以登上世界文学畅销书的榜单。

---

① 张力．媒介文本跨文化传播中的文化差异现象解析[J]．广西大学学报(哲学社会科学版)，2013(5)：115.

4.2.2 意识形态差异的影响

马克思主义是中国当代文化的灵魂，社会主义核心价值观是中国主流文化的精神内核。随着“冷战”的结束，尽管东西方两大阵营的意识形态敌对斗争有所缓和，但是西方国家对中国文化出口仍然怀有戒心，尤其是针对有官方背景的文化对外传播，常加以限制和排斥。如美国对孔子学院的排斥，英国、法国、澳大利亚政府对中国与其本地新闻出版业合作的严格限制。既是出于维护其本国文化优势地位，也是出于防范意识形态宣传的考虑。由于存在意识形态的壁垒，中国文化产品在一些国家传播必然要面临更多的困难。

4.2.3 文化折扣的影响

1988年，霍斯金斯（ColinHoskins）和米卢斯（R. Mirus）在《美国主导电视节目国际市场的原因》一文中首次提出“文化折扣”这一概念。文化折扣，又称“文化贴现”，是指因文化差异造成国际文化贸易中文化产品不被他国受众理解认同而导致的价值减损。在中国文化走出去过程中，由于国外受众对中国文化历史背景、政治环境、语言表述、艺术形式等不熟悉，导致许多在国内颇有市场的文化产品在国外并不受欢迎，这是文化折扣造成的文化传播阻碍。

中西文化在思维方式、价值取向、伦理道德等方面都存在着较大差异。从思维方式来说，中国人受儒家、道家和佛教思想影响，思维方式重整体，重感性，重领悟，分析问题喜欢从整体到局部，由大到小，由远及近，语言表达较含蓄；而西方人注重实证和理性分析，分析问题重细节、思维严密，语言表达力求确切，对中国人的含蓄难于理解。从价值取向来说，中国宣扬“天人合一”思想，强调人是大自然中的一员，人要与大自然和谐相处，因此中国人注重集体主义、助人为乐，做事克己守道，先人后己；西方人倾向于天人对立，强调人对大自然的改造和抗争，所以西方人重个人主义，强调个性发展与自我表现。在伦理道德观念方面，中国人比较注重权威、地位、资历、年龄，处事强调中庸之道，与他人交往提倡谦逊，避免张扬，爱面子，怕得罪人；西方人则主张人与人自由平等、个性解放。中西文化产品和服务所反映出的历史文化、价值观、社会制度和行为模式存在着较大差异，这些差异有时会带来文化折扣。

例如，中国著名喜剧演员赵本山，通过央视“春晚”，让全国人民都喜欢上了他那“接地气”的喜剧小品和二人转，赵本山因此获得了“中国第一笑星”的美称。2005年，颇有名气的赵山本成立了本山传媒集团。在文化产业之路上，赵本山提倡以“快乐”为理念，将为人们制造快乐作为企业文化，向大众传播“快乐文化”。赵本山的“快乐文化”有着深厚的东北乡土文化气息。“二人转”原本是东北民间艺术，经过赵本山的创新推广，现今几乎成了东北文化的代名词。赵本山一直有志于将“二人转”推向世界，向全世界传播“快乐文化”。

2007 年 2 月，赵本山率领“二人转”表演团队到美国，在纽约进行了首场演出。在他看来，快乐是人类共同的追求，“快乐文化”理应突破地域国界，为全世界人们普遍喜爱。但令他失望的是，他在美国的首演，远没有预期的那么好：“票房记录显示总共只卖出不到 50 张票，后主办方紧急会商救急方案，票价从 498 元、298 元和 198 元一路下降直至 40 元以下。”[①] 赵本山纽约首演失败，与他的“快乐文化”在国内受捧形成了巨大反差，主要原因是当地观众缺乏理解接受“二人转”的文化背景。“二人转”是中国东北地方特色的语言艺术形式，由于中美的语言、文化背景差异，“二人转”到美产生了文化折扣，导致受冷落。这说明在中国文化走出去时，必须考虑可能出现的文化折扣。

4.2.4 文化误读的影响

文化误读是指在文化国际传播中，由于国与国的文化差异，而对其相关方面的内容产生的曲解。中华文化与西方文化在政治、历史和宗教之间的巨大差异，易导致中西方对对方文本的错误阅读和理解，且文化误读容易产生民族偏见。例如，2008 年北京奥运会在选择吉祥物时，大多数中国网民建议将“龙”作为吉祥物。作为“龙的传人”，中国人将“龙”视为祥瑞和自强不息的象征，最能体现中国人的民族精神。然而西方《圣经》中出现的“龙”，却是恶龙，象征邪恶。由于中西方文化的差异，西方人很难理解中国龙的象征意义，很难接受有关龙图腾的文化产品。为了避免这种文化误读，北京奥运会未采用这个建议。

4.2.5 文化冲突的影响

文化冲突是指由于民族文化个性的不同，在文化传播和接触中产生的相互排斥、竞争和对抗状态。文化冲突主要有以下两种情况：

第一，由价值信仰体系的不同产生的强烈对抗。世界文化多样化，不同的民族有其独特的价值观和信仰文化。如果对具有一定文化共性的文化划归为同个文明圈，那么根据英国著名历史学家汤因比的划分法，当今世界主要有五大文明体系：西方的基督教文明、东欧和俄罗斯的东正教文明、北非和中东等地的伊斯兰教文明、印度次大陆的印度教文明，以及中国和东亚的儒教文明。价值信仰体系是文化的内核，不同文明圈的文化差异集中体现在价值信仰体系的不同。因而在不同文明圈表现出来的文化对抗，属于文化的深层次对抗，通常较剧烈，甚至可能由文明的冲突升级为战争。

最早提出“文明冲突”这个概念的是国际问题学者、哈佛大学教授亨廷顿。他在 1993 年撰写的《文明的冲突》一书中有一句著名预言：“21 世纪冲突的主

---

① 刘楚汉．从本山纽约受冷落想到文化走出去[N]．中国新闻出版报，2007－03－01．

要根源将是文化，各文明之间的分界线将成为未来的战线。”①

第二，因维护本民族文化个性而产生的文化排斥和竞争。在文化传播或接触时，各国为了维护本民族文化的个性，避免外来强势文化带来的趋同化，互相排斥和竞争而产生文化冲突。相比较而言，同一文明圈的各国文化拥有一定的文化共性，产生的文化冲突较小。当前经济全球化和社会信息化，一方面促进了世界文化的交流和融合；另一方面加速了文化之间的冲突。经济全球化不可避免带来了一定程度的文化趋同，如许多国家“文化西化”现象突出。然而，没有一个国家或民族愿意自己的文化被别的文化趋同化，他们通常会采取系列措施保护自己的民族文化。因此，经济越是全球化，各国的文化安全意识越强。不仅发展中国家如此，许多发达国家也高度重视文化安全问题。如加入 WTO 的国家和成员，大多数都坚持“文化例外”，而第一个提出“文化例外”的是文化处于相对优势地位的法国。当前世界文化冲突越来越频繁，各国都在竭尽全力保护本国民族文化，这在一定程度上给文化的国际传播造成了阻碍。尽管如此，有针对性地进行文化内容适应性创新，可以跨越国际传播中的文化壁垒。

4.3　适应文化差异的内容创新

4.3.1　转换在地化的文化风格

文化传播过程中，国外受众对中国文化的接受不是被动的，而是扮演主动选择的角色。要吸引他们选择中国文化产品，就要求中国的文化产品和服务符合他们的审美情趣、欣赏习惯和文化需求。文化内容的表述方式，直接关系到国外受众能不能看得懂，符不符合他们的审美习惯。中国是电影生产大国，但中国电影走出去的不多，其中一个原因是中国电影的叙事风格和表达方式，不符合西方观众的审美习惯。中国的情感表达方式和叙事风格与西方有着明显的差异。通常中国喜欢用含蓄、内敛的语言来表达情感，追求“言外之意”，讲究情感的景物衬托。这种“犹抱琵琶半遮面”的表达方式让国内观众有一种回味无穷、意犹未尽的感觉，符合中国人的审美习惯。而西方崇尚直观外露、大胆渲染的表现手法，重视叙事本身，风格与中国迥然不同。在文化走出去时，应进行风格转换，采用在地化的表达方式，增进当地受众对文化内容的理解和接受。如儿童剧《十二生肖》引入当地元素，受到了当地观众的喜爱。

4.3.2　在寻求世界文化的共性上创新民族文化

当今，各民族文化纷纷寻求融入世界的路径，民族文化发展现代化世界化，成为国际文化发展的时代潮流。推动民族文化走向世界的基本路径就是创新民族文化，在保持民族文化基本元素和文化精髓的基础上实现现代化和世界化。民族

① (美)塞缪尔·亨廷顿，周琪译．文明的冲突[M]．北京：新华出版社，2013：96.

文化精髓和基本元素体现了民族文化的个性、特殊性和文化价值魅力，这是文化传承的根基。如中国京剧、书法、武术等国粹，与众不同的文化魅力和艺术形式，常常能引起外国人的强烈兴趣。但是，仅靠个性魅力引起受众的一时兴趣还不够，更重要的是要人们看得懂，引起共鸣和认同。而文化的世界性和现代性是当今世界文化共性，可以引起各国受众的普遍共鸣。在民族文化中寻求世界共性，这是民族文化内容创新的方向。

从实践来看，一切伟大的艺术都是世界性艺术。如中国的民族音乐《梁祝》，虽然音乐的表现手法非常民族化，但是作品表达的对爱情的坚贞不屈，体现了人类的共同情感。莫言小说能够得到西方主流社会的认同，很大程度上取决于他对民族文化内容的创新。莫言的小说主要取材于中国的乡土文化、历史文化和民间故事，在题材上具有鲜明的民族性。他的写作方法和风格独特，具有创新性。更重要的是，小说的主题，尤其是反映的人性，可以引起不同国家读者的共鸣，具有世界性。以《红高粱家族》为例，小说题材上具有民族性（乡土题材）；方法上具有创新性，借用意识流表现方法，以时空错乱的顺序叙述故事。主题上，小说弘扬了生命意识。生命意识属于人类共性话题。小说中男主人公余占鳌是个热血男儿，正义又野蛮——“掺杂兽性的人性”（莫言自评）。他与女主人公戴凤莲的结合，有违中国传统伦理道德，但作者并没有用封建道德来批判他们的结合，而是从人性的角度，突出主角追求人性自由的生命意识。对于男、女主人公的抗日，作者没有囿于传统思维定式，刻意把主人公塑造成为国家和民族大义去抗日的英雄，而是让主人公在生命自由的原始驱动力下去抗日。小说中，主人公为解放生命而活，是弘扬生命意识的“英雄”。正是莫言作品对人性的深沉挖掘，找到了中外文化的共性，从而跨越了国界，引起了国内外读者的共鸣和认同。由此可见，基于人类共性的文化创新，可以超越民族个性的文化差异。在文化全球化进程中，以更加开放、多元的文化心态，促进中国传统（古典）美学与西方现代美学的共生互补，将是中国文化更好地走向世界的一个创作方向。

案例 1

民族文化创新的成功探索[①]

——儿童剧《十二生肖》走出去的经验

1956 年以来，中国儿童艺术剧院创作并演出了古今中外众多优秀儿童艺术

---

① 本案例根据李天昀的《用创意点亮作品——儿童剧 <十二生肖>走向国际的启示》改编，原文载于《中国对外文化贸易年度报告(2010)》，北京大学出版社，2011：181.

作品，主要有《马兰花》《以革命的名义》《岳云》《报童》《十二个月》《保尔·柯察金》《月光摇篮曲》《香格里拉》《走近莎士比亚》《饼干小子》《安徒生之旅》《小蝌蚪找妈妈》等，在国内多次荣获各种艺术大奖。《十二生肖》是中国儿艺探索走向国际市场的一次全新尝试，是一部充满想象力和创造力的舞台剧。它用世界艺术语言讲述中国传统文化，体现了艺术创作的本土化与艺术表达的国际化之间内在的统一。《十二生肖》营造了一种多元化文化氛围，一种立体开放的艺术空间。该剧弘扬了中华传统文化，将中国儿童戏剧推向了世界，获得了良好的口碑，为其他演出剧目走出去提供了范例。

一、跨越国界讲故事

《十二生肖》剧中的主人公是一个孩子，代表着全世界的孩子，与 12 生肖在一起生活。各种中国文化元素和 12 生肖动物之间的关系，通过现代和具有特色的视觉手段展现出来。为使 12 生肖的故事被中、外儿童接受，中国儿艺决定打造国际化合作团队，与澳大利亚维多利亚国家艺术中心共同创作《十二生肖》。由曾经执导悉尼奥运会及 2007 年多哈亚运会开幕式的澳籍国际知名舞台导演彼得·威尔森担任澳方导演。中澳创作团队在创作之初就将市场锁定为全球。为避免语言障碍带来的不便，剧中所有文字和旁白都被取消。中澳创作人员尝试用木偶、京剧、皮影、剪纸、动画，以及舞蹈等肢体表演手段创造一种新的国际化艺术语言，舞台剧全长 1 小时 7 分钟，全剧没有一句台词。

《十二生肖》中的音乐语言和水声、风声等大自然的声音成为十二生肖的表现元素。大量古典元素如古琴、埙等古老乐器都在剧中有所体现。《十二生肖》的定位是魔幻视觉舞台剧，针对剧中的 12 个生肖不同特性，专门为每个动物的登场设计了不同背景音乐，主题歌也有中英文两个版本，分别在中国演出和世界巡演中使用。有了音乐语言的辅助，视觉语言在传达故事时方显得得心应手。《十二生肖》中视觉语言的应用增强了该剧的艺术感染力，同时清晰地传达出所要展现的故事情节及主题内涵。该剧还采用皮影、木偶戏里的黑光效果，大量运用高科技手段，将一维、二维、三维图像进行转换，如让平面图像中的龙变幻成二维动画的龙，再变成一条三维的巨龙腾飞在剧场上，增添了趣味性，也给观众带来了惊奇。

《十二生肖》于 2008 年鼠年春节在国内首映，取得巨大成功。通过对演出经验的不断总结，该剧 2009 年 10 月，第一次在亚洲以外的国家澳大利亚演出并获成功，赢得了东西方小观众的一致认可。

二、引入当地元素促共鸣

《十二生肖》中的印章、皮影、剪纸、京剧、灯笼、风筝、书法、笔墨纸砚、二胡、锣鼓等中国特有的文化符号，让 12 生肖的造型个性更加鲜明、活泼可爱。此外，按照中国传统习俗赋予每一个生肖个性特征时，考虑到澳大利亚观众的特殊性，澳方导演在生肖外形设计上使用了澳大利亚人熟悉的动物形象。如羊的造型选择了澳大利亚的雌性绵羊形象，马也很有澳大利亚特点，头发是蓝色的，看起来则有些像蜥蜴。每一个“生肖”的登场都让人感到新奇别致，每个“生肖”都充满人性化特征，舞台形象夸张醒目。演出中每一种动物出场时，澳洲小观众都会兴奋地小声叫出它们的名字。观众的反应证实，生肖造型正是他们所熟悉的。在地化的生肖造型强化了作品的适应性，赢得了当地观众的喜爱。

三、注入共享价值求认同

对主题的阐释是一部艺术品的价值核心。能够在国际市场占有一席之地的艺术作品往往具有一定的国际视野，探讨的主题从天文地理到人文关怀，往往都是具有普世价值的。世界认同范围广，接受度高，打开国际市场的难度就相对较低。

《十二生肖》反映了全世界关注的环境和水资源保护主题。这个主题超越了国家、超越了意识形态和文化差异，是当前全世界关注的热点和焦点，这为《十二生肖》的全球推广打开了方便之门。该剧将人与自然和谐相处的理念与环保理念紧密结合，真正做到了超越文化差异的寓教于乐。

水资源缺乏是当前全球面临的日益严峻的问题，保护水资源是全人类共同的责任。《十二生肖》通过对童话故事的演绎，凸显了水资源保护这一全球关注的主题，在共鸣中唤起观众强烈的社会责任。《十二生肖》将中国传统民俗文化展现给世界同时，引发更多人对水资源缺失的关注，唤起更多的人保护水资源的自觉意识。此外，《十二生肖》突破了中国传统对于“十二生肖”传说、描述，在不失“十二生肖”的动物本性前提下，加入了外国导演对“十二生肖”的独特理解。

四、活化传统文化赋新意

艺术作品的思想内涵是整部作品的精神所在，决定着作品的深度与高度。目前，中国文化产品走出去的步伐虽然逐步加大，但是创新性产品所占份额仍然有限，中国儿艺的《十二生肖》在剧目的创意、生产、制作和推广方面为我们提供了示范。十二生肖是中国传统文化的重要符号，包含有丰富的文化内涵，体现了中国自古以来对人与人、人与自然之间关系的深刻认识。每个动物生肖都被赋予了不同的品格和特点，这些文化内涵是西方文化中没有的。

澳大利亚国家艺术中心在《十二生肖》演出期间，在剧院大厅的墙壁上陈列了许多关于中国十二生肖的图片、民间艺术品和故事等，引起前来观看该剧的学生及家长的浓厚兴趣。演出结束后，许多观众在展示大厅流连忘返，希望从中了解更多关于中国生肖的知识，希望找到自己的属相。不经意中，他们开始从中国生肖的角度看待人与自然的关系，这是该剧目的最大创新点。

案例点评：

成功的艺术形象都是典型个性与普遍共性的完美结合，即既有鲜明而独特的个性，又有丰富而广泛的社会普遍性，也就是通常说的“熟悉的陌生人”。《十二生肖》团队创造艺术形象时，为增强艺术形象的适应性、普遍性，照顾到东道国本土化观众固有观念，加强了艺术形象的本地化；同时，有效突破了语言因素的障碍，实现了作品主旨信息的有效传递和接收。这是引起海外观众共鸣，打开国际市场的强有力保证。

尤其可贵的是较好地塑造了中国龙的形象，颠覆了西方对龙的负面印象。生肖中的龙是现实世界中唯一没有的动物。中国人是龙的传人，西方经常用龙来象征中国；而龙在西方文化中常常代表恶势力，国外影视作品中龙的形象通常是与人类为敌、凶恶残暴的吐火龙。《十二生肖》中，龙作为重要的属相，本身面临很大的文化冲突可能性。但在该剧中，这一形象以舞龙来表现；同时蜿蜒的长城、仁爱的中国皇帝都体现了龙的精神，剧中孩子就是龙的后代。特别是在结尾处，中国“巨龙”吐出了万顷碧波，拯救了水资源枯竭的地球，展现了龙在中国人民心目中美好形象，同时也把造福人类的龙形象深深印在了澳大利亚小观众的心里。《十二生肖》儿童剧成功走出去表明，在寻求世界文化共性上进行内容创新，是跨文化传播中克服文化冲突的有效途径。

4.3.3　量体裁衣创新文化内容，增强文化审美的适应性

从上文问卷调查统计表 3 - 5 可以看出，不同国家的人对中国文化的兴趣和需求不同。如欧美国家的人对汉语、中医与养生、中国传统艺术、中国功夫、中国传统哲学等有兴趣，但对中国的科技和管理知识无兴趣。日韩两国人也对中国的科技、管理知识没有兴趣，但他们对中国传统艺术有很大兴趣。东盟国家的人却把学习中国的“管理知识”排到了第三位。因此，应根据不同国家对中国的文化需求，将相关的文化内容加以创新，让中国文化有针对性地走出去。如京剧走进日本演艺市场就属于这种情形。日本人对中国传统文化很有兴趣，即便是极具民族性的京剧，也有一定的市场。日本一些大学如樱美林大学等，将京剧列为学生的选修课程，这为京剧文化走进日本市场提供了条件。中国对外演出公司从 20 世纪 90 年代初开始，为了进一步开拓日本的京剧演艺市场，采取了因地制宜、量体裁衣的营销策略，如在进行市场调查基础上，“根据日本观众特点对剧目适度剪裁，甚至予以改编，推出适合不同观众的不同版本”[①]，“注重节目单的作用，每次演出的节目单内容非常丰富，不仅有剧本全文、剧情解说，还有京剧历

① 难道京剧只有在国外才能找到市场？[EB/OL]. 中国网，2007 - 08 - 26 [2014 - 7 - 12]. http://www.china.com.cn/culture/txt/2007 - 08/26/content_8747462.htm.

史、演员、行当、乐器、道具、化装等精美图片和文字介绍等”。① 由于中国对外演出公司对《昭君出塞》《杨家将》《孙悟空大闹天宫》《霸王别姬》《三岔口》《贵妃醉酒》等经典名剧进行了有针对性创新，京剧受到了日本观众的热捧，其中一半以上是青少年观众。京剧演出在日本市场的成功，除了找准营销方式外，其中一个重要因素是经过创新改编后的剧目内容符合当地观众的审美习惯。

4.3.4 围绕国际热点精选题材，展现中国正能量

题材切合受众的文化需求，才会引起广泛关注，文化创新才能取得较好的经济效益和社会效应。以影视文化产品为例，中国电影要进入海外商业院线，电影题材、故事内容必须吸引人，故事所承载的价值观要符合受众的期待。前几年，中国一些电影导演学习好莱坞大片的技巧，但只注重营造视觉效果，却忽略了故事内容的深入策划，结果在华丽的形式下暴露了内容的空洞与苍白。韩国以家庭生活为题材的影视剧，之所以能在东南亚国家和地区掀起“韩流”旋风，很大程度上得益于其影视作品所张扬的“儒家伦理情怀”与现代生活的巧妙融合，符合这些国家和地区的价值追求和审美取向。

随着世界对中国关注度不断提高，中国电影走出去正面临难得机遇。电影走出去的主题选择应注意把握国际关注的热点题材，展示中国的文化立场、价值观念和改革开放的积极成果，塑造当代中国形象，展现中国正能量。为了处理好电影经济效益与社会效应的难题，应加强中国题材影视精品打造，以国际招标的方式选择一批体现当代中国社会热点问题以及国际社会共同关注的反恐、反毒以及人权发展等容易引起共鸣的中国故事作为拍摄的重点题材（如下表），满足国际社会了解中国社会的需要。当然，故事表现还要有世界眼光、国际化视角，注意提升影视产品的观赏性、艺术性。

表 4－1 适合走出去的影视题材举例

序号	题材类型	主题价值
1	反毒品斗争	与毒品犯罪作斗争是国际社会共同面对的问题，也是国际电影的经典题材。
2	西藏纪实	外国观众对雪域高原西藏充满神秘感，以纪实方式反映西藏人民生活状况，展示西藏发展的历史性成就。
3	反恐斗争	打击恐怖主义和极端势力是国际话语体系所关注的问题。以中国反恐故事展现维护和平与正义的共同价值。
4	在非洲的华人创业史	展现全球化背景下华人的勤奋、爱心与奉献精神。

① 难道京剧只有在国外才能找到市场？[EB/OL]. 中国网，2007－08－26［2014－7－12］. http://www.china.com.cn/culture/txt/2007－08/26/content_8747462.htm.

续表

序号	题材类型	主题价值
5	中国国际留学生题材	展现外国留学生在中国留学的爱情、国际友谊与美好生活。
6	农民工问题、妇女问题	向世界展示中国人权事业的进步。
7	中国高铁建设	以高铁发展反映中国现代化建设成就。
8	中华武术故事	武术是中国传统文化精髓之一，以中华武术故事展现中国哲学境界。
9	中国历史文化名城	向世界展示中国辉煌的文化遗产。
10	丝绸之路上的文化遗产	展示属于全人类的文化珍宝。

资料来源：本表由笔者根据访谈调研结果列举。

4.4　创建具有国际吸引力的文化内容体系①

从当前的实践来看，中国文化走出去，要从根本上实现两个转变。其一是从文化“送出去”到“走进去”的转变；其二是实现“中国的中国文化”到“世界的中国文化”转变。“世界的中国文化”是中国文化走出去的最终目标，这个目标是由中国文化走出去的战略意义所决定的。向世界展示中华优秀文化，不仅是让世界人了解中国文化，更重要的是让中国优秀的、先进的价值理念服务于建设和发展的和谐世界，让中国的文化基因扎根于世界文明，这是中国作为一个世界大国应有的文化担当。

要实现中国文化走向世界并成为“世界的中国文化”目标，一方面，须顺应世界潮流，在寻求文化共性的基础上创新民族文化内容，让世界各国对中国文化产生兴趣，从而认同中国文化；另一方面，在中国文化融入世界的同时，要让中国先进的、超时代、跨国界的价值观、发展理念引领世界潮流，推进世界的进步和发展。

因此，提升中国文化的国际吸引力是中国文化走出去工作的重要任务，任务虽艰巨但非遥不可及。只要通过创新，在文化内容上不断“自我修炼”“自我突破”，将一个充满创新活力的中国优秀文化体系呈现在世界面前，中国文化的吸引力、感召力就会逐步得到强化。

4.4.1　基本原则

开放性原则——立足中国，面向世界，面向未来。文化走出去，面向世界传播中华优秀文化，要以展现中国价值、中国形象为终极使命。保持清醒的文化自觉，突出“以我为主、为我所用”这一根本，弘扬文化主体意识，以展现中国文化成果、中国文化精神为主体内容；同时以开放的视野，借鉴和吸纳世界其他

① 王春林．提升中国文化对外吸引力的策略和途径[J]．学术论坛，2015(09)．

民族文化的优长，进一步强化和提升中国文化的吸引力、感召力。正确处理文化的民族性与世界性的辩证关系，以创新发展既有全球视野和世界眼光，又有民族特色、中国气派的先进文化，增强中国文化对世界的吸引力。

现代性原则——贴近时代，把握需求。文化理念现代化和文化表现方式的与时俱进是文化内容创新的时代要求。要把握文化消费个性化、娱乐化、休闲化发展规律，创新和丰富文化内容数字化、网络化、图像化的表现方式和手段，提升文化产品和服务的科技含量，充分展现文化创意的现代魅力。

多样性原则——百花齐放，丰富多样。以促进中国文化走向世界、产生积极影响为目标，实现题材、品种、风格、载体多样化，不拘一格、多元一体地展示中国文化的丰富内涵。从新闻报道到图书出版，从影视动漫到民间艺术，从演出娱乐到中医养生，从国家民族形象到平民百姓的生活方式等文化内容，皆可创新策划，形成文化走出去百花齐放的新局面。

4.4.2 重点方向

基于上述对中国文化走出去的内容定位与增强国际吸引力的基本原则，中国文化走出去的内容创新需着重推进以下几个方向。

第一，创新和丰富中国故事，提升中国故事的吸引力。好听的故事，使人亲近，叫人难忘。约瑟夫·奈曾说过："在信息时代，我们必须要意识到，有时候真正的赢家不是看哪个国家拥有最强大的军力，而是看哪个国家的故事讲得最动听。因为在互联网上，没人知道你有多少武器，只有讲好一个故事才能吸引别人。"① 中国改革开放以来取得了巨大成就，引来了世界无数好奇的目光。世界各国纷纷把中国迅速崛起作为一个故事来研究，从而形成了多种层面、多种角度的解读。一方面是由于对中国道路、当代国情、历史传统、文化思想缺乏深入了解，不能正确理解中国的故事；另一方面，西方国家的政客和主流媒体跳不出在冷战时期形成的惯性思维和偏见，以西方中心主义的"话语体系"故意曲解和贬低中国，导致西方国家难于理解中国故事。

对我们自身而言，中国崛起的故事虽然很精彩，但我们还没有系统、全面地梳理好，在表达上还不能以"一种比较简易的、别人能听懂的表述方式"来讲述中国故事，以及阐释中国故事背后的文化价值观。经过 40 年的改革发展，特别是中国 2008 年北京奥运会、2010 年上海世博会所体现出来的经济社会繁荣发展活力，受到了世界上越来越多国家普通民众的关注。反观西方国家陷入金融危机和欧债危机的泥潭难以自拔，中国道路、中国模式以及中国现代化管理经验，成为广大亚、非、拉发展中国家主动学习和借鉴的对象，甚至一些西方学者开始

① 黄滢．软实力之父约瑟夫·奈接受本刊专访：中国领导人是讲故事高手[J]．环球人物，2013(34)．

求解当代中国持续快速发展背后的文化基因。这为中国主流文化走出去提供了难得的历史机遇，我们要从理论与实践、历史与现实、国内与国际的联系上总结提炼内涵丰富的中国故事，讲述好中国特色社会主义道路形成的文化背景、国情特点。重点要以客观事实向世界说明中国奇迹的根源在于中国特色社会主义道路，通过诸多真实可信的中国故事增进国际社会对我们发展道路的理解认同。

在中国故事的讲述中，要改换过去对外宣传的惯性思维与表达方式。针对不同文化圈地域群体的欣赏习惯、心理需求，以国外受众习惯的国际语言、叙事方式讲述中国故事。通过精彩的中国故事表达当代中国价值观念，让当代中国的道路自信、理论自信和制度自信在国际上不断树立和响亮起来。同时，加强以当代中国故事为题材的艺术创新，将中国特色、中国气派与国际语言、现代元素有机融汇，创作符合时代精神、彰显民族特色的文化艺术精品。

第二，继承和升华核心价值观，增强中国价值的向心力。文化是人类不同社会为摆脱自然和社会关系束缚，实现自由而自觉创造的产物，主要包括认识系统、价值信仰和审美体系。其中，价值观是文化内容的精神内涵，体现了一个民族精神的理想追求。任何与特定时空相联系，以不同民族、国家为主体的文化都有与其他文化不完全相同的价值观。文化价值观的先进与落后，直接反映一个国家的国民素质以及精神状态，直接体现一个国家在全球化境遇下的文化影响力。在文化对外传播过程中，一国的文化价值观对他国总是具有相通或有启发与借鉴之处。一个民族文化能否被外部世界广泛接受，主要取决于其价值观的启发性和借鉴性。

具有向心力的价值观往往反映时代需求，使人充实昂扬、求真向善，满足人们追求和平幸福、崇尚公平正义的愿望。“二战”以后，美国的好莱坞电影、爵士乐、牛仔服等流行文化风靡全世界，除了这些文化形式为人们所喜闻乐见外，重要的是这种文化形式承载了崇尚自由和个人英雄主义的精神内涵。而崇尚自由、民主和英雄主义是当时大多数国家反抗压迫、反抗侵略、反抗殖民统治的时代潮流和社会诉求。因此，民族文化要走向世界，必须符合时代潮流和人类社会进步要求的价值观，通过展现文化独特个性和先进性，塑造富有吸引力的文化形象。

中华文化是一个内涵丰富、思想精深的文明体系，其中许多优秀内核仍具有时代价值。如儒家思想中的“天行健，君子自强不息”，反映了积极进取的人生观；“天人合一”“和为贵”蕴含世界是一个和谐整体的哲学理念；“和而不同”揭示了世界文化包容并存、多样统一与民主平等的深刻内涵；“仁者爱人”“己所不欲，勿施于人”“民胞物与”，为人类和平、仁爱待人提供了朴素的处世哲学和道德理想，《周易》《道德经》《孙子兵法》因包含着辩证思维和东方智慧，成为颇具吸引力、影响力的世界经典。同时也要看到，在全球化时代，中国传统文化的一些价值取向面临许多不适应、不符合问题。如中国传统文化中反映小农经济时代的一些落后的生活方式、思想观念与当今市场经济讲究开放、效率、法治的潮流是不相符的；又如中国传统文化更倾向于情感化和人性化的非理性思维和行为倾向，与现代社会崇尚理性、科学的思维方式是不相适应的；再如中国传统文化更多地强调“集体”“长辈”和“族群”利益，缺乏对个体的关注，这与当代社会崇尚自由、平等，追求个性价值，弘扬人的主体精神的价值取向也是相左的。

面对中国文化价值的现代转型与创新，我们应该着力建立一个开放、多元、现代、理性的价值观念体系。党的十八大报告中首次提出了富强、民主、文明、和谐、自由、平等、公正、法治、爱国、敬业、诚信、友善的社会主义核心价值观。党的十九大报告再次强调社会主义核心价值观是当代中国精神的集中体现。社会主义核心价值观是中国文化内容创新的精神内涵，应当重点围绕核心价值体系的丰富内涵，运用多种文化载体形式，生动具体地再现中国故事，创作文化精品，塑造中国对外文化新形象，增强中国文化吸引力、中国价值观的向心力。

第三，构建中国国际话语体系，扩大中国声音的世界影响。掌握话语主导权，才会提升引领力。有思想见地、有说服力的国际话语对于塑造国际舆论环境，树立国家在国际上的声望具有重要意义。构建中国特色国际话语体系，是打破西方话语垄断，增强文化软实力，促进世界和平发展的重要战略举措。中国作为经济总量全球第二的发展中大国和世界经济增长的重要引擎，随着中国综合国力、国际地位的不断提高，国际社会更加关注中国的一举一动，更加关注中国的声音。特别是美国次贷危机以来，国际经济持续低迷，国际上对西方倡导的主流价值和制度模式提出疑问，关于社会制度、发展模式的讨论争议不断升温，这为中国构建国际话语体系，彰显道路自信、理论自信和制度自信提供了良好契机。

自 2005 年以来，中国相继提出了建设“和谐世界”“科学发展”“包容性发展”“亚洲新安全观”“人类命运共同体”等新概念、新范畴，蕴含着先进的思想理念，饱含着对世界如何科学发展、和平发展的深入思考和理论创见。这些概念提出后，引起国际社会的热烈响应，为中国今后构建多层次的国际语话体系奠定了坚实基础。鉴于中国话语体系的功能定位是“准确、深入、生动地反映中国实践、中国道路，立足中国实践、解答中国问题，树立良好国家形象，增强国家软实力，向世界贡献新理念新智慧”①，构建中国特色话语体系要把握好时代性、科学性、民族性、开放性、大众性等特征，话语语汇、知识概念要体现中国特

① 杜飞进．积极构建中国特色话语体系[N]．光明日报，2012－10－30.

色、中国风格、中国气派。一是对内要着眼于中国特色社会主义建设的伟大实践，加强人文社会科学研究，阐述科学的、有解释力的对重大理论和现实问题进行概括的新概念、新范畴、新表述，为推进中国实践提供强有力的理论支撑；二是对外要讲清楚中国的基本国情、内政外交政策、发展道路与发展理念、发展特征，加强对当下全球社会思潮和热点问题的跟踪、研判，特别是在促进全球经济增长与国际金融体系改革，加强环境治理、应对国际金融危机、恐怖主义、地区安全以及气候变化、重大自然灾害挑战等国际问题上表达中国创见、阐明中国主张。三是创新和丰富安全观、发展观、外交观、环境观、伦理观、义利观、民主观等核心价值的时尚表达，构建一套具有宽广眼界，体现高尚、文明气质的中国特色话语体系，树立中国和平发展、民主进步、文明友善的国家形象。

4.4.3　基本思路

针对文化走出去的内容定位，文化走出去要立足于传播中国优秀文化基础之上，加大创新力度，提升文化产品和服务的精神内涵，从而增强文化内容的吸引力。

第一，促进传统文化与时代精神的创新对接。中国传统文化博大精深、源远流长，经过数千年的积淀和发展，留下了极为丰厚的历史文化遗产，不但有敦煌石窟、兵马俑、青铜器等历史文物，还有《四库全书》《古今图书集成》等卷帙浩繁的文化典籍，以及各民族代代相传的生活习俗、节庆礼仪、民间传说、民间工艺等非物质文化遗产。这些都是中华文明灿烂辉煌的历史见证，见证中华民族自强不息创造历史的过程，凝聚着中华民族的精神追求和价值取向。特别是中华文化经典中“天人合一”的生态理念，“讲仁爱、重民本、守诚信、尚和合、求大同”的生活哲学，“先天下之忧而忧、后天下之乐而乐”的爱国精神，“己所不欲，勿施于人”的社会公德和“厚德载物、自强不息”的民族精神，仍然是启迪人们正确处理人与自然、人与人、人与社会、民族、国家关系问题的宝贵经验和精神财富。

中华优秀传统文化是中华民族延续的精神血脉和文化基因，熔铸着我们的民族之魂。当前，我们要结合新的实践环境传承发展中华传统文化，从时代命题出发，按照“取其精华、去其糟粕”原则进行深入研究，挖掘符合时代发展要求的思想内容，并赋予新的时代内涵，使中华传统文化不断适应形势发展的需要，与时俱进、生成转化新的思想内涵。正如习近平总书记在中央政治局第十二次集体学习时的讲话中强调的：“要使中华民族最基本的文化基因与当代文化相适应、与现代社会相协调……把跨越时空、超越国度、富有永恒魅力、具有当代价值的文化精神弘扬起来，把继承优秀传统文化又弘扬时代精神、立足本国又面向世界的当代中国文化创新成果传播出去。”[①] 创造性转化和创新性发展中华传统文化，还要在与其他异质文化的交流中借鉴和超越，实现取长补短，不断冲破自身的时代局限性和狭隘性，不断增强文化价值观的解释力，增进文化内涵的时代吸引力。

第二，推动流行文化与主流价值观的创新融合。如前所述，流行文化已成为提升文化国际影响力的战略力量。当今世界文化大国都有各自独创的、在全世界叫得响的流行文化，如美国的好莱坞，英国的音乐、日本的动漫、韩国的电视剧，等等。这些流行文化风行世界，在输出国家文化形象和价值观的同时，也带来了可观的文化产业收益。相比之下，中国“形而上”的主流意识形态与“形而下”的大众文化没有形成有机整体，流行文化发展比较滞后，以至于主流意识形态、核心价值观过于抽象化，难于被理解和接受。

文化国际影响力决定文化国际地位。扩大文化影响力通常有两条基本途径，一是影响有影响力的人；二是以时尚影响普通大众。影响有影响力的人一般依靠经典文化（或称精英文化），但要广泛地影响普通百姓，主要依靠流行文化。从当代大众文化消费的规律来看，流行文化是大众娱乐的主要方式，商业性强，具有开放、流动、个性、多元化等特点，可以引领时尚潮流。在信息化高度发展的今天，流行文化更具有市场穿透力。美国著名诗人卡尔·桑德堡曾说过：“好莱坞虽不如哈佛纯净，但不管怎样，触角伸得更长。”意思是说流行文化比经典文化传播的范围更广。如韩国歌曲《江南 Style》，以一种幽默滑稽的舞蹈讽刺韩国首尔江南区富人豪华奢靡的生活方式。这首歌首先在美国蹿红，不久迅速蔓延欧洲和拉美，再之后在中国开始流行。《江南 Style》风靡全球，只用了短短三个多月时间，创造了吉尼斯世界纪录。《江南 Style》爆红，使韩国流行文化备受全球关注，提高了韩国的知名度。《江南 Style》的快速爆红，从侧面反映出中国文化走出去的短板。我们长期致力于传播经典文化，却很难在国外快速、广泛地传播，中国文化走出去成效显得事倍而功半。当前，中国文化的国际影响力主要靠传统文化中的经典文化，而当代流行文化发展和传播是个软肋。从中国的文化安全角度考虑，需要流行文化的繁荣发展。青少年是流行文化的主要受众，由于中国长期忽视发展具有中国特色兼而又具有娱乐和消遣功能的流行文化，导致西方流行文化乘虚而入，严重影响了中国青少年的价值观，不利于中国主流价值观的传播。

因此，需要创造具有中国特色、中国价值、中国风格的流行文化，使主流价值观融入其中。当代流行文化有着广泛的民众基础，有着极强的穿透力，而它的

---

① 习近平．习近平谈治国理政[M]，北京：外文出版社，2016：161.

文化影响深度取决于其承载的主流价值观。所有文化产品都有其文化内涵、价值观。日本“动漫文化大使”机器猫，传递着日本人的价值观。好莱坞电影，则蕴含着美国价值观。随着好莱坞电影风靡全球，美国价值观也广为传播，对世界上许多国家的文化安全构成威胁。即使是《功夫熊猫》这部看似很“中国化”的电影，在功夫、熊猫、道家文化等中国符号和元素的背后，其真正宣扬的价值观却是美国的个人英雄主义，典型的“中国壳美国核”电影。中国在推进文化价值观走出去时，应广泛吸纳各国的文化元素，打造“海外壳中国核”的流行文化，借助流行文化推进中国价值观在海外的传播。

第三，以创意和科技提升文化内容的吸引力。求新求变是文化发展的永恒主题。无论国内国外，文化消费者都是“喜新厌旧”。即使是最喜欢的电影或者节目，重复看十遍也会产生审美疲劳。创意是指具有新颖性和创造性的想法、思维和理念。文化创意提升了文化吸引力，成为文化软实力竞争的核心要素。如曾在国内热播的韩剧《来自星星的你》，之所以能够吸引人们的眼球，成为收视赢家，就在于它在唯美爱情和传统道德伦理上的求新求变（创意）：科幻世界里的纯美爱情（外星人与地球人谈恋爱）、超能力、穿越、平常人的生活（古代和现代）、传统的伦理等时尚和传统文化元素交融在一起，给人焕然一新的娱乐体验。而高新技术为文化内容再现提供了良好的物质手段，进一步丰富了文化内容的表现形式和传播方式，给受众带来新奇、震撼的审美感受。如桂林阳朔大型山水实景演出《印象·刘三姐》，是特色文化资源、舞台创意和声光电技术完美结合的文化项目，借用高科技营造的灯光、音响效果，强化了实景演出的视觉冲击力和艺术震撼力。这说明，声光电高新科技和数字传媒技术的创新运用，是现代文化创新的重要方式和表现手段。

4.4.4　主要路径

中国文化走出去是长期发展过程，是一项需要持续不断努力推进的工作。文化走出去要注重实效，不但要看数量，更要看质量；要看中国文化是否真正进入国际市场，在世界各国受众中产生影响，为国外受众所欢迎？笔者认为，文化内容创新是一项系统工程，必须多管齐下，要打好“组合拳”，主要有以下几点。

第一，深化文化体制改革，解放发展文化生产力。激活文化创造的活力是构建文化内容创新体系的基础和保障。古今中外文化发展的历史表明，推进一个民族文化的发展，关键在创新，动力在改革。深化文化体制改革，消除制约文化发展的体制机制障碍，是充分调动人民群众进行文化创造的积极性和主动性的根本途径。

文化原创力不足是制约中国当代文化走出去的重要原因。表现儒家伦理道德观的《蓝色生死恋》《大长今》《来自星星的你》等韩剧之所以赢得儒家文化圈广大受众的喜爱，在于其能够较好地传承历史传统的同时，内容上贴近现实生活，追求唯美情感。中国的电影电视产品，单从拍摄技术、后期制作、画面艺术等方面与日韩等邻国甚至欧美等国都相差不远，但是在编剧方面差距较大，故事老套、语言生硬、说教味浓、内容浅白，缺乏思想冲击力。对于中国电影缺乏创新的问题，美国编剧“教父”罗伯特·麦基曾一针见血地说：“如果全世界讲故事的标准都是参照好莱坞，那并不是一件健康的事情。我认为，中国电影人要清醒地认识到，好莱坞只是讲故事的一种方式，一味模仿好莱坞，中国电影将跨不出国门。”① 同样，对比日、韩动漫，中国的动漫产品在制作设备和技术方面并不落后，但动漫形象普遍缺乏原创性，故事内容重复或雷同别国版权作品现象很突出。在电视节目上，原创性节目也不多，存在较严重的跟风情况。一旦某个电视节目走红，其他电视台很快模仿；中国当代出版的图书没有形成国际文化品牌，其中重要原因是大师级文学作品缺乏、原创性精品力作少，内容刻板缺少思想深度。

文化创新是精神创造活动，只有营造良好的文化创新环境，才能“让一切文化创造的源泉充分涌流”。着眼于促进文化走出去的内容创新，文化体制改革的重点在于建立健全现代文化市场体系，建立多层次文化产品和要素市场。健全网络流通，推动传统文化产业转型升级，加快发展新型文化产业业态。引导鼓励文化企业深入挖掘民族文化资源，开发国外受众易于接受的文化产品和服务。同时，要加强译制、推介等方面的扶持，推出更多具有内容感召力的民族优秀文化品牌。

第二，发展哲学社会科学，彰显中国学术国际话语权。哲学社会科学是文化的重要组成部分，是一种系统化、理论化的文化形态，处于文化结构的最高层。中国哲学社会科学走出去是国家文化走出去的重要方面，对于进一步彰显中国的国际影响力和学术话语权，增进国际理解认同，增强国家文化软实力，具有十分重要的作用。发展中国特色哲学社会科学关键在于构建和完善国家学术创新体系。一是要不断优化学科结构体系。围绕国家经济社会发展的需要，跟进国际学术前沿，完善学科布局。着力促进基础研究和应用研究、传统学科与新兴学科优势互补，促进哲学社会科学与自然科学相互渗透。二要不断推进学术观点创新。坚持“双百方针”，发扬学术民主、艺术民主，鼓励学术争鸣，倡导积极健康的学术批评与反批评，与国际哲学社会科学开展平等的友好的对话与交流。三要大力推进学术话语体系构建。构建融通中外的哲学社会科学话语体系是繁荣发展哲学社会科学的迫切要求，是应对国际思想文化斗争的迫切需要。须立足中国特色社会主义建设的生动实践，在汲取中国传统思想文化精华和借鉴世界各国文化成果的基础上，构建一套能让世界听得懂、能理解、易认同的理论话语体系，用以

---

① 王琳琳．一味模仿好莱坞将跨不出国门[N]．青岛日报，2013－10－29.

解读中国实践、中国道路、中国经验，回答和解决中国问题，增强中国学术的国际影响力。

第三，引导文学艺术创作，打造精品力作。文化精品总是“以新的思想、美的形象为中介，多样化、个性化地反映时代的进步和社会的变革，表现多彩的生活与清纯的人性，彰显高尚的道德与丰赡的情愫，展现远大的理想与绮丽的憧憬”。[①] 因此，可以说文化精品往往能够反映一个民族、国家的精神高度和文化深度。同时，文化精品能够直达人们的思想、心灵和情感，让人们产生美感、激情与力量，让人们在审美享受中欣然接受先进思想的熏陶。实践证明，丰富多样的文学艺术精品力作是文化走出去的活水源头。莫言的《蛙》《生死疲劳》、王蒙的《这边风景》、李佩甫的《生命册》、格非的《江南三部曲》，苏童的《黄雀记》、迟子建的《越过云层的晴朗》、孙甘露的《千里江山图》、池莉的《大陆新娘》以及金宇澄的《繁花》等新时期涌现的文学作品，反映了时代风貌和民族情怀，成为中国文学走出去的精品力作。在信息化、网络化时代，网络在线形式的图书馆、书店、博物馆、艺术馆、展览馆和影院的出现，改变了文学艺术生产和消费方式，网络文学、网络音乐、网络广播、网络动漫、网络影视、网络游戏产业的迅速发展，使文学艺术创作从专业化走向了大众化，创作形式更为多样，作品数量快速增长。同时也要看到，网络化导致文艺创作和批评失去原有的崇高境界，走向了商业化、浮躁化、低俗化并出现批评缺失、审美标准模糊等现象，较文化艺术作品创作与生产中抄袭模仿、机械重复、低俗庸俗甚至恶搞等问题较严重。

习近平总书记在文艺工作座谈会上强调指出：“中国作家、艺术家应该成为时代风气的先觉者、先行者、先倡者，通过更多有筋骨、有道德、有温度的文艺作品，书写和记录人民的伟大实践、时代的进步要求，彰显信仰之美、崇高之美。”[②] 打造适合走出去的精品力作，一是要引导作家、艺术家正确处理好“主旋律”与“多样化”、继承与创新、民族文化与外来文化的关系，立足伟大实践，在投身火热的现实生活、植根民族历史文化、服务人民大众、紧跟世界潮流与借鉴各国优秀文明成果中推进文化创新；二是要建立健全文化产品评价体系和激励机制，激发创作活力，全面提高文化艺术产品质量。进一步加强文艺理论队伍建设，开展积极健康的文艺批评。探索改进文艺评奖机制，提高国家、地方文艺评奖权威性和公信度，发挥评奖标准的示范性、导向性、激励性作用。通过设立专项艺术基金，支持创作、生产、收藏和推介优秀文化作品，促进更多思想精

---

① 艾斐．时代文化论要[M]．太原：山西经济出版社，2003：306.

② 习近平．坚持以人民为中心的创作导向创作无愧于时代的优秀作品[N]．人民日报，2014－10－16.

深、艺术精湛、制作精良的文化精品走向世界。

第四，推进文化科技创新，提高文化产品和服务的科技含量。文化科技的发展日益成为文化创新的核心动力。信息化、数字化、网络化正在推动文化产业更新换代、全面升级。文化与科技的全面融合，不仅对文化载体、传播手段、创作方式、生产模式具有积极影响，而且对文化内容创新具有重要意义。文化创意与高科技手段有机结合，能够增强文化作品的美感，产生令人震撼的艺术魅力。美国好莱坞大片《阿凡达》创下了27亿美元的全球电影票房纪录，其中一个重要因素是采用了最新3D技术，这是第一部真正3D电影。北京水晶石公司利用超大型数字影像集成技术制作了《数字版清明上河图》，在上海世博会上大放异彩，获得了国际社会的高度赞誉。中国杂技在国际舞台本已声名远播，但是，随着国际演出市场的升级换代，马戏和杂技也进入了戏剧高科技化新阶段。中国杂技表演一直停留在重技巧、轻表演、低科技的原始状态，导致其仅能参与国际市场的低端分工，甚至扮演为加拿大太阳马戏团“打工”角色，无法分享国际高端市场的增值利润。同样的例子在中国的动漫产业也存在。可以说，文化科技水平偏低是制约中国文化走出去的短板之一。美国、英国等当今世界文化产业强国的经验表明，科技含量是文化产业发展的核心竞争要素之一，它可以提升文化的表现力、传播力和感染力，增强文化产业的创造力。

中国有十分丰富的文化资源，通过科技手段促进文化创新具有巨大的发展潜力。一是要抓住三网融合、云计算、物联网、数字虚拟等技术发展的机遇，通过对传统文化产业的技术改造，促进传统演艺、工艺美术、文化会展、创意设计等内容升级，加快经营的信息化、数字化和标准化，提升文化产业各行业的技术水平。二是要利用现代科技推进特色文化产业的发展。通过实施“特色文化科技提升计划”，通过虚拟技术、三维动画以及网络技术等，再现、传播文化遗产，加强对地方特色文化产品创新改进，使这些文化产品传达的文化艺术信息更浓，更符合现代人的欣赏口味。《数字版清明上河图》就是用数字技术展现中国传统文化的典型代表。三是加快推进新兴文化产业的发展。大力发展动漫、游戏、网络文化、数字文化服务等以数字化生产、网络化传播为技术手段的新兴文化产业，推动优秀数字内容与高新技术的紧密结合，提升品质效益、原创能力和品牌知名度。

案例2

《数字版清明上河图》用科技展现传统文化

北京水晶石公司是北京中关村的一家三维数字影像技术开发应用科技企业。2008年以来，该公司先后为北京奥运会、上海世博会、伦敦奥运会提供大规模数字影像技术与三维图像设计服务，特别是利用超大型数字影像集成技术，设计制作了数字动态版《清明上河图》，在国际上大放异彩，获得了广泛赞誉。

北宋风俗画《清明上河图》是中国十大传世名画之一，其作者是北宋画家张择端。《清明上河图》宽 25.2 厘米，长 528.7 厘米，绢本设色。《清明上河图》采用散点透视构图法，生动描绘了 12 世纪北宋都城汴京的面貌和当时社会各阶层人民的生活状况。此画是北宋城市经济的真实写照，成为汴京繁华景象的历史见证。在五米多长的画卷里，内容十分丰富，画面中描绘有 814 个人物，包括官员、农民、商人、医生、卜卦师、僧人、道士、胥吏、妇女、儿童、篙师、缆夫等各色人物，牛、骆驼、骡、驴等牲畜 73 匹，车、轿 20 多辆，大小船只 29 艘。房屋、桥梁、城楼等各具特色，表现宋代时期中国建筑典型的面貌特征。画中大街小巷，店铺林立，酒店、茶馆、点心铺等杂陈，还有城楼、河港、桥梁、货船，官府宅第和茅棚村舍密集。表现手法上，以“散点透视法”，即不断移动视点的办法来摄取所需的景象。《清明上河图》内容之丰富，在历代画作中亦罕见，具有很高的历史研究价值和艺术鉴赏价值，属于国宝级文物，现藏于北京故宫博物院。

北京水晶石公司以北宋画家张择端版的《清明上河图》为蓝本，利用多媒体技术、三维动画技术等现代高科技手段，制作了数字版动态《清明上河图》。它长 128 米，高 6.5 米，屏幕面积 832 平方米，“百米长卷”按长度来算较原作放大了近 30 倍，按面积来算放大了约 700 倍，使距今八百多年的北宋汴梁繁华的城市生活场景栩栩如生地展现在观众面前。画中有流淌的河水、飘浮的帆船、往来的市民、客商、骆驼、鸡犬，配以潺潺的流水，此起彼伏的小贩吆喝声和天色的晦明变化。《清明上河图》中的每个人物、车马都动了起来，河水波光荡漾，画面还呈现出白天和入夜后的不同场景，《清明上河图》上的人物和景致“复活”了，传统艺术重新焕发出活力。水晶石公司用高科技诠释并弘扬了中华民族的传统文化。这幅复活的《清明上河图》在世博会中国馆展出后，让国内外观赏者赞叹不已，成为该馆的镇馆之宝，获得了一致好评。

案例点评：

中华文明，历史悠久，意蕴深厚，但传统的表达方式，不易于让现代人尤其是外国人理解和接受。水晶石公司借助数字技术、多媒体手段，创新中华经典之作，使古画重现魅力，向世界展示了中华民族灿烂的历史文化。继成功制作上海世博会《数字版清明上河图》之后，水晶石公司继续以卓越的自主创新能力，推动文化与科技深度融合，创新文化业态，成为中国数字视觉文化产业走出去的先锋企业。

第5章　文化走出去的形式创新

中国文化走出去，除了要具有文化内容的吸引力之外，还要有先进的传播方式，使之能有效地传播文化内容。在全球化、信息化、网络化时代背景下，中国文化走出去要达到预期目标，必须结合新的形势和国外受众的新特点、新需求，不断创新和丰富文化对外传播形式。

5.1　中国文化走出去的主要形式

经过多年的探索实践，中国文化走出去坚持人际传播、组织传播和大众传播有机结合，初步形成了文化外交、对外文化交流、文化外贸、文化外宣等比较成熟的形式。

5.1.1　以文化外交的形式走出去

文化外交，顾名思义，以文化为纽带的外交形式，通常是指主权国家以政府为主体，通过文化、艺术、教育等手段，向他国传播本国（民族）文化和价值观，以达到促进、发展或维护双边关系，增进相互信任与合作的文化交往活动。文化具有“天下之至柔，驰骋天下之至坚”的突出特点，文化外交成为国际政治外交的有益补充，受到各国领导人的青睐，成为构建和谐国际关系的开路先锋。

文化外交历史久远，随着全球化的兴起与发展，文化外交被赋予了新的内涵、新的地位和价值。现代国家之间文化外交的动力，正如联合国2001年《第56届联大通过关于促进不同文明间对话的决议》提出的那样：“不同文明间的对话，可以在地方、国家、区域和国际等范围内促进相互信任，在不同社会、文化和文明之间，特别是在教育、信息、科学技术、宗教等领域促进相互了解，有助于应对对和平与安全的威胁以及促进对人权的保护等。”①

中国的文化外交主要体现在两个层面，一为宏观层面，主要为许可、促进文化交流而与他国协商签订多边或双边的文化协定，洽谈文化合作、交流项目等；二为微观层面，主要是执行、实施文化协定文化方面的活动。改革开放以来，特

---

① 第56届联大通过关于促进不同文明间对话的决议[EB/OL]. 中国网,2001-11-10[2014-1-16]. http://www.china.com.cn/chinese/2001/Nov/74140.htm.

别是进入 21 世纪以来，伴随着经济对外开放的全方位多层次宽领域推进，为推动文化开放和国家外交关系发展，增进与世界各国人民的友谊，党和国家领导人高度重视并亲自组织开展广泛深入的文化外交活动。“目前，我国同世界上 160 多个国家和地区建立了文化交流机制，与 149 个国家签订了政府间文化合作协定，与 97 个国家签订了 800 多个年度文化交流执行计划。”① 在海外建设中国文化中心 14 个，开办孔子学院 500 多个。每年的重大文化外交活动丰富多样，“中国文化年”“友好交流年”“文化节”等国家层面组织的重大文化品牌活动覆盖许多国家，影响范围广，内容丰富多元，不仅在文学、艺术、教育、体育等领域，还囊括新闻、环保、科技、旅游、卫生等领域；产生了文化集群效应，向世界展示了我国改革开放的崭新形象和中国人民昂扬向上的精神风貌，拉近了中国人民与世界人民的心理距离，较好地发挥了以文促情、以文建信的作用。

5.1.2　以对外文化交流的形式走出去

对外文化交流是指以文化艺术协会、文艺团体、学术组织、公司、个人为主体，以文化互鉴、艺术共享、促进文化繁荣发展为目的的社会性对外文化交往活动，包括与国外同行进行的有偿或无偿文化艺术表演、学术交流、文化艺术展览等活动。对外文化交流是文化外交的延伸和深化，也是对外文化传播的重要形式。

20 世纪 80 年代以来，特别是“冷战”结束后，我国按照建设“文化大国”的战略需要，在文化开放中不断开拓对外文化交流领域和内容，丰富对外文化交流、传播的方式方法，广泛运用多种平台，构建人文交流机制。在东南亚、欧美 50 多个国家和地区举办了 200 多个中国文化节、艺术节、文化月、文化周等丰富多彩的文化交流活动。来自国内不同地方的文化艺术团体的文艺展演和文化展览，与海外受众进行互动，促进了世界人民对中国地方文化、民间文化艺术的感知与了解。举办海外“欢乐春节”系列活动，展现浓郁、独特的民族文化和多种民族民间文化艺术精品，演出节目受到当地观众的热烈欢迎。文化月、文化节等综合性交流活动涉及的门类多、内容广、范围大，是引导地方文化、民间工艺、少数民族文化走出去的良好方式。同时，综合性的对外文化交流活动更容易引起当地民众和媒体的关注，有利于向外介绍中华文化，促进中国和世界各国人民的了解和友谊。

5.1.3　以文化外贸的形式走出去

对外文化贸易是文化企业对外出口文化产品和文化服务的国际贸易活动，是以市场化的方式实现文化走出去。

中国对外文化贸易可以归结为以下六种模式：一是以“租船出海”方式间

---

① 《中共中央关于全面深化改革若干重大问题的决定》辅导读本[M]. 北京：人民出版社，2013：268.

接走出去。主要是依托国际文化企业的销售渠道和发行网络实现影视作品和图书出口；二是以“合伙造船”方式走出去。该模式常见于国际合资拍摄影视片、合作出版图书或合作经营演艺，以此进入国际市场；三是利用国家扶持“造船出海”走出去。如近年国家每年安排专项资金用于奖励或补贴外贸企业开拓海外市场，支持影视、新闻出版、音像、动漫等文化产品出口；四是“出资买船”走出去。该模式常见于通过直接投资、购并重组外国影视业、演艺业实现海外运营，如天创国际演艺公司收购美国第三大演艺中心布兰森市的白宫剧院，万达收购美国第二大影院 AMC；五是“搭船出海”走出去。该模式常见于图书出版、影视、艺术品企业通过参加国际书展、电影节、文化艺术节、展览等国际化商业推广平台走出去；六是就地直接走出去。通过版权代理机构，以版权贸易方式把具有特色优势的图书版权、影视剧海外发行权以及游戏动漫产品知识产权转让给外方。网游企业完美世界实现走出去就是一个成功的范例。

近年来，在国家政策的大力扶持下，中国文化对外贸易发展迅速，文化产品和服务出口额从2003 年的83. 18 亿美元增加到2012 年的393. 89 亿美元，年均增长20. 67% 。中国文化产品出口占全球文化贸易市场份额从2003 年的4. 67% 稳步增加到7. 2% 。[①] 但是我国对外文化贸易规模依然较小，文化国际贸易存在较大的逆差，贸易结构不合理，核心文化产品国际竞争力较弱。

案例 3

网游企业完美世界开拓全球市场的“三部曲”[②]

中国领先的网络游戏开发商和运营商完美世界（北京）网络技术有限公司（以下简称完美世界），2007 年 7 月在美国纳斯达克上市。完美世界开发的《完美世界》《完美世界国际版》《武林外传》《诛仙 2 · 时光之书》《神魔大陆》等多款游戏，成功进入全球上百个国家和地区，为全球用户提供优质互联网娱乐服务内容。至今，完美世界连续 7 年位居中国网游海外出口第一，占据了 40% 左右的网游出口份额。完美世界凭借拥有自主知识产权的高质量网游产品，成为中国网络游戏娱乐产业的领头羊。

一、初探海外市场，授权代理实现出口

早在 2006 年，完美世界开发出第一款游戏《完美世界》在国内走红后，就

---

① 中华人民共和国文化部对外文化联络局（港澳台办），北京大学文化产业研究院．中国对外文化贸易年度报告（2014）［R］．北京：北京大学出版社，2014：4.

② 本案例根据《“完美世界”精心打造全球化战略》改编，原文载于《中国对外文化贸易年度报告（2012）》，北京大学出版社，2013：225.

考虑以东南亚作为产品走出去的突破口。面对陌生的海外市场，完美世界最初选择了较为简单的授权出口方式。所谓授权出口，即以“零代理费”将产品授权给取得资格的运营商在当地运营，根据产品销售额度按比例分成。由于授权出口方式门槛较低，能够充分调动海外游戏代理商的积极性。完美世界通过这种方式，成功打入东南亚、日本、中国港澳市场。为了提高游戏产品的海外市场适应性，完美世界在开发和设计国际版游戏时，加入海外元素，嵌入当地特征，如海外相关的节日，服饰风格等，以更加贴近外国文化传统。完美世界相继有 10 余款游戏出口到 100 多个国家和地区。但是，没过多久，授权经营方式的弊端日益凸显。采用授权经营方式，完美世界只有 20%—30% 的分成，利润少且受制于海外代理商，不能掌握后端数据，不能直接了解客户的需求与意见。

二、加强海外并购，提升海外运营能力

2008 年后，完美世界计划在游戏业发展成熟、市场饱和度较高、竞争激烈的欧美、日韩等市场拓展。为应对更加复杂的国际市场，公司在海外运营方面有了新的调整，除了传统的海外签约之外，开始在海外设立子公司，自主运营。

从 2010 年开始，完美世界陆续完成多起重大并购，收购日本 C&CMedia 为全资子公司，收购美国 Runnic Games 多数股权。2011 年 5 月斥巨资 3500 万欧元收购 Atari 旗下《星际迷航》《无冬之夜 OL》的开发商 Cryptic Studios。通过收购这些企业，完美世界不仅吸取了海外网游公司研发和运营经验，而且更好地融入了当地的文化，整合当地研发资源进行本土化生产。

三、游戏产品的文化整合，提升海外发展战略

作为中国文化精神的载体，中国的游戏产品如何让不同文化背景的玩家接受，是中国游戏产业对外扩展市场亟须思考问题。完美世界制定了“全球化资源整合”和“全球文化整合创新再输出”战略。2011 年，完美世界实施全面升级海外发展战略，即寻求全球优质 IP（知识产权授权），实现“版权控股”。在充分吸纳原著文化精髓的前提下，完美世界将希腊神话、欧美骑士文化、日本神话等海外文化进行中国式改造。同年，完美世界与世嘉合作，根据漫画《圣斗士星矢》开发网络 3D 游戏《圣斗士星矢 OL》，并在 2012 年上线。完美世界实施“东方武侠全球化”战略，利用《笑傲江湖》《倚天屠龙记》等金庸名著以及中国武侠题材电影在全球开辟道路，将中国武侠名著改编为网游作品，力图通过网络游戏传播，打开中国文化走向世界的新通道。

案例点评：

完美世界的“三部曲”全球化发展战略，不仅将优秀的中国原创游戏产品推广到世界各地，而且通过海外的自主运营、海外并购等举措，实现了国内外文化创意资源的重新整合。完美世界成功走向世界的经验在于：放眼全球，面向未

来，敏锐把握国际市场需求，善于整合全球文化资源，将中国文化特色与国际地域文化融合，着力打造蕴含深厚文化内涵与技术含量的娱乐精品。这是中国文化产品版权贸易的生动例证。

5.1.4 以文化外宣的形式走出去

文化外宣是指党和国家通过国家主流传媒或其他文化传播手段，向境外人士介绍当代中国的政治、经济、文化、社会发展情况和对内对外政策，积极争取国际社会对中国的了解、信任和支持，为国家发展争取良好的外部舆论环境。

中国的文化外宣工作自新中国成立以来逐步形成了健全的体系，表现形式丰富多样。从依托的媒介看，文化外宣包括电视外宣、电影外宣、报纸外宣、广播外宣、书籍外宣、杂志外宣、网络文化外宣以及新闻发布会、展览外宣等众多形式。国际传媒外宣是提高国家文化软实力的重要载体和有效手段。近年来，中国不断加强对外传播能力建设，努力把新华社、人民日报（海外版）、中国国际广播电台、中央电视台对外频道、《中国日报》和《环球时报》英文版及其对外媒体网络打造成中国对外宣传工作的支撑平台。

新华社在100多个国家和地区建立了总分社、分社、支社、编辑部，建构了一个以北京总社为核心，以海外总分社、大分社为骨干的全球新闻采集联合发布网，“每天24小时不间断用中文、英文、法文、俄文、西班牙文、阿拉伯文、葡萄牙文和日文8种文字，向世界各地播发文字、图片、图表、音频、视频、网络、手机短信等各类新闻和经济信息产品。”① 中国新华新闻电视网（CNC）建成亚太卫星台、北美卫星台、非洲卫星台等10个直属台和合作台，进入新西兰和中国香港、澳门等地170万户有线电视家庭终端，中文台、英文台新闻节目每天24小时不间断播出，节目信号通过卫星发射，覆盖到全球近200个国家和地区约55亿人口，影响力不断扩大。

中国国际广播电台是现有使用外语语种最多的对外宣传媒体，使用61种语言向全世界传播，每天在境外电台播出节目总时数达1520多小时，覆盖70多个国家和地区。

中央电视台是中国重要的新闻舆论机构、思想文化阵地，当今中国最具竞争力的主流媒体之一，“具有传播新闻、社会教育、文化娱乐、信息服务等多种功能，是全国公众获取信息的主要渠道，也是中国了解世界、世界了解中国的重要窗口。”② 开设有中文、英语、西班牙语、法语、阿拉伯语、俄语、日语、葡萄

---

① 陈怡．让世界听到中国的声音——新华社拓展国际传播能力的基本策略[R]//国际传播蓝皮书：中国国际传播发展报告(2014)．北京：社会科学文献出版社，2014：263.

② 中央电视台简介．[2017-6-20]．http://www.cctv.cn/2016/02/17/ARTIoXBRYeNy9KNg3i4i Tp00160217.shtml.

牙语8个语种共10个国际频道（包括娱乐、戏曲频道），通过卫星传送基本覆盖全球，并在北美、欧洲、非洲、亚洲、大洋洲和中南美洲120多个国家和地区实现了落地入户，其中“CCTV-4覆盖境外华语观众1500多万户，CCTV新闻在境外入户达到4350万户，CCTV-E、CCTV-F分别在美国、古巴、智利、毛里求斯等6个国家实现完整频道落地”①，并与世界134个国家和地区的200多个媒介机构建立了新闻业务合作关系，进一步扩大了全球影响力。

以英文出版的《中国日报》和《环球时报》，是中国面向世界最有影响力的平面媒体，也是国际关注度和国际媒体转载率最高的中国报纸，被公认为世界了解中国最好的窗口之一。多年来，《中国日报》经多次改版和风格创新，与路透社、美联社、法新社、彭博社等国际重要新闻通讯社，和《纽约时报》《时代周刊》《今日美国》《华盛顿邮报》《环球邮报》《金融时报》《卫报》《国际先驱论坛报》以及NBC、BBC等国际知名媒体开展新闻合作与交流，形成国际语言、传播渠道和品牌资源优势，使中国声音在全球广泛传播。

5.2 创新文化外交方式，提高亲和力

进入21世纪以来，中国坚持互惠互利、平等对话的原则，文化外交实践取得了很大的成绩。通过互办文化年、文化节和文化合作论坛等方式展示、交流中国文化，有效扩大了中华文化的知晓度和国际影响力。但相对于发达国家文化外交成熟的运行模式，中国文化外交在运作上还处于探索阶段。总结分析中国文化外交实践中存在的现实问题，进一步把握文化外交的规律，才能不断优化完善文化外交运行模式，使中国文化在国际对话合作中提高亲和力。

5.2.1 中国文化外交存在的问题

中国文化外交在服务国家整体外交战略的同时，也服务于文化走出去战略。衡量文化外交的实际成效，不仅要看形式上签订了少文化合作的协定或组织实施了多少个文化外交项目，更要看国外政府与民众对中国文化的理解、认知和认同程度。综观近年来中国文化外交的实践，在取得较大成就的同时，仍然存在不少问题，主要体现在以下几个方面：

第一，举国体制下的官方力量过于凸显。近年来我们开展的一系列大型文化外交活动，都是由政府强力推动的，带有浓重的官员色彩。无论是北京奥运会和上海世博会，还是中国文化年、文化月、文化周等一系列活动，均是政府主办、财政出钱，各级政府支持响应和跟进。这些活动让国外政府和民众感觉到中国政府举国体制的强大号召力，反而让人产生“中国意识形态输出”的联想。而且，中国文化走出去的一些活动往往从政府视角出发，官方色彩过于浓重，导致文化

① 黄波涛．中华文化“走出去”的财政政策研究[M]．北京：社会科学文献出版社，2013：69.

走出去可信度与亲和力受到制约。特别是在一些西方国家，普通民众往往反感政府的手伸得过长。不难理解，为什么中国以官方名义在国外举办的一些文化活动受到冷落和抵制。在中国文化外交实践中，除了政府管得过多，民间、企业和社会组织作用发挥不充分之外，思维保守、方法单一也是一个明显的问题，这些大大限制了文化外交的实际效果和影响力。

第二，存在中外双方“一头热一头冷”现象。国与国之间开展的文化外交活动原本是双方平等互动的活动。但是近年来中国参与的双边或多边文化外交活动主要依赖于我方的努力，对方的主动性没有得到有效地调动和发挥。其中一些合作项目往往会因对方国家执政主体的更替而受到制约，甚至不能按协定实施。事实上，在国外的一些文艺展演或文化展览等项目完全可以让国外非政府组织或民间团体参与，可以请西方人来讲中国故事，这样才能以外方喜欢的方式展现中国文化，更好地将文化传递给当地民众。在文化对话过程中，只有找到双方利益的共同点、兴奋点，才能增强文化传播的原动力，才能真正将文化外交纳入可持续发展的运行轨道。

第三，过于偏重中华传统文化。从近年中国文化外交项目实施内容来看，我们展示的文化更多属于民间艺术、武术、气功、中医、民俗、戏曲、文物、饮食等中华传统民族文化，缺乏对当代中国特色社会主义文化艺术的展现，外国人误以为中国是在“文化啃老”。虽然外国人习惯于观赏我们的传统文化，但实际上从不同文明的平等对话与交流需求看，他们除了想了解中国悠久的历史文化外，还想更多地了解当代中国的国情面貌及普通百姓的生活方式、价值理念和民间文艺。但我们在文化外交中恰恰忽略了这些方面的内容，使得对方不能完整、全面地了解中国的文化信息和文化面貌。

第四，对普通民众在文化外交中的作用重视不够。中国文化形象的塑造和传播主要靠文化精英群体，忽略了社会普通民众参与公共外交的作用。如精英群体在各种文化高峰论坛或在各种媒体上占据主角，频频亮相。普通民众少有机会在国际交流或国际媒体上发声，展现积极正面的形象。精英群体具有较高社会影响力、号召力，以他们为主角进行对外文化传播，的确有利于提高国家的知名度和影响力。然而，在信息时代，普通民众在文化外交中的地位和影响力日益突出。

5.2.2 新形势下中国文化外交的意义作用

文化是对外交往融合的重要纽带，与政治外交、经济外交相比，文化外交更具“柔性”，更具有吸引力和亲和力，对于增进各国相互理解和合作，塑造国家良好形象等方面具有独特的作用。

第一，有利于增进国外政府和民众对中国的了解和沟通。习近平主席在2010

年访问俄罗斯时说，“文化因交流而丰富、心灵因交流而沟通、友谊因交流而加深”。[①] 以 1985 年至 2013 年间的项目为例，中国与外国政府间开展的文化交流项目共计 29761 项，其中中国在国外举办 18486 项，国外来华举办 11315 项（详见表 5-1）。这些交流项目和活动，再加上近几年举办的大型文化交流活动，吸引了对方国家大量民众直接参与，当地主流媒体也纷纷进行深入报道。无论是直接接触参与还是间接了解，海量的人际交流，都极大地促进了中国文化、中国外交政策、国家形象的对外传播，增强了国外民众对博大精深的中国古老文化以及思维方式、民族性格的了解。同时，在文化外交活动中，双方加深了友谊，增进了感情。当前，在西方世界主导的舆论话语形势下，要消除国外“中国威胁论”和“强国必霸”的心理，我们有必要通过多种形式的文化外交增进国外民众对中国的深入了解。

表 5-1　中国政府 1985—2013 年对外文化交流项目情况　　单位：项

年份	签订文化协定	签订文化协定执行计划	文化交流项目		
			出　国	来　华	合　计
1985	5	17	423	381	804
1986	2	16	619	456	1075
1987	8	32	502	378	880
1988	5	19	425	282	707
1989	4	18	302	182	484
1990	1	14	470	263	733
1991	4	29	509	227	736
1992	13	11	768	413	1181
1993	8	31	1054	480	1534
1994	7	22	775	401	1176
1995	1	28	1147	500	1647
1996	4	22	721	859	1580
1997	1	27	919	527	1446
1998	2	23	1199	672	1871
1999	4	31	832	574	1366
2000	2	27	838	595	1433
2001	4	25	939	1103	2042
2002	4	26	729	748	1447

① 习近平．在俄罗斯“汉语年”开幕式上的致辞[N]．光明日报,2010-03-25.

续表

年份	签订文化协定	签订文化协定执行计划	文化交流项目		
			出 国	来 华	合 计
2003	4	23	342	420	762
2004	15	14	832	815	1647
2005	16	12	581	587	1168
2006	7	17	729	943	1672
2007	2	25	1210	605	1815
2008	2	24	707	625	1422
2009	2	20	804	737	1537
2010	4	6	940	122	1062
2011	8	20	1599	965	2564
2012	12	27	690	382	1072
2013	9	24	1774	385	2159
合 计	116	518	18486	11315	29761

资料来源：笔者根据《中国文化文物交流统计年鉴2010年》及中国文化部2010——2014年公布的《全国文化年度发展基本情况》统计分析得出。

第二，文化外交能有效促进国家之间文化、经济、政治等领域的战略合作。文化外交具有基础性、先导性、广泛性等特点，对国家的政治外交、经济外交起着重要的促进作用。文化是沟通心灵的桥梁，国与国之间文化交往，可以增加中外双方的互信和友谊。如上世纪70年代的中美“乒乓外交”化解了中美长期的敌对情绪，为之后中美关系正常化铺平了道路。前些年，中国在世界各地举办中国文化年、汉语文化年等大型文化外交活动，在这些文化外交活动中，一般都有双方国家领导人共同参与，对促进和提升国家之间的外交关系和经贸合作具有重大影响。2003—2013年期间，中国持续开展与法国、意大利、荷兰、瑞典、德国、波兰、瑞士、英国、比利时、西班牙等国家的文化外交活动，促进了中国与欧盟国家商品出口、投资和服务贸易的快速增长。

第三，有利于塑造良好的国家形象，提高中国在国际舞台上的影响力。文化外交以政府间文化交流项目为主要载体，通过文艺交流和文化对话，能够为国与国之间搭建牢固的沟通和理解桥梁。近年来，中国与美国、俄罗斯、欧盟、非盟、阿盟国家开展了频繁的文化年、文化月、艺术节等文化交流活动。每次活动我们都坚持和平、合作、互利、共赢与文化多样性原则，大力倡导“建设和谐世界”“包容性发展”和“人类命运共同体”理念，这些原则理念逐渐得到了国际社会的理解、认可和响应。特别是北京奥运会、上海世博会成功举办，以及中国近年来成功承办上合组织会议、20国集团峰会、金砖国家峰会、中非论坛、中国—东盟博览会、“一带一路”国际合作高峰论坛等一系列国际外交会议、论坛，越来越多外国政要、商界精英、学者专家等有影响力的外国人士应邀来到中国。他们在与中国同行近距离接触交往过程中，切身感受到了中国作为负责任、爱和平、重情义、守信用的大国形象及人民和谐幸福的现代化国家面貌。

5.2.3　构建中国文化外交新模式

抓住当今国内国际经济发展的历史机遇和基础条件，把握文化外交的优势和特点，增进外国政府和民众对中国的了解与友谊，需要着力构建一个更有亲和力的中国文化外交模式。

第一，建立健全文化外交的统筹协调机制。针对当前中国文化外交管理机构与资源分散的实际，应整合文化外交的政府资源，统筹兼顾、协调安排好文化外交管理工作。建立健全文化外交的法律规章，促进文化外交沿着正确的方向和轨道运行。科学调配文化外交的资金投入，使文化外交与当代中国经济、政治的发展有机互动。

第二，建构政府主导，非政府组织、民间团体和公民个人等多元主体共同参与的文化外交体系。美国、英国、法国的文化外交模式主要以非政府组织为主体。由于国情不同，中国不能盲目学习国外的模式，但考虑到一些文化外交活动的对接和实施，当代中国的文化外交不能仅仅以政府为主，而要逐步建立完善政府主导、多元文化主体参与的文化外交格局。立足当前国情，要大力培育多种文化交流协会等非政府组织，引导非政府组织积极举办或参与国际性、公益性的政治、经济、文化、科技、教育、体育对外交流活动。要进一步扩大文化开放，给民间文化机构更多的国际文化交流空间，给普通人更多的参与机会。特别是要积极引导企业和社会公众参与文化外交活动，增强文化走出去的亲和力。

第三，增强文化外交互动性，提高国外大众的参与度与能动性。文化外交虽然是政府主办或资助下的对外文化交流，但是最终还要普通民众的广泛参与和支持，才能取得理想的效果。中华文化是一个具有鲜明个性的文明体系，在走向世界的过程中，要善于与东道国文化进行对话交流。特别是文艺展演活动，要适当增加在地化的文化元素，或者邀请当地演员参加演出，才能吸引当地老百姓参与。采用当地普通民众喜欢看、喜欢听、能接受的方式表达中华文化，有利于增强文化理念、文化价值的传播效果。例如，2011—2012 年举办中法语言年—法国汉语年活动，书画展览、文艺演出、研讨会、知识讲座都由两国共同举办，两国艺术家、演员、专家学者积极参与，此外还有中法青年艺术家交流、中国作家和法国读者见面会、在法国表演街头艺术庆祝中国节日、法国青年参加中国夏令营等活动，特别是法国教育部组织各学区中学生参加“画汉字”比赛，让法国民众深度参与其中。[①] 实践证明，对方民众的广泛参与，文化外交活动才能生根，不同文化之间的交流才可能持续开展。

第四，加强当代文化艺术交流，促进世界对中国梦的理解和认同。对外文化交流中，展现中国传统优秀文化是基础，中国古老文化尽管可以博得国外观众眼球，却不能满足国外民众全面了解中国的需要。应当自信地说，21 世纪的中国能够展示在世界面前的，除了具有悠久的历史文化、灿烂辉煌的文明外，还有体现大国形象的当代文化创造成果。因此，在文化外交活动中，我们要展现更全面、更丰富的当代文化艺术，促进世界对中国梦、对和谐中国美好未来的理解和认同。

第五，提高公共外交主体的素质，夯实文化外交的根基。在公共外交时代，人人都是外交官，每个走出国门的公民都代表着国家的外在形象，无论是公众人物还是有影响力的企业，都会直接或间接影响对外文化传播事业。因此，要加强国民素质教育，帮助大众开拓国际视野和增强国际外交意识，增强公务员、企业家、普通公民的公共外交能力。同时，发挥一些声誉卓著的学者、经历丰富的社会活动家和在互联网上叱咤风云的意见领袖等作用，借助他们的影响力促进中国文化对外传播与交流。

5.3 创新对外文化交流形式，扩大影响力

当前对外文化交流，以政府文化主管部门为主导。但非官方形式的文化交流更具灵活性、创造性，也更能让普通百姓参与和接纳。因此，要创新国际文化交流形式，创新对外交流的运作理念。在加强政府主导的同时，重视各种非政府机构和民间组织的主体作用，构建官、民、商、学共同发力的文化交流新格局，多形式、多阵地积极开展活动，不断增加中华文化国际传播的广度和深度。

5.3.1 创新对外文化交流的理念与方式

推动中华文化走出去，让国外民众触摸中华文化脉搏，感知当代中国发展活力，理解我们的制度理念和价值观念，贵在运用人们喜闻乐见、乐于接受、具有广泛参与性的方式，正如习近平总书记指出的："要以理服人、以文服人、以德服人，完善人文交流机制，创新人文交流方式，综合运用大众传播、群体传播、人际传播等多种方式展示中华文化魅力。"针对当前我国对外文化交流中存在的薄弱环节，笔者认为，要充分发挥现有文化交流平台的优势和效能，不断拓展文化走出去的广度、深度和综合效益。

第一，加强对外文化交流工作科学规划，提高计划性与系统性。目前我们对

---

① 陈晓径，王乐梅．中国对法国文化外交及其反响[M]//张利华．中欧文化外交及影响．北京：知识产权出版社，2014：85.

外文化交流活动的运作理念和方式缺乏系统思维、战略思维，不少项目过于急功近利，仓促上马；针对性不强，效果有限是必然的。因此，需要加强项目的计划性、前瞻性。根据国际形势的发展需要，结合中国重大国事活动及建交周年纪念、国庆、春节等重要政治、外交和民族节庆活动，合理规划和安排对外文化交流计划；在实施每一项交流活动前要加强事前策划，着力围绕国外主流社会重点人群、年轻一代推出文化交流活动。要在了解和把握国外民众的文化需求、文化心理和审美习惯的基础上，因地制宜，量体裁衣，有针对性地安排交流项目。同时，尽可能将演出、展览与学术研讨等多种形式有机地结合起来，使活动立体化，力争在有限的时间和空间内集中展示中华五千年文明和当代中国文化成果，树立当代中国的良好形象。此外，还要充分利用当地新闻媒体，最大限度地扩大中国文化活动在当地的社会影响，放大文化交流的社会效果。

第二，利用国内举办的国际性会展、论坛等平台，开展国际文化交流。推动中华文化走向世界，必须在加强与国外普通民众交流的同时，创新和利用国内各种国际文化交流平台，将国外主流社会高端人群请进来参与我们的文化交流活动，利用他们的影响使中华文化传播得更广更远。2000 年以来，中国部分地方政府先后建立了一些会展、文化交流论坛等知名国际性交流平台，如西部国际博览会（始于 2000 年，成都）、博鳌亚洲论坛（始于 2001 年，三亚）、中国—东盟博览会（始于 2004 年，南宁）、东北亚投资贸易博览会（始于 2005 年，长春）、夏季达沃斯论坛（始于 2007 年，大连与天津）、库布齐国际沙漠论坛（始于 2007 年，内蒙古）、生态文明国际论坛（始于 2009 年，贵阳）、太湖文化论坛（始于 2009 年，无锡）、中阿经贸论坛（始于 2010 年，宁夏）、中国—亚欧博览会（始于 2011 年，新疆）、中国—南亚博览会（始于 2013 年，昆明）、丝绸之路国际艺术节（始于 2014 年，西安）、海上丝绸之路国际艺术节（始于 2014 年，泉州）、丝绸之路（敦煌）国家文化博览会（始于 2016 年，敦煌）等。这些平台的吸引力、影响力逐年增大。北京、上海、广州、深圳等城市每年也举办富有特色的文化节会，如上海国际电影节、上海电视节、上海国际艺术节、上海之春国际音乐节等国际知名的文化专业节会，在全球业界深具影响力。此外，还有一些地方举办诸如国际茶文化旅游节、国际沙滩音乐烟花节、国际民间艺术节等丰富多彩的节事活动。这些都是中国文化国际交流的有利条件和可以充利用的良好平台。

把这些现有的国际交流平台用好，发挥更大的文化交流作用，一方面要加强节会活动的组织策划和营销推广，吸引更多国家的高端人群参加节会交流，以扩大文化交流的影响面。另一方面，要加强国际节事活动过程的对外传播，通过多种媒介把国际节会的图像、声音、文字、信息、音视频更广泛地传播到世界各地。在这方面，山西省举办的“平遥国际摄影节”就是一个很好的范例。平遥国际摄影大展以摄影艺术为桥梁，创建了中国第一个国际图片展示交易盛会。“平遥国际摄影节”以国际性、文化品位、专业氛围、商业延伸为品牌个性，搭建了以图片为世界语的国际化交流平台，吸引了全世界摄影师并通过他们向世界传播华夏五千年灿烂文明，促进了中国与国际间摄影文化交流，提升了中国摄影艺术的品位，为中国摄影艺术走向世界起到了积极推动作用。①

第三，促进对外文化交流与发展文化产业相结合。政府组织的对外文化交流需要经费投入作为保障，如何解决好文化交流经费投入问题是创新国际文化交流方式的一个难点。中国应充分开发利用传统文化资源的吸引力优势，发展文化产业，促进对外文化交流与对外文化贸易的融合。以少林寺功夫、剪纸文化走出去为例。少林武术为世界所敬仰，但却没有像印度瑜伽一样在世界范围形成培训产业。我们民间的剪纸文化虽然奇妙多彩，美丽的年画窗花也很受人喜爱，却不能走向世界各地。功夫文化、剪纸文化除了在世界各地巡游、展示之外，我们应该把它们转化为文化产品。少林武术可以开发成诸多相关文化产品和服务，如功夫演艺、培训、电影、动画片；剪纸文化也可以培训推广，甚至结合当地节日习俗开发生产具有当地特点的剪纸作品。“天下第一灯展”就生动展现了民俗文化交流与文化创意产业开发的完美结合。民俗文化本身的吸引力越大，其开发创意产品的市场价值就越高。

案例 4

民俗文化交流与创意产业完美结合造就“天下第一灯展”②

自贡灯会于 2011 年底在美国加州硅谷成功举办了“天下第一灯嘉年华”商业展会。展会共接待来自加州乃至美国、加拿大游客逾 34 万人，灯会总收入近 250 万美元，取得了良好的经济效益和社会效益。自贡灯会展现了鲜活真实的当代中国形象，得到了美国民众高度肯定。旧金山市政府为此正式确定每年中国农历正月十五为“旧金山中国彩灯日”。

文化背景

灯会是中国传统的民俗文化活动，有着悠久历史。地处中国四川西南部的自

① 刘红．对外文流的“文化口岸”平遥国际摄影大展的成功经验[N]．山西政报，2005(5)：31.

② 本案例根据《“天下第一灯嘉年华”——自贡灯展在美商展成功》改编，原文载于《中国对外文化贸易年度报告(2012)》。

贡地区，早在唐宋年间就有新年赏灯的习俗，明清时期进一步发展为丰富的节会活动，有“狮灯场市”“灯竿节”等，富有浓郁的地方风情和民间色彩，有“南国灯城”美誉。除了灯彩、灯品的美轮美奂，自贡灯会早已将舞狮、杂技等文艺演出与观灯融为一体，形成“放天灯”“舞龙灯”“戏狮灯”“闹花灯”等活动，发挥了自己的特色和个性。至今，自贡地区还有“提灯会”“放河灯”“瞒天过海”等风俗习惯。伴随与科技的融合，自贡灯会不仅艺术表现更加精湛、娴熟，而且巧妙运用现代光电技术，突破了民族传统工艺灯单一、静止的展出形式，形成大型、综合、联动特色。作为中国传统文化的优秀代表，自贡灯展是中国对外文化交流的一个重要符号。

精心设计

自贡赴美加州灯展是一次集彩灯艺术观赏、文化推广、室外大型游乐、休闲餐饮为一体的盛会。灯展以“世界之窗、经典中国、快乐圣诞、远古家园、冬日仙境”为创意亮点，共设 8 个大型主题灯景区、40 个灯景点、60 余株灯景树。灯组于传统彩灯形、声、光、色、动艺术特色中注入精、细、巧、透、灵新理念，突出节能减排、绿色环保时代精神，展现了自贡灯会独特的文化内涵和艺术魅力。整个灯展以大气恢宏、色彩斑斓的满园灯景、全新的视觉震撼，向美国乃至整个西方社会呈献了一场火爆、精彩的文化旅游盛宴，展示了中国彩灯的无穷魅力。

灯展自筹备开始，市场定位、灯组设计、材料甄选、组织筹划、申报中美批文、场地选址、生产运输、施工搭建等均先行尝试。项目历时一年半，经历了多次中美往返，每天无数电子邮件、电话联络、沟通，数百张工程力学图纸绘制、审核、申报。经过国内 120 名工人两个月日夜加工制作，23 个 40 英尺（1 英尺 = 0.3048 米）货柜的彩灯零组件从自贡生产运至美国湾区硅谷，35 人组成的彩灯施工团队飞来美国，一个半月夜以继日地拼装搭建，一座由 40 组巨型彩灯构成占地十几英亩的“天下第一灯嘉年华”平地而起，以雄奇宏伟、斑斓绚丽之完美，巧夺天工、精雕细琢之神韵将自贡灯会的独特魅力、艺术震撼力、视觉冲击力和现代科技表现力呈现在了美国观众面前。

好评如潮

驻旧金山中国总领事高度评价了首次在美国举办的大型灯会，认为此次灯会有助于美国民众了解中国传统文化，增进中美两国人民的友谊与合作。美国著名华人领袖盛赞：此番彩灯文化之旅，以浓郁的中华彩灯元素演绎社会生活、人文风情，让世界更多的人感知一个古典的中国、一个鲜活的中国、一个繁荣的中国。美国著名雕塑家 Joseph Horn 观看灯展后激动地表示：精彩绝伦、出类拔萃，真是世界彩灯第一秀。英特尔的工程师到了“天下第一灯”嘉年华，在展区内整整逛了两个小时，对采访记者说："灯展太美了，我希望中国灯会每年圣诞都来加州。"

中国新闻社、中国国际广播电台、世界日报、世界广播电台、星岛日报、北美宏星卫视、湾区新城中文电台、ICN 国际电视联播网等 30 多家中、英、西语媒体对灯展进行了跟踪采访报道，给予了非常高的评价，认为是中华文化的缩影，并称如此成功的文化交流，创下加州乃至全美先河。原文化部、国务院新闻办、外交部、原国家旅游局、四川省政府等官方网站、新华网、中国网、国际在线等网络媒体，对赴美灯展进行了大量报道。自贡灯会是中华民族传统文化的继承者、传播者，已成为世界认识中国的一个窗口，搭建了中国与世界交流的桥梁。

案例点评：

自贡灯会创下了三个"第一"（首登美国、观灯人数创下加州娱乐项目最高纪录、第一次大规模地跨入美国主流文化娱乐市场），获得了"天下第一灯"美誉，成功实现了"用彩灯艺术讲述中国"目标。其成功经验值得借鉴。一是依托国家文化交流平台。自贡灯会作为列入原文化部、四川省的对外文化交流项目，有国家资源的支持，有主流媒体高度关注，形成了强大的舆论宣传声势。二是以灯会创意设计为基础打造中华文化品牌。品牌源自创新、源自受众的满意。自贡灯会能够取得这么大的国际影响，根本在于灯会设计的独特创意。创意让自贡灯会这个古老的民俗文化鲜活了起来，成为中国传统民俗文化走出去的重要品牌。三是注意专业性与国际化定位。自贡灯会提高灯组质量，跳出传统模式，创新设计，增强了与观众的互动性。国际化的定位，使灯会获得了当地媒体与观众的力挺，扩大了灯会的世界影响。"天下第一灯嘉年华"商业展会，虽然是以民俗文化交流项目走出去，但其以创意设计带来的社会影响与市场效益却是单纯的文化交流难以达到的。

5.3.2 构建主体多元的文化交流新格局

推进中国文化对外交流，在发挥政府主导与引领作用的同时，要充分调动社会各群体的积极性、主动性，形成官方、民间、企业、学界共同发力的对外文化交流新格局。首先，政府文化、外交部门要发挥规划指导和示范引领作用。在配合国家政治、经济、文化、外交战略前提下，研究制定国家文化对外交流整体规划，确定一批对外文化交流重点工程。每年有计划性地组织实施若干个重点国家和地区综合性文化交流项目。加强与国外政府文化相关部门的沟通合作，推出一批高水准、有影响的文化艺术活动。其次，要通过宣传引导，强化全社会对外文化交流意识，充分调动全社会参与文化国际交流的积极性。引导教育、科技、新闻、出版、广播影视、哲学社会科学等多领域参与对外文化交流与合作，使中国经济、文化、社会发展方面的成就信息更多、更全面地传递给世界各地。同时，督促对外投资企业、中资驻外机构落实对外传播中国文化的义务与责任，大力支持学术研究机构、文艺团体参与文化国际交流活动。鼓励艺术家、专家学者走出去开展文化交流传播活动，并为之提供便利条件，开辟更为广阔的交流空间。

5.3.3 开展形式多样的对外文化交流

加强与联合国教科文组织等国际文化、体育组织的沟通与合作，提高中国在国际文化事务中的话语权。在与国际文化组织沟通交流与合作中，积极倡导中国的文化建设理念，传播中国文化建设的成就，宣传我们对促进世界文化繁荣发展的主张，提升中国文化的知名度。鼓励和推动国内高校、科研院所广泛开展国际学术研讨。充分发挥国内重点高校的国际合作优势，鼓励专家学者出国参加国际学术研讨和交流会，在高端层面搭建中外文化沟通桥梁。加强与海外有影响的大学、研究机构、社团组织以及新闻媒体的联系沟通，利用他们的力量和资源举办形式多样的中国文化交流活动。同时，鼓励和支持海外人士来华进修访学，提高亲华、友华汉学家研究和传播中华文化的层次与水平。鼓励和支持优秀团体参加国际性知名艺术专业展览与赛事活动。如奥运会、世锦赛等体育比赛一样，世界各大艺术门类都有重要的国际评奖活动，如电影艺术的奥斯卡电影奖、德国柏林电影奖、法国戛纳电影奖、威尼斯电影奖；又如音乐艺术方面的有英国古典音乐大奖、格莱美音乐大奖，等等。应充分利用国际知名艺术大赛或艺术节等特殊平台，积极选派优秀选手或作品参加比赛，通过参与、获奖扩大中国文化的国际影响力。加大海外中国文化中心建设力度，强化海外文化阵地的文化传播功能。根据中国文化对外交流的需要，合理布局中国文化中心。以欧美和中国周边国家为重点，辐射广大亚非拉国家，与孔子学院一起形成中国文化海外传播阵地网络，不断扩大中国文化驻地传播的覆盖面。

5.4 创新文化外贸方式，提升竞争力

多年的实践证明，政府主导下的文化交流虽然为中国文化走出去做出了很大贡献，但是相对于政府投入的大量人力、物力和财力，文化传播的实际效果与投入还不成比例。文化贸易是通过市场交易方式实现广播电视节目、电影、动画、出版作品、视听产品、表演艺术等文化产品以及相关文化服务的出口。这种形式的文化走出去，既能带来社会效益，又能带来直接经济效益，而且文化传播的范围更广，影响力更强大而深远。可以说，文化贸易的规模既体现一个国家文化产业的实力，也体现该国文化的国际竞争力。大规模的对外文化贸易在获取可观的经济效益同时，是一个国家文化真正实现走出去的成功标志，也是一个国家文化崛起于世界的象征。可以说，对外文化贸易是中华文化走出去的经济基础和最终

体现。[①] 因此，积极促进文化产业发展，大力培育文化品牌，扩大文化产品和服务对外贸易规模，是中华文化走向世界的关键环节。

5.4.1 对外文化贸易是文化走出去的中坚力量

文化贸易包括文化产品与文化服务贸易，其中文化产品包括书籍、杂志、多媒体产品、软件、录音带、电影、录像带、视听节目、手工艺品和服装设计等，是凝聚了思想、符号和生活方式的消费品；文化服务包括摄影、娱乐服务业、体育、教育、艺术、出版、图书馆、群众文化、文物、文化经纪与代理等，是满足消费者文化需求的行为。文化贸易是纯粹的市场竞争行为，是人们自愿接受、自愿购买的消费行为。大规模文化贸易会带来广泛社会影响，甚至对整个社会的态度、生活方式、道德观念、价值取向、审美意识等产生影响。撒切尔夫人曾说："中国现在大量的产品出口并不可怕，等到中国文化产品大量出口的时候，才是真的可怕。"这就说明，中国文化产业的对外贸易是中国文化对外输出比较理想的途径。

一方面，文化贸易具有高附加值性，能够带来巨大的经济利益。

文化产品和文化服务是特殊商品，兼具商品的一般属性与文化的精神价值属性。文化的精神价值是一种高附加值，当文化将这种附加值融合在商品上时，商品的价值会比它本身的价值更高。基于文化商品的这个特性，文化产品和服务贸易相对于一般的产品贸易而言，具有较高的经济价值。由于文化贸易具有高附加值特点，世界上越来越多的国家高度重视发展文化产业。如美国文化产业产值占国内生产总值的四分之一左右，已成为美国经济的重要支柱，美国文化产品的出口额超过了最具优势的航空航天工业。英国创意产业出口额仅次于金融服务业，成为第二大产业，是推动英国经济增长的动力之源。

另一方面，文化贸易具有高渗透性，能够有效传播文化价值体系。

不同国家的文化产品和文化服务承载着不同的生活方式和价值观，文化产品和服务凝聚着价值观、思想和意义，渗透了产地国家的核心价值体系。文化产品和文化服务的主要生产要素是无形资产，是技术、思想和内容的物化形式。消费可感知的文化商品和服务，其实质是消费形象化、具体化的文化内容。通过消费文化产品，消费者在获得精神满足的同时，潜移默化地接受和认同产品背后的文化价值观。因此，文化内容和服务的出口会给消费国的意识形态和价值观带来影响。以美国电视和好莱坞电影为例，随着美国电视剧和美国好莱坞大片风靡全球，美国价值观也随之渗透到别的国家。事实证明，有魅力的文化商品是传播思想的利器。

因此，将优秀的中华文化开发成符合国际受众喜好的流行文化商品，变"送

① 骆玉安．关于实施中华文化走出去战略的思考[J]．殷都学刊,2007(02):153.

出去”为“卖出去”，进口国更容易接受和亲近中华文化。

5.4.2　中国对外文化贸易的制约因素

目前中国文化贸易主要是有形文化产品贸易。虽然中国对外文化贸易额在逐年增加，在对外贸易总额中的比重大幅增加，文化产品和服务在国际市场的份额逐步扩大，但是中国文化对外文化贸易总额还比较低，核心文化产品和服务贸易逆差仍然存在。在版权贸易方面，2012 年中国引进出版物版权 17193 种，输出版权 9365 种，逆差 7828 种。[①] 其中，对欧美国家的图书进出口贸易逆差尤为显著。在演艺出口方面，从数量上看，中国的表演艺术团和人员数量庞大，如 2012 年演出项目 315 项，参演团组人数 9280 人，演出收入约 8470 万元。[②] 但是演出收入远远低于国外艺术团来华演出收入，甚至还比不上加拿大太阳马戏团的一年商演收入。电影出口方面，反映中国本土文化特色的影片出口数量较少，如 2013 年中国国产影片海外销售及票房收入仅 14.14 亿元人民币，同期进口片票房约 91 亿元，逆差达 77 亿元。[③]

仔细分析文化产品和服务贸易存在的实际问题，主要有两个方面的原因。一是外向型的文化企业和文化产品品牌缺乏。从中国对外文化贸易的经营主体来看，中国既缺乏实力强的文化产业企业，也缺乏具有国际影响力的文化品牌。在对外文化贸易中，缺少具有市场冲击力的文化品牌和外向型的文化企业，这是制约中国对外文化贸易整体竞争力的主要因素。二是国际文化贸易市场营销手段和方式滞后。中国文化产业起步晚、发展慢、规模小，文化企业生产经营主要以国内市场为主；参与国际文化市场分工的意识不强，缺乏对文化产品出口市场的调研，文化产品市场定位不准确，产品包装不精致，市场推广手段和营销方式也比较落后。在国际文化市场竞争较为激烈的情况下，这直接导致中国的文化产品和服务难于进入国际市场。

5.4.3　扩大文化外贸规模的对策措施

扩大中国文化对外贸易规模，改变文化贸易逆差局面，就必须既立足当前又着眼长远，寻找治标治本之策。加快发展现代文化产业，推动文化产业结构优化升级，发展骨干文化企业和创意文化产业，培育新型文化业态，优化文化外贸政策环境与公共服务平台，这是当下扩大对外文化贸易规模的主要路径。

---

① 中华人民共和国文化部对外文化联络局（港澳台办），北京大学文化产业研究院．中国对外文化贸易年度报告（2014）[R]．北京：北京大学出版社，2014：130－131.

② 中华人民共和国文化部对外文化联络局（港澳台办），北京大学文化产业研究院．中国对外文化贸易年度报告（2014）[R]．北京：北京大学出版社，2014：130－131.

③ 中华人民共和国文化部对外文化联络局（港澳台办），北京大学文化产业研究院．中国对外文化贸易年度报告（2014）[R]．北京：北京大学出版社，2014：130－131.

第一，培育一批强优文化企业。文化产业具有高投入、高产出、高风险性特点。文化企业是文化产品和服务的生产者、供给者，是国际文化市场竞争的主角。近年来，中国通过深化文化体制改革，一批国有经营性文化事业单位转制为企业，但是企业规模普遍偏小，规模以上企业数量不多，缺乏市场竞争力。推动对外文化企业做大做强，是提高中国文化外贸竞争力的当务之急。要在政府引导、市场运作、科学规划的原则下，推动跨地区、跨行业兼并重组、整合资源、集聚优势，努力提高文化与科技融合的集约化水平。鼓励文化企业与科技企业、金融企业联姻，加强合作，培育一批有实力、熟悉国际文化市场的文化企业，将它们培养成为开拓海外文化市场的主力军。

第二，提高文化产品创意水平。文化贸易本质上是以知识为内容的贸易，智力作品和创新作品是文化贸易出口的主要标的。中国文化对外贸易要取得实质性突破，必须着力打造原创性文化精品。鼓励产品创新，将原创内容与高科技有机结合，创造具有中国特色的文化内容与表现形式，使我们文化产品具有中国特色和独创性。在产品内容的选择上，扬长避短，借用国际化时尚元素，处理好“民族特色”与“本土化”的关系，提高文化产品的市场适应性。同时，在文化产品的外在包装上，要符合国际技术标准，做精产品外观，增强文化产品的外在美。

第三，大力打造中国文化品牌。品牌是获得市场号召力的法宝。过去，中国因缺乏有国际知名度的文化品牌，导致产品进入国际市场难度大，内容很好的文化产品也销售不畅，或者卖不了好价钱。今后，开拓国际文化市场，就要着力打造一批中国文化品牌。首先，要加大品牌宣传。可选择境外主流媒体或网站等新媒体平台，进行广告宣传；或者参加国际知名展会等方式，提高品牌的知名度。其次，加强市场营销策划。文化产品消费的“马太效应”特别明显，要创新文化产品的市场营销方式，着力培养海外华人消费群体，以华人消费群体口碑影响带动当地消费大众。当消费群体达到一定数量时，文化品牌也随之确立。此外，也可实行“借船出海”。利用国外专业文化经纪公司、文化艺术会展、孔子学院作为推广平台，通过这些平台，提高中国文化产品的知名度。

第四，合理布局建设文化对外贸易高端服务平台。参照国际通行做法，政府对本国文化对外贸易都会采取相应的扶持政策。鉴于中国文化产业对外贸易还处于初期发展阶段，尤其需要政府在融资、税收、海关通关、境外投资、信息咨询、人才培训等方面提供支持和服务。因此，要为文化产品和服务走出去提供更便捷、成本更低的公共服务平台。目前，中国已设立了首个国家对外文化贸易基地，建立了“上海国际文化服务贸易平台”，取得了较好成效。今后，要结合地方文化产业发展特点，建设空间区域、规模功能协调发展的对外文化贸易平台。

整合现有对外文化贸易平台资源，充分发挥国际性文化节会、展会的贸易平台功能；打造外向型国际文化经纪公司，打造行业性专业服务平台，如建设广播影视、演艺娱乐、动漫网游、艺术设计、版权贸易等服务平台。利用国际互联网，开发建设科技与文化融合的信息化贸易服务平台。如电子商务平台、亚马逊kindle电子图书销售平台等。

5.5　创新文化外宣方式，增强传播力

5.5.1　创新文化外宣的意义

随着中国各领域改革开放步伐的深入推进，世界需要更多地关注和了解中国。在互联网技术高度发达的今天，国际信息传播手段更为先进，传播能力更为强大，国内国际舆论的相互影响越来越大，如何在新的时代环境下创新文化外宣方式，使之更好地引导世界客观全面地认识当代中国，树立国家良好形象，维护国家文化安全，至关重要。

第一，创新文化外宣是适应时代发展的现实需要。通俗地说，向世界说明中国昨天的灿烂、今天的进步和明天的愿景是对外文化宣传的伟大使命。习近平总书记在全国宣传思想工作会议上指出："要精心做好对外宣传工作，创新对外宣传方式，着力打造融通中外的新概念新范畴新表述，讲好中国故事，传播好中国声音。"① 对外宣传工作要取得实际效果，不但要看外国人是否愿意听、听得进、听得懂，更关键的是能够为中国和平崛起进一步营造良好的、于我有利的外部舆论环境。传统的外宣模式比较呆板、方法也偏于简单，已不能适应当前的国际舆论环境。顺应信息化时代的发展要求，创新文化外宣方式方法，这是大势所趋、使命所需。

第二，创新文化外宣是节约运行成本，提高运作效果的需要。党的十八届三中全会决定明确指出："坚持政府主导、企业主体、市场运作、社会参与，扩大对外文化交流，加强国际传播能力和对外话语体系建设，推动中华文化走向世界。"② 这是从国家战略和全局高度对包括文化外宣在内的文化走出去工作改革创新、提高效能作出的部署和要求。以前，由于不具备市场条件，也是出于政治因素考虑，我们对外宣传的习惯做法是政府直接参与办项目、搞活动。但随着中国对外开放的全面深化和文化发展水平不断提高，特别是文化产业的快速发展，文化企业、市场和社会的力量已经发育成熟，通过市场的办法，激发文化企业和社会组织的能动性，不仅能优化资源配置，节约运行成本，而且能够提高外宣效

---

① 习近平．胸怀大局把握大势着眼大事 努力把宣传思想工作做得更好[N]．人民日报，2013－08－21.

② 中共中央关于全面深化改革若干重大问题的决定（2013年11月12日中国共产党第十八届中央委员会第三次全体会议通过）[N]．人民日报，2013－11－15.

果。特别是，西方国家民众素有不信任政府的传统，认为政府提供的宣传信息不真实、不客观、不可信。中国一些外宣方式，宣教味过重，官气太浓，国外民众不愿看。因此，创新文化外宣方式是新形势下提高运作效果的必然要求。

第三，创新文化外宣有助于增强全球传播话语权和舆论引导能力。随着中国国际地位的不断提升，中国面临的国际舆论压力前所未有。有的提出“中国威胁论”，认为中国的崛起对西方自由世界构成威胁；有的提出“中国傲慢论”，认为中国人有钱了不再尊重其他国家的声音和诉求；有的指责我们办孔子学院是推行“文化殖民主义”；同时也有唱衰中国的声音，提出“中国崩溃论”，等等。对外文化宣传主要目的是以文化为载体，宣传中国的对内对外政策，向世界说明中国、介绍中国，积极主动地赢得外国公众对中国的了解、理解和尊重，树立中国对外开放形象、爱好和平形象、文明进步形象、建设民主法治国家的形象和改革创新的形象。[①] 虽然现在我们利用传统媒体、互联网新媒体等多种媒介，不断加大政治、经济、文化等方面对外宣传的力度，但实际效果不尽如人意，世界舆论场上仍缺乏中国声音。在全球信息竞争日趋激烈的今天，如何有效回应外国媒体的歪曲报道，以更多更有吸引的形式主动宣传，需要通过创新外宣方式，树立中国主流媒体的公信力。

5.5.2 创新文化外宣方式的策略

增强中国在全球的话语权和舆论引导能力，最重要的是促进中国故事、中国声音的有效传播和广泛覆盖。通过拓展多元载体的文化传播渠道，进行多语种、多载体、全方位传播，同时结合不同内容的特点与不同国家受众人群的接受习惯，提高对外传播的艺术性、技巧性，争取让更多的外国人愿意听、愿意看、听得进、看了信，真正达到“润物细无声”的效果。

第一，善于用讲故事的方式进行对外宣传。讲故事，是文化外宣的基本方式。在对外传播中，我们要学会换位思考，善于讲好中国故事。由于文化背景与思维方式的差异，我们自己耳熟能详的、习以为常的话语，对于外国人却不一定能理解和接受，需要用外国人能听懂、能理解的国际语言，使之转化成中国故事。因为故事比理论更生动更具体，也更适应民众的思维方式和接受心理。我们向世界说明一个客观真实发展变化的中国，我们光用抽象的话语来表达，难以跨越中外思维方式、知识体系、意识形态和不同语境的障碍；但是我们换用讲故事的方式，把我们当代中国的发展变化融入普通民众的日常生活故事里，他们就容易理解接受。

---

① 努力创造更加有利我国发展的国际舆论环境——国务院新闻办公室主任蔡武答本报记者问[N].学习时报,2006-03-27.

利用讲故事做宣传可以学习西方国家的经验做法。美国 CNN 有一档 40 多年的王牌新闻节目叫《60 分钟》，看起来这是电视新闻杂志类别下的“硬新闻”节目，但是节目收视率长年高居前十名，是西方观众最喜欢看的一档新闻节目。个中的原因就是主持人善于讲故事。每期节目由 3 个独立的故事构成，每个故事相当于一个短剧。另一个实例，美国环球卫视有一档电视新闻杂志《20/20》，属于“软新闻”类节目。节目也是由 3 个专题小故事构成，每期 1 小时，跌宕起伏的新闻故事充满悬念吸引了大量观众，成为美国电视经典。

讲好中国故事既要看菜下饭，也要讲究方法技巧。首先，要看对象备好料，就是深入研究国外受众的文化背景和心理需求，了解掌握最新动态，使故事让人感到有听头。其次是方法技巧，技巧可以使故事具体化、立体化，增强故事的吸引力。如大连电视台外宣栏目连续 3 年推出一档纪念“三八”妇女节特别节目，讲述大连优秀中外女性故事，结合背景解释、设置悬念和冲突、用丰富的镜头语言，反映中国女性工作生活状况，让世界了解中国妇女的社会地位、良好的生存状态。一个个新鲜故事，生动展现中国百姓真实感人的生活，很有说服力和感染力。对外宣传报道中这样讲故事，才能吸引人。总之，善于讲故事可以产生事半功倍的宣传效果。

第二，突出影视文化走出去的外宣功能。问卷调查显示，对外传播的最佳方式包括中国电影电视、交外国朋友、使用中国制造的商品、阅读有关中国的书籍以及到中国旅游和进中国餐馆等。其中，影视文化的影响力居于首位。影视文化以电影电视为媒介，通过形象、声音、画面和故事情节等向国外观众传播本国文化，让国外受众了解本国的科技、人文、风土、民情等情况。美国好莱坞电影被认为是“铁盒里的大使”，对美国国家形象的塑造和核心价值的传播发挥了重要作用。韩国电视剧也成了韩国对外文化输出的有力品牌。

相对于美国、韩国，中国的电影电视在塑造国家文化形象，增强中国文化软实力方面的作用不够突出，有时候甚至是起到负效应。但从影视产业走出去的经济效益看，近年来，中国拓宽中国电影、电视走出去渠道，采取多种营销方式促进中国影视产品海外销售。总体上，中国国产电影、电视片境外销售总收入呈逐年增长趋势，减少了对外文化贸易逆差。影视文化传播涉及文化安全的敏感领域，是各国提高软实力重点关注、把控和监管的关键点。我们一方面要有清醒认识，树立正确的影视文化价值观，加强对影视生产、流通、播放市场的监管；另一方面，要加强舆论引导和影视批评，鼓励多创作再现真实的民族历史发展进程，把优秀传统文化与时代精神有机结合，颂扬社会主义核心价值观的好剧作、好电影。更重要的是，将一些好电影、好电视形象传播出去。加大对那些能够抓住中华民族文化特质，展示中国国家形象、展现改革开放时代精神，体现中国特色社会主义核心价值观的艺术电影、新闻纪录片、商业大片的奖励，支持它们走出去。

第三，加强中国主流媒体国际传播能力建设，提高国际舆论引导能力。国际传播力，主要指新闻媒体的国际传播能力。国际传播力是国家软实力的重要构成部分，是争夺国际话语权的核心力量。① 改革开放以来，中国不断加大对新华社、中国国际广播电台、人民日报、中央电视台、中国日报等国家主流媒体的投入，国际传播能力有了巨大发展。但与美国的“美国之音”“自由之声”英国的“BBC”、德国的“德国之声”等发达国家的传媒巨头相比，仍然有较大的差距。如全天候即时采编播发国际新闻的能力薄弱；国际新闻报道的原创率、首发率、落地率不高；中国新闻信息在海外的覆盖和落地入户水平不高，国际舆论权威性还不够，等等。这些与我们作为一个文化大国和国家长远利益不匹配，与中国的国际地位不相符合，与日趋激烈的国际媒体竞争形势不相适应，与境外受众日益增长的了解中国的需求不相适应。

针对中国主体媒体的国际传播能力建设的实际，可以从以下几个方面加以创新提高：一是针对不同国家和地区的法律、政策等实际情况，创新落地方式，加强内容建设，提高传播效果。处理好传统与现代、理念与实践的关系，多播发贴近受众、内容丰富、见解独到的新闻节目，多编写具有中国特色、中国风格、中国气派的精品新闻，切实提高对外报刊新闻传播竞争力，增强影视节目内容的吸引力和影响力。二是利用技术手段和外交手段增加发射台和转播台，加大发射功率，努力使中国传媒有效地覆盖全球的每一个角落，使世界各地，特别是发达的北美和欧洲地区的每一个地方都能够听到中国的声音。三是提高主流媒体对全球议程设置能力和舆论框架设置能力。通过对国际事件的报道，引导国际舆论、影响国际受众的思考和价值判断。四是提高主流媒体的公信力。媒体公信力，是指社会公众对新闻媒体本身的认可与信任程度。当前，中国主流媒体要重点提高国际公信力，要适应国际通行的平衡报道惯例，创新和改革国内传统新闻报道的文风；通过披露和独家专访的形式，第一时间披露突发事件、危机处理、重大政策和人事变动等重大新闻信息。五是要抓住国际关注的重大新闻事件，及时采访，大力提高新闻产品原创性、客观性，提高境外媒体的引用率和转载率。六是提高重点新闻网站的海外影响力。把传统新闻媒体网络化转型作为最重要的战略方向。建立并完善便捷、通畅、安全的传播网络和新媒体平台，不断提升以互联网为基础的新媒体外宣的影响力。利用平台宣示立场、驳斥攻击、扩大共识，使中国的主流声音能够更加便捷地传播出去。

---

① 张国祚．中国文化软实力研究要论选(第2卷)[G]．北京:社会科学文献出版社,2013:102.

第四，充分发挥民间外宣作用，淡化宣传形式上的政治色彩。由于国情和文化习惯不同，国内官方背景被认为是“权威”的象征和“质量”的保证；到了国外，政府色彩过于浓厚的文化外宣活动，反而易引起对方的抵触，甚至被认为是有政治目的文化渗透和文化侵略。“好的宣传要做得不像宣传”，如美国文化在全世界流行，但看不到美国政府直接参与宣传。事实上，美国中情局暗中扶持“私人基金会”涉足各种文化活动，向大学研究机构等提供文化外宣的资助。从这些方面可以看出美国政府向外推广其文化价值观的方式。在全球化和新媒体快速发展形势下，民间力量越来越具有独特优势，有时候甚至比政府的主流媒体还灵，可以有效配合政府外宣，起到较好的补充作用。我们要掌握和善于利用国外受众相信民间说法、喜欢听非政府组织声音的心理，努力打造“非政府组织在前台、政府部门在后台，官民并举”的对外宣传格局。

第五，要善于借助国外有影响力的声音来宣传。借助外部力量宣传是我们特别需要加强的方面。影响有影响力的人，通过有影响力的人去影响普通民众，能够起到“四两拨千斤”的效果。我们要加大这方面的工作力度，增强国与国之间的高层交往，密切保持同外国政党、政府、议会沟通合作，保持同国际主流媒体和知名人士的对话交流，拉近距离，让他们全面了解中国，消除误解、减少误判。同时，可借用他们的声音宣传中国改革开放、社会发展的成就和经验。通过中国驻外机构在驻地国发现和培育亲华友华的知名人士，保持经常沟通联系，增进感情，壮大正义力量。邀请境外记者来访，请他们来中国实地参观采访，使他们成为能够客观报道中国的笔、嘴。要与境外记者尤其是西方国家驻华记者多交往接触，提供相关便利，加强国际涉华舆情研判，及时引导和督促其按客观公正立场报道中国。邀请国外重要智库、主流媒体、知名人士参加高端论坛。站在全球和平发展、促进国际热点问题化解的立场，设置议题组织研讨。如可围绕构建新型大国关系、营造稳定周边环境等召开国际研讨会；又如，开展重要涉外问题专题调研，为维护中国发展重要战略机遇期等提出对策建议。通过这种方式为国外主流媒体提供报道素材，引导国际舆论。要注意加强与国际华文传媒的合作交流。尽管华文媒体在当地主流社会“舆论场”所占话语空间有限，但它们熟知当地社会，可以借助它们宣传中国、传播中国文化，共同制造舆论影响。此外，对在华工作和学习的外国专家、学者、教师及留学生，以及世界各地学习汉语者，进行文化思想正面宣传，培养“知华友华”力量，使其成为传播中国正能量的重要角色。

第六，加强外宣翻译，促进中国文化多语种传播。翻译是一种跨语言、跨文化的信息交流与传播。中国文化走出去的目标受众是与我们有着思维方式、价值观念、语言表述、意识形态、宗教观念等多方面文化差异的外国人。外宣翻译既要贴近目标受众，又要保持中国文化特色，才能取得最佳的传播效果。首先，外宣翻译要结合具体内容，正确处理好语言层面上的“归化”翻译和文化层面上的“异化”翻译问题。“归化”翻译，就是完全对应和顺从对方的语言文化习惯，丧失原文的部分内涵，按大意来翻译。“异化”翻译，就是保留原文的特色语汇、熟语，采用直译或用音译方式。如中国文化资料翻译中涉及具有历史渊源、文化标识等内容时，应当坚持“异化”翻译，适当使用音译，这样有利于中国文化和中华文明对外传播。在中译英时，由于英语文化处于强势地位，在译介中国文化时，过度采用“归化”翻译方法，会造成中国文化在对外传播中处于劣势地位，影响我们的文化自信和文化自强。当然，也应当把握好度，必要的地方也要遵从外国读者的习惯，采取本土化语言风格转换，才能吸引国际受众的好感和喜爱。其次，大力培养高素质的外宣译员。培养造就一大批具有中国文化素养、外文水平高、知识面广、政治觉悟较高、熟悉业务的译员。同时，还要加大对外翻译优秀学术成果与文化精品译作的奖励力度，促进中华文化书目多语种翻译，为中华文化走向世界架设沟通桥梁。

第6章 文化走出去的途径创新

文化走出去，不同途径成效悬殊。一些西方发达国家利用多渠道、多途径传播本国主流文化和价值观念，彰显其文化软实力。我们应借鉴古今中外行之有效的经验，积极创新、因地制宜，构建多途径协同大格局，推动中国文化更好地走出去。

6.1 中国古代对外文化传播途径及当代启示

中华文明是世界文明的重要组成部分，在几千年历史进程中，中华文化通过多种途径走向世界，深刻影响着人类文明的发展，做出过重要贡献。对于中西文化交流的途径，民国时代的历史学家方豪先生曾做过研究，大体概括为："民族之迁徙与移植，血统、语言、习俗之混合；宗教之传播，神话、寓言之流传；文字之借用；科学之交流；艺术之影响；著述之翻译；商货之交易；生物之移植；海陆空之特殊旅行；和平之维系（使节之往来，条约之缔结等）；和平之破坏（纠纷、争执与大小规模之战争等）。"① 在此基础上，武斌教授在《中华文化海外传播史（亚洲）》一书中做了较为具体的阐发，他把历代中华文化的对外传播概括为人员往来、贸易、宗教、战争四种主要途径。②

6.1.1 中外官方与民间往来人员传播

第一，官方互派使节的文化传播。古代中国历代朝廷与周边许多国家建立了官方联系，通过使节往来互通。如西汉建元元年（公元前139年）张骞出使西域。唐代的公元630—894年期间，日本共任命过20次遣唐使（平均每12年一次），其中有16次抵达唐朝，每次派出400—500人，到唐朝学习文化知识、佛教和有关管理制度。其他国家如新罗（古代朝鲜）、大食（古代阿拉伯）、波斯（古代伊朗）等国也向唐朝派使团。明代一度"万邦千国"来朝贡。据史料记载，明初周边国家派遣来华使节694次，其中明朝永乐年间（公元1411—1417年）还有4个国家9位国王亲自率使团入华。历代中国王朝也都广泛向各国派遣使节。如明永乐年间（公元1405—1433年）郑和七次下西洋，是中国历史上派

---

① 方豪．中西交通史（下）[M]．长沙：岳麓书社，1987：159.

② 武斌．中华文化海外传播史（亚洲）[M]．西安：陕西人民出版社，1998：1201－1204.

出的规模最大的外交使团。根据史书记载，公元1507年郑和率240多艘海船、27400名船员组成的远航船队，访问了30多个西太平洋、印度洋沿岸国家和地区。通过这些使节，中国大量的丝绸、瓷器、工艺、器具以及图书、典章制度等流传到沿途各国，大大促进了中外文化交流和中华文化的对外传播。

第二，来华留学生的文化传播。从唐代到明清，一直有周边国家派遣留学生来华接受教育。留学生所学内容包括四书五经、天文历法、医学以及生产技术。他们学成回国后，成为推广中华文化的骨干。

第三，来华旅行家的文化传播。古代交通虽不便，但历史上也有一些旅行家和冒险家到中国游历，如马可·波罗、鄂多立克（Odoric，1265—1331，罗马天主教修士，马可·波罗之后来中国的著名旅行者）、伊本·拔图塔（IbnBattūta，1304—1377，元顺帝时来中国访问的非洲著名旅行家）等。他们在游历过程中记录了中国经济社会各方面的情况，归国后结集出版，成为研究了解中国和中华文化的重要参考资料，其中最为著名的是马可·波罗著成的《马可·波罗游记》。马可·波罗在中国生活、游历了17年，对中国各地的山水风光、风土人情、物产工艺有较深的了解。他在游记中赞颂中国地大物博，文教昌盛，详尽描绘中国历史、文化和艺术，向西方世界展现了迷人的中华文明。《马可·波罗游记》被欧洲人称为“世界第一奇书”，引起欧洲人对中国和东方的浓厚兴趣，大大开阔了欧洲人的地理视野。

第四，海外移民的文化传播。尽管中国历代王朝都不提倡甚至禁止向海外移民，但事实上，移居海外的情况不断出现。据史书记载，公元前11世纪末，周朝箕子率商朝5000遗民出走朝鲜；秦秦始皇时期，徐福率童男女3000东渡日本；宋元之际和明末清初，为躲避战争和迫害，大批汉人漂泊重洋，有的到了日本、有的到了檀香山、有的到了南洋（包括东南亚各国）等地；近代以来，大批华工出国，到了日本、美国、欧洲、东南亚各地。华人到了哪里，也带去了生活习俗、生产技术以及儒家文化和中式宗教（如禅宗）。现在世界各地的唐人街、寺庙就是中国历代海外移民的历史和文化见证。

6.1.2 贸易传播

对外贸易是文化交流与传播的重要途径。中国历史上，先后出现“朝贡贸易”、西北陆路“丝绸之路”贸易、中国西南“茶马古道”贸易、东南沿海的“海上丝绸之路”贸易以及近代西方列强在中国开辟通商口岸的商品贸易等。通过历代的各种形式货物贸易，具有中华特色的生产生活物品、器具、古玩字画、文化用品，以及其他特色物产如茶叶、中药材、农作物种子等大批特产源源不断地出口国外。通过贸易传播到海外的还有中国精湛的工艺、工农业生产技术、天文历算等。从事国际贸易的中外商人，在进行国际商品流通的同时，也促进了文化的传播与交流。

6.1.3 宗教传播

朝鲜、日本历代都有许多佛教僧侣来中国学习，回国后大兴佛寺，传播中国佛教宗派。唐朝高僧鉴真和尚率弟子东渡日本，传授佛学。在中国化佛教对外传播过程中，中国的哲学思想、技术、绘画、音乐、文学等文化也随之传播出去。明清时期基督教耶稣会教士利玛窦、郎世宁等大批传教士来华传教。他们传播基督教并带来西方文化艺术和科学技术，同时通过书信、翻译中国典籍和撰写有关中国的著作，客观上推动了中华文化走进欧洲。

6.1.4 战争传播

战争是文化传播的特殊途径。如唐朝与阿拉伯帝国争夺中亚的怛（达）逻斯，此次战役唐朝军队失败，大批唐朝士兵被俘。被俘的唐朝工匠士兵将中国的造纸术等手工技艺传授给了阿拉伯人。

回顾中华文化对外传播历史和途径，可以看出：在 2000 多年的历史进程中，中华文化曾经是世界文化的高地，中华民族创造的灿烂文化，无论是物质方面的还是精神方面的，无论是政治文化还是艺术文化，或者是宗教和民间习俗等，通过多种途径传播到海外，对世界各地各民族文化发展产生了积极影响。在文化传播过程中，人是文化传播的主要因素和主要媒介。无论是中国人走向国外，还是外国人来到中国，他们带来或带去各自国家的文化，彼此相互影响，对中华文化走向世界起到了积极的作用。这启示我们在当代中国文化走出去过程中应当把握以下几个方面：

第一，中国文化走出去要重视并发挥民间的力量。在中国古代，推动中华文化走出去的动力来自民间，日常生活化的草根传播模式造就了中华文明以“润物细无声”的方式影响其他民族文化发展。当下，我们推动中华文化走出去，仍然要结合“走出去”和“请进来”，充分发挥民间文化交流的积极作用，增添文化发展和传播的活力。

第二，中华文化走出去应重视并扩大商品和文化贸易。在商品走出去的背后，相应进行的是文化精神和生活方式的走出去。从这一角度来说，商品贸易始终伴随着民族文化的交流与传播。而当代商品生产中的经济文化化和文化经济化趋势，进一步强化了国际贸易的过程和结果对文化交流与传播的影响。文化国际贸易集中体现了国际文化竞争的激烈程度。

第三，中华文化走出去要注重办好孔子学院和国际留学生教育。过去，文化走出去是在文化被认同、被崇敬基础上产生的自然结果。历史上，中国的儒家文化受到周边国家的认同，得益于唐代以来接纳朝鲜、日本等周边国家众多青年来华留学。这些留学生如饥似渴地学习中华文化，回国后成为传播中国文化的骨干力量。当下，中国在世界各地兴办孔子学院，并在国内大学接受国际留学生，应充分利用“送上门”的机遇，在搞好汉语教育的同时，采取多种方式让他们接受中国文化价值观的熏陶，使他们增进对中华文化的认同。从这一点上来说，文化走出去首先需要国外民众认同中国的文化价值，愿意接受中国的文化产品，这样才能产生文化走出去的良好效果。基于中国历代文化传播对周边国家乃至世界产生的广泛影响，中国的传统文化具有很强的生命力和价值，儒家文化以及相关文化产品在东亚和东南亚国家与地区的推广就相对容易。因此，中国应把办好孔子学院、接纳来华留学生等作为文化走出去的长期项目，持之以恒、接力推进，为扩大中华文化的世界影响打下坚实的基础。

6.2 国外对外文化传播的经验与启示

6.2.1 美国的经验

美国作为当今世界头号强国，其文化在世界上居绝对优势地位。李怀亮教授甚至担忧“在美国价值观和生活方式支配下，在消费主义为基础的自由市场意识形态驱动下，以大规模生产的美国娱乐文化为载体，全球文化的单一化或标准化正在渗透到地球的每一个角落。”① 美国文化具有吸引力、影响力和领导力的主要原因，在于政府引导与市场运作相结合，促进文化产品和文化服务以多种途径走出去。

第一，以强大的大众传媒输出美国文化，推广美国价值观。美国拥有世界一流的电影、电视、报纸、广播、互联网等大众媒体，不间断地向全世界输出其文化价值观。美国通过广播、电视、出版和互联网等渠道，主导着全球文字、声音和图像的新闻传播。“据美国新闻署统计，早在20世纪80年代，美国就控制了世界75%的电视节目和60%以上广播节目的制作，每年向国外发行的电视节目总量达30万小时。许多国家电视节目中美国节目占到60%—70%，有的占80%以上。”②

美国联合通讯社（简称美联社）（The Associated Press，简称AP）和合众国际社（United Press International，简称UPI），以权威发布方式向西方主导的各类大众媒体和其他新闻机构发送美国视角的国内国际新闻与图片，主导全球大众媒体。“国内分社和记者站134个（包括6个总分社），国外分社83个（包括3个总分社）。美联社每天用6种文字（英语、德语、荷兰语、法语、西班牙语、瑞典语）播发新闻和经济信息约2000万字，1000多张照片、图片，并提供广播电视音像和网上服务。为美国1500多家报纸、6000家电台电视台服务，还为全世

① 李怀亮．当代国际文化贸易与文化竞争[M]．广州：广东人民出版社，2005：128.

② 李百玲．美国建构国家文化软实力的路径分析[J]．当代世界与社会主义，2011(6)：12.

界 115 个国家和地区的 1 万多家各类新闻媒介供稿。”[①] 合众国际社每天使用英语、西班牙语、葡萄牙语、阿拉伯语等 4 种语言发送信息，在全球有 101 个记者站，分布在南美、欧洲、中东、非洲、亚洲等。

美国的电视是全球普及率最高、覆盖面最广、影响力最大的大众媒介。美国每年向全球 100 多个国家发行约 30 万小时的电视节目，使美国电视节目能在世界各大洲播出。美国有线电视新闻网（CNN）在全球电视新闻节目中占据主导地位，每天向全世界 200 多个国家和地区播报国际新闻，成为全球受众包括各国政要获知重大新闻资讯的主要渠道。美国另外三大无线电视网——美国广播公司（ABC）、哥伦比亚广播公司（CBS）和全国广播公司（NBC）的电视剧、综艺娱乐节目以及新闻报道等，覆盖了全球大多数国家。

美国的国际音频广播主要包括“美国之音”和“替代广播系统”。“美国之音”是当前世界上规模最大、实力最雄厚的国际广播电台，是美国政府对外宣传的主要工具和喉舌，用四十多种语言对外广播。通过广播、卫星电视和互联网播出节目，宣传美国的对外政策、政治制度和价值观念，为美国的全球战略服务。

美国电影占据世界电影总放映时间的一半以上。据美国电影协会统计，好莱坞电影在全球 150 多个国家和地区上映，占全球总放映时间的 50% 以上，占世界电影市场份额的 92% 以上，占世界电影票房总价值的 60% 以上[②]，许多发展中国家的电影市场几乎都被好莱坞所垄断。

在传统媒体行业，美国出版业约占世界图书销售总额的 30%。“美国以 34 种语言印制发行了 200 余种外文报纸，其报纸杂志发行量居全球首位。”[③]《纽约时报》《华盛顿邮报》《华尔街日报》《洛杉矶时报》等，在全球各大媒体尤其是西方主要媒体的引用率、转载率相当高，对各国政要和社会精英影响巨大。“《时代周刊》有美国国内版、国际版，以及欧洲、亚洲和拉丁美洲版，各版内容基本相同，占据巨大的国际市场份额。”[④]《时代周刊》每年年终推出的年度封面人物和专稿令世人瞩目，对全球舆论具有相当大的导向作用。《读者文摘》是当前世界上最畅销的杂志之一，每月以 19 种语言、48 种不同的国际版本，向世界发行约 1.3 亿份。[⑤]

互联网传媒方面，基础雄厚、技术发达。美国互联网协会主席唐·希斯指

① 刘笑盈，付江．世界第一通讯社：美联社[J]．对外传播，2009(5)：58.

② 明安香．传媒全球化与中国崛起[M]．北京：社会科学文献出版社，2008：173.

③ 李百玲．美国建构国家文化软实力的路径分析[J]．当代世界与社会主义，2011(6)：12.

④ 时代周刊简介．[EB/OL] [2017-6-20]. http://www.baike.com/wiki/%E6%97%B6%E4%BB%A3%E5%91%A8%E5%88%8A.

⑤ 李瑛，何力．全球新闻传播发展史略[M]，郑州：郑州大学出版社，2004：69.

出："如果美国政府想要拿出一项计划在全球传播美国式资本主义和政治自由主义，那么互联网就是最好的传播方式。"① 美国是互联网的诞生地，美国的互联网一直走在世界前列。网络社交网站的风靡和网络视频的风起云涌，推动美国进入 Web2.0 时代。在互联网传播领域，全球访问量最大的 100 个网站中有 80 个是美国的，雅虎、谷歌、微软网络等是全球影响力最大的网站。

第二，开展多种方式的文化外交。美国国务院 2008 年宣布，自 2001 年以来，对文化外交各项目的拨款已增至原来的三倍以上。美国以公共服务组织、非政府组织、私有企业为主体，广泛开展民间层面的对外交流。美国政府及相关大学、基金会等每年举办国际学术、会议、互访等活动，通过媒体采访与各国有影响力的人沟通联系，促进世界各国对美国政策和制度的理解。此外，美国还通过富布赖特项目、国际访问学者项目、夏威夷东西文化技术交流中心、对外英语教学等，促进国际学术交流、加强美国与其他国家之间的相互了解，借此向他国传播美国的价值观念。其中国际访问学者项目每年接待 5000 多名外国访问者到美进行短期的参观访问，这些访问者一般为所在国政府部门、商界、传媒、教育、科技等领域的杰出人物。美国政府在公共外交领域，提出了"公共外交 2.0"概念，以改善美国的国际形象。原美国国务卿希拉里认为，"巧实力"的核心就是"我们需要自下而上地，使用可供我们任意支配的各种工具来建立新型的伙伴关系""试图利用最新的网络技术和平台在它和对象国人民（尤其是穆斯林）之间建立一种新型的对话方式，以推动美国公共外交的发展，确保'巧实力'发挥作用"。②

第三，发挥高端智库作用影响全世界。2014 年，美国宾夕法尼亚大学发布的《2013 年全球智库报告》显示，截至 2012 年底，全球共有 6603 个智库型研究机构，其中美国以 1823 个位列全球之首。③ 美国智库作为该国的"第四力量"，对内发挥着为政府提供政策方案、高端人才以及社会教育等功能，它们研究提出的政策主张，通常被国会采纳并上升为国家的政策法规；对外开设国际访问学者项目和研究中心，加强国际交流和合作。国际知名智库，如布鲁金斯、卡内基国际和平基金会、战略和国际问题研究中心等在世界多个地方建有研究中心。美国高端智库的研究成果不但对美国的政治决策带来影响，而且影响着全球各国的政治、外交和学术研究走向。如布鲁金斯学会 1948 年构建了具有跨时代影响力的"马歇尔计划"，美国国际战略研究中心 2007 年提出"巧实力"外交

① SteveLohr. Welcome to Internet , the First Global Colony[J]. New York Times ,2000.

② 叶靓，邵育群．美国"公共外交 2.0"：现状与发展趋势[J]．当代世界，2010(3)：37，38.

③ 曹伟．揭秘美国智库："最强大脑"如何影响世界[J]．小康，2015(9)：56.

思想，美国进步中心提出重建美国军事力量的报告。

第四，向全球青少年输出美国核心价值观。美国是国际高等教育留学生的主要目的地，每年有大量世界各地青少年学生忙于学习美式英语，参加托福考试，申请到美国留学。据新加坡《联合早报》报道，美国国际教育协会最新报告显示，2013—2014学年，在美国留学的国际学生人数创历史新高，攀升至近90万人。[①] 全球共有4500多个托福考场，已有2500多万名学生参加过托福考试，托福考题内容涵盖美国历史人文、政治、经济、科技、社会等方方面面。这就意味着，全球有大量青年学生通过托福考试较全面了解美国文化。同时，美国政府每年还通过青年交流与学习项目（Youth Exchange and Study Program），邀请外国青年学生（主要是中学生）到美国短期学习，目的是让其了解美国价值、市民社会、独立思考和公共行动。该项目人数逐年提升。美国还通过输出流行文化影响世界各地青少年。流行文化是一个时代年轻人思想意识的集中体现。“二战”后，美国好莱坞电影逐步兴盛，开启了流行文化的传播模式，一部部好莱坞大片，紧紧抓住了全球青少年的心。美国还通过音乐、体育、舞台、影视明星，主宰着全世界青少年的兴趣爱好。电影、音乐等时尚文化热销的背后，是美国核心价值观的传递。

6.2.2 英国的经验

英国是老牌资本主义强国，最早实现了工业化，教育科技发达，文化底蕴深厚。至今，首创于英国的多种制度文明仍在全球沿用，通行全球的英语语言文化更是其强大的软实力，以英国绅士风度为代表的国家形象仍为世人所认同。英国提升文化对外影响力的主要途径是：强化国际传播、推行系统化的公共外交、发展创意产业。

第一，通过专业化国际化的传媒体系，强化对全球舆论影响力。路透社（Reuters Ltd.）是英国在全球影响最大的传媒机构，它是全球新闻报道、新闻评论、新闻图片的主要来源之一，也是全球电视国际新闻报道的两个主要批发商之一。路透社在全球150多个国家和地区设有近两百个分支机构，派驻有2000多名文字、图片和电视采编人员，每天用20多种语言发稿，发稿量达200万字，在伦敦、纽约、日内瓦和香港都设有总分社。路透社开发互联网业务，“与道琼斯公司合资提供商业数据，用20多种语言提供来自《华尔街日报》、道琼斯公司和路透社新闻网以及全球7000多个信息来源的重要信息。路透社是世界上最大的国际财经信息采集机构，向全球金融市场和新闻媒体提供信息和新闻产品。其

---

① 报告称美国国际留学生人数创新高 攀升至90万人［EB/OL］. 人民网，2014-11-19［2015-5-17］. world. people. com. cn/n/2014/1119/c157278-26055883. html.

中包括实时金融数据、集体投资数据，数据式、文本、历史和图表式数据库，以及新闻、图表、新闻录像带、新闻图片。”①

英国的广播电视在全球具有巨大影响力。英国广播公司（简称BBC）拥有广播、电视、报纸、互联网、DVD、杂志、图书等媒体，拥有对内、对外播出机构。由英国外交部资助的BBC国际电台使用32种语言对全球广播。BBC国际电视有10个收益性电视频道和公司。其中，BBC国际电视频道通过商业化运作，传播范围覆盖全世界200多个国家和地区。此外，英国的格拉纳达传媒公司每年制作约3500小时的原创电视剧和其他电视节目，行销150多个国家和地区。

英国《泰晤士报》《卫报》《金融时报》等日报和《经济学家》杂志等印刷媒体，以其巨大的语言优势和相当的专业水准，在全球金融、国际政治领域具有重要影响。《经济学家》杂志是英国十分有影响力的大型综合性周刊，是一本完全国际化期刊，其中80%的发行量来自英国之外。关于英国的报道只占很小比例，80%的篇幅集中在美国、欧洲、日本等发达地区。②

第二，率先提出发展创意产业，以创意内容产业提升文化软实力。全球首个提出发展创意产业的国家就是英国。2008年以来，英国的文化创意产业已成为英国国民经济支柱产业，贸易额已占到世界的16%。“英国文化产业年产值近600亿英镑，占国民生产总值的8%左右，平均发展速度是经济增长的两倍，相当于本国汽车工业总产值。”③ 以伦敦和曼彻斯特为基地的欧洲两大创意中心，打造出伦敦电影节、伦敦时装周和伦敦设计节等具有国际影响的大型活动，英国的音乐产品占全球音乐产品比例达到了15%。④ 英国还注重在发展旅游中对文化的开发和利用，旅游与文化保护相互促进，旅游业年产值700多亿英镑，占世界旅游收入的5%左右，在世界旅游大国中名列第五。⑤“每年约有650个专业艺术节在英国举行，其中爱丁堡国际艺术节是世界上最为盛大的艺术节。英国有许多拥有世界声誉的剧作家、工艺师、作曲家、电影制作人、画家、作家、歌唱家和舞蹈家。”⑥ 英国利用先进的技术和人才优势，制作了大量畅销全球的电影、音乐、电视节目、期刊等文化产品，不断增强英国文化的软实力。⑦ 英国作家J·K·罗琳创作的《哈利·波特》魔幻文学系列小说，共7集，被翻译成67种语

---

① 刘笑盈．国际一流媒体系列介绍之六——世界财经信息专家：路透社[J]．对外传播，2009(6)：58．

② 李瑛，何力．全球新闻传播发展史略[M]．郑州：郑州大学出版社，2004：124．

③ 熊澄宇．世界文化产业研究[M]．北京：清华大学出版社，2012：97．

④ 郭瑞军．伦敦奥运会开幕式透视英国创意文化产业[J]．大观周刊，2012(37)：21．

⑤ 施晓慧．英国：旅游产业文化味浓[N]．人民日报，2003－9－5．

⑥ 曹峰旗，贾小鹏，张国昌．英国“臂距”文化管理模式与启示[J]．商场现代化，2007(11下)：56．

⑦ 英国文化产业的发展[EB/OL]．文化产业法苑的博客．http://blog.sina.com.cn/u/3230180933．[2015－8－7]．

言，名列世界上最畅销小说之列。美国华纳兄弟电影公司把这 7 集小说改拍成 8 部电影，成为全球最卖座的电影系列。公司还开发出许多畅销世界的“哈利·波特”文化衍生产品，推动英国文化走出去。

第三，发展公共外交，积极影响海外机构和个人对英国的看法。英国是高等教育国际留学生第二大目的地。除牛津大学、剑桥大学、伦敦政治学院、爱丁堡大学、诺丁汉大学、曼彻斯特大学等世界知名大学外，还有许多面向世界各国招生的高等学校。各国留学生为英国教育产业发展提供了动力，在带来可观收入的同时，增加了一批亲近英国文化的青年。在开展英语语言外交方面，英国在全球 109 个国家和地区设有 223 个“英国文化协会”代表处，世界各地平均每年有一千多万 18 岁至 35 岁年轻人参与该协会组织的活动，设立“志奋领”奖学金，每年资助约 2200 名“世界各国的未来决策者”到英国留学，以促使他们倾向于英国的观念、技术、贸易和投资。[①]

第四，以丰富完善的公共文化设施展现文化软实力。英国高度重视公共文化设施建设，为社会免费开放种类丰富、数量众多的博物馆、图书馆、画廊、艺术馆。“全国有 2500 多座博物馆和画廊，有 5000 家图书馆，仅牛津大学就有科学历史博物馆、牛津博物馆、庇特河博物馆和大学自然博物馆等四大博物馆。仅在伦敦，就有 200 座之多，犹如百科全书。”[②] 这些高品质、有着深厚历史文化内涵的文化设施，向世界展现人类在不同时期创造的物质文明和精神文化，成为当地的一大景观。外国人到英国去旅游，参观英国的博物馆成了一项重要的旅游内容。事实上，透过这些博物馆、艺术馆、图书馆等文化设施，不仅让世人感受到了英国对历史文化的高度重视，也彰显了英国的精神品位和民族的文化境界。

第五，以高品位的创意商品展现英国软实力。文化与经济相互渗透，英国通过商品创新和文化内涵提升，使之成为创意理念、品牌价值、时尚风情和生活风格的载体，成为传播英国文化的有效工具。2009 年，英国国家科技艺术基金会发表的重要报告《软创新》指出，包括创意、美感、品位、风格和品牌等在内的软性创新，与科技、功能和工艺等创新结合，发挥出巨大的推动作用。英国的文化与经济的渗透可以从其巧克力文化得到说明。英国生产的巧克力有 170 种，其中仅 2006 年就推出 70 多种在配方和工艺上有大幅创新的巧克力，每一种巧克力在口感、品牌、包装和形象上各不相同，展现出独特的时尚文化内涵。[③]

---

① 郭萍，张景学．提高国家文化软实力的国际比较与借鉴[J]．郑州航空工业管理学院学报，2009(4)：131.

② 英国文化产业的发展[EB/OL][2015－8－7]．文化产业法苑的博客．http://blog.sina.com.cn/u/3230180933.

③ 花建等著．文化软实力：全球化背景下的强国之道[M]．上海：上海人民出版社，2013：86.

6.2.3 法国的经验

法国是一个有着深厚文化传统和鲜明文化特色的国家。作为一个文化大国，法国拥有丰厚的文学、艺术、科学资源，且非常重视本土文化，极力强调法语和法国文化的优越性。

第一，打造具有全球影响力的国际传媒。法国的媒体凭借其强大的政治、经济实力和深厚的语言、文化魅力，对世界各国特别是在殖民时期形成的法语国家施加强大的影响力。

法国新闻社（简称法新社，英文简称 AFP），是法国最大的通讯社，与路透社、美联社称为西方三大通讯社。“法新社在全球拥有 117 个分社，在 165 个国家派有常驻记者。法新社还具有完善的全球新闻发布网，有 5 颗通信卫星及全球各地的 2000 个卫星地面站。”① 法新社电视服务 AFPTV 目前每月制作大约 200 条视频新闻。法新社的新闻稿件在西方媒体特别是非洲地区法语国家媒体采用率相当高，在全球新闻市场的地位也是非常稳定。②

法国国际广播集团是法国唯一面向全球广播的公营广播集团，其业务涉及广播、互联网、通讯社和广播音乐节目等多个领域。1931 年成立，1975 年更名为法国国际广播电台，隶属法国广播集团。目前，法国国际广播电台每天使用 20 种语言向全球广播。其中，法语广播每天 24 小时不间断。

法兰西国际电视创办于 1988 年，由国家控股，1989 年 5 月开始通过卫星向非洲法语地区传送包括新闻、娱乐、体育、科技内容的节目，此后用法语、英语、西班牙语、阿拉伯语等 4 种语言分别向欧洲、拉美等地区传播电视节目。

法国的《世界报》和《费加罗报》在国际上都有一定影响力。《世界报》是法国第二大全国性日报，也是法在海外销售量最大的日报，在法语国家地区极具影响力，国际知名度颇高。其国际时评言简意赅，有较强的权威性和参考价值，颇受各方关注。《费加罗报》是法国现存历史最悠久的报纸，1854 年创办时为周报，1866 年起改为日报。目前平均每天有 100 多个版面，内容涉及政治、经济、社会、文化等各方面，周六推出《费加罗画报》，深受读者青睐。该报素以权威性与严肃性著称于世，受众群体集中在有一定社会地位的政经界人士，被誉为“法国中上阶层的《圣经》”。

第二，全面保护发展民间文化艺术。为了保存本土文化的鲜明特色和抵御外来文化的影响，向世界传播法国的价值观，法国加强“文化保护”措施，高举

---

① 刘笑盈. 国际一流媒体系列介绍之九 历史最为悠久的世界级通讯社：法新社［J］. 对外传播，2009(9)：57.

② 明安香. 传媒全球化与中国崛起［M］. 北京：社会科学文献出版社，2008：69.

“文化主权”“保护文化多样性”旗帜，抵御美国文化等外来文化入侵，积极传播本土文化。通俗歌曲、爵士乐、摇滚乐、连环画等民族民间文化艺术得到政府的承认和支持，成为国家有意发展的文化艺术。法国电影、法国香水、法国服饰时尚以及 LV、Chanel 等法国名牌，承载着法兰西民族国家的文化特性，在全球各地精英群体中颇受欢迎。

第三，积极开展文化外交。法国是西方国家中最早重视并致力于推动文化外交的国家。法国的文化外交由来已久，并一直受到政府高度重视。17 世纪法国天主教最为兴盛，在国王和政府的鼎力支持下，教会的海外传教活动十分活跃。1910 年，法国外交部设立“海外学校与法语基金局”，全面负责协调法国所有对外教育、文化交流活动，这是世界上最早建立的政府文化外交机构。戴高乐政府 1959 年制定了关于在国外扩张和恢复法国文化活动的第一个五年计划（1959—1963），将文化外交作为整个法国外交的重要内容，纳入法国大国外交的战略框架。① 至今，法国针对重点国家和地区，与世界多个国家建立了文化交流合作计划，广泛建立文化中心，夯实了法国对外文化宣传阵地和交流渠道。

第四，建立法语联盟，向世界推广传播法语文化。1883 年，法国建立了法语联盟（the Alliance Francaise），力促法国殖民地及世界其他地区的法语教学，通过法语传播来争取海外民众对法国文化的兴趣和好感。法语联盟分布在五大洲一百多个国家，法语联盟已经成为一个世界性网络。② 法国致力于建立法语联盟，推广法语文化，主要是为了抵御英语文化在世界上的影响，维系法兰西民族的文化特质和世界影响。

6.2.4　日本的经验

作为一个岛国，日本是一个对国际竞争和生存危机高度敏感的国家。由于对全球资源和市场具有极高的依赖性，因此日本非常重视文化创意产业、文化贸易和文化品牌建设。

第一，发展综合化、全媒化的新闻出版产业。日本不但是经济大国，而且是一个传播大国。日本是目前世界上报业最发达的国家之一。《朝日新闻》《读卖新闻》《每日新闻》《日本经济新闻》和《产经新闻》是日本最有影响力的五大报业，总发行量占日本全国性日报的一半以上。为了提高竞争力，这五大报业都坚持走集团化、全媒化发展路线。其中，朝日新闻集团成为日本首家大型综合性媒体，拥有全国朝日广播公司和其他企业，出版一系列子报、期刊、书籍，并提供网络信息服务和数字广播。《读卖新闻》是日本的第一大报，注重报道社会新

---

① 赵可金．美国与法国的公共外交实践[J]．公共外交季刊，2010(3)：85.

② 骆郁廷等．文化软实力——战略、结构与路径[M]．北京：中国社会科学出版社，2012：36.

闻和体育新闻，突出通俗性和群众性。读卖媒介集团注意走产业多元化发展路径，除了做大报纸、杂志和书籍出版外，还涉足广播电视网、房地产等业务。《每日新闻》是日本历史最悠久的报纸，旗下拥有一系列子报、杂志和书籍出版分支机构，以及东京广播公司。《日本经济新闻》是日本最有影响力的经济类报纸，日经集团还出版众多子报、杂志，拥有一系列经济研究机构、电视台，广泛涉足广告、电影、建筑等行业。《产经新闻》主要报道日本财经界的意见和主张，除出版一系列报纸、杂志外，还拥有富士电视公司等广播电视台。

第二，建设国际化的广播电视网。日本全国性电视、广播公司主要有日本广播协会（简称 NHK）、东京广播公司（简称 TBS）和日本电视广播网公司（简称 NTV）。日本广播协会（简称 NHK）是亚洲地区成立最早、影响力最大的广播电视机构之一，拥有 5 个电视频道和 3 个广播频道，其中 2 个国际电视频道。NHK 环球广播网 TV 通过 3 个卫星全天 24 小时播送新闻和信息节目，信号覆盖世界 100 多个国家和地区。NHK 的对外广播电视通过电视、广播、互联网向世界提供新闻和各种信息，包括介绍日本的生活和文化、政治和社会动向，科学和产业的发展状况以及日本在重大国际问题上的立场和主张。NHK 环球广播网收费电视频道有偿提供有线电视系统和宾馆饭店的国际电视，为世界各地的有线电视和卫星电视台全天 24 小时传送从 NHK 各频道精选出的新闻、信息、电视剧、日本流行音乐、儿童节目和各种体育节目等。NHK 国际广播电台使用 18 种语言播出。NHK 的对外广播电视除了本国的发射基站，还在英国、美国、加拿大、新加坡、加蓬等十多个国家设有转播台。①

第三，以动漫作为日本文化对外文化传播的“敲门砖”。日本是世界最大的动漫制作和输出国，全球播放的动漫作品有六成以上产于日本，在欧洲这个比例更是高达八成以上，享有“世界动漫王国”美誉。② 日本动漫产业产值已占据日本国内生产总值的十几个百分点，与日本的电器、汽车两大产业产值相当，共同构成日本影响世界的三大“日本制造”。日本在传播本国文化时，将动漫文化拓展到生活文化，并把生活文化作为一种基本的文化传播方式，突出自己的文化特色。如从机器猫、樱桃小丸子到网球王子、Hello Kitty，从铁臂阿童木、花仙子到火影忍者、奥特曼、圣战士等，许许多多的动漫形象影响了全世界青少年，培养了“日本动漫一代”。日本以动漫形象和产品打出国际影响后，利用大众“爱屋及乌”的文化心理，顺势将游戏、音乐、影视为代表的日本流行文化以及文学

① 王庚年．国际传播发展战略研究[M]．北京：中国国际广播出版社，2006：213.

② 侯金亮．日华媒：日本文化产业政策启示中国文化转型[EB/OL]．中国江苏网，2011 - 11 - 1[2013 - 5 - 2]. http://news.jschina.com.cn/system/2011/11/01/011982490.shtml.

艺术作为日本动漫走出去的延伸，同样受到世界年青一代的认可。

第四，多渠道开展文化对外交流，塑造务实合作的文化形象。日本政府通过制定实施接受外国留学生政策、国际人才交流政策、促进与国外文化艺术研究机构合作政策等，吸引国际文化艺术领域的各类专业人才汇集日本，形成多元文化，促进文明间的对话，达到文化共生。日本建立文明对话平台，召开文明对话会议，话题包括体育、艺术、流行文化、建筑，等等。设立“文化财产国际合作财团”，推动国际间的合作，保护或修复有形无形的人类文化财产、遗产。[①] 在政策、资金和组织上对文化交流项目实施支持和扶植政策，有效地提升日本文化的国际影响力。日本外务省曾在“政府开发援助”中拨款 24 亿日元从动漫制作商手中购买动画片播放版权，将这些动画片免费提供给发展中国家的电视台播放，不仅有效推广了日本动漫，也增强了日本文化对外国青少年的影响力。[②]

6.2.5　韩国的经验

韩国自然资源比较贫乏，在 20 世纪 50 年代还是亚洲最贫穷的国家之一。韩国人民以强烈的民族意识和顽强的奋斗意志，经过半个世纪的努力，使韩国成了亚洲最发达的国家之一。20 世纪 90 年代末，面对亚洲金融危机，韩国时任总统李明博推出“文化立国”的治国方略，倡导以文化创意为核心发展民族文化产业，掀起大规模的“韩流”行动，提升了韩国文化产品和文化服务的国际竞争力。

第一，建设新媒体、多语种的韩国国际广播电视，提高韩国的国际传播能力。韩国广播公司（简称 KBS）是韩国最大、最具代表性的广播电视台，集对内、对外电视、广播、网络传播与节目制作推广于一体，拥有 4 个电视频道和 7 个广播频道，开办了手机广播、手机电视等新媒体业务，并于 1997 年 11 月开设网页，在韩国开创了因特网国际广播时代。韩国国际广播电台（KBS WORLD Radio）和国际卫星电视频道（KBS World）主要承担国际传播任务。KBS 韩国国际广播电台每天使用韩语、英语、法语、德语、日语、西班牙语、汉语、俄语、阿拉伯语、印尼语、越南语等 11 种语言播出节目。于 2000 年开设多语种在线广播，上网语种为 11 种，提供 24 小时网上直播服务，听众可以在网上收听 11 种语言播出的整套节目。[③]

第二，展现传统文化之美，通过“韩流”影响亚洲乃至世界。韩国传统文化主要受中国儒家文化影响，历朝历代的韩国民众不断坚持和发扬儒家文化精

---

① 吴祚来．日本的文化外交[EB/OL]．爱思想网站，2009 - 6 - 15[2013 - 5 - 3]．http://www.aisixiang.com/data/19210.html.

② 张莉霞．日本动漫产业：出口额超钢铁[N]．环球时报，2005 - 5 - 6.

③ 明安香．传媒全球化与中国崛起[M]．北京：社会科学文献出版社，2008：134.

神，在全社会形成注重孝道伦理和文化教育的良好风尚，所以其国民文化素质较高、民族意识普遍较强。20世纪末，在韩国政府“文化产业振兴”运动的推动下，韩国传统文化与现代文化并举，大力发展影视剧、流行音乐。进入21世纪，韩国反映民族传统精神的影视剧走进东亚国家和地区，并受到热捧。“韩流”影视作品在日常生活中表现伦理与人情，在细节刻画中树立价值观，展现独特的民族风情。传统文化韵味十足的“韩流”引起众多国家民众的共鸣，使韩国成为继美国好莱坞之后强势文化产品输出国。“韩流”一方面扩大了韩国文化的国际影响力；另一方面，“韩流”促进了影视作品、音乐、服饰、化妆品等产品的出口，为韩国带来了巨大的经济效益。

第三，以创新思维引领产业创新、产品创造。国际金融危机以来，韩国以创新思维引领产业创新，把“韩国制造”转变为“韩国设计”。如电脑游戏领域，在近10年的IT革命中，韩国依托高速网络基础设备，创新开发网络游戏，成为网络游戏产业的前驱者，成为全球网络在线游戏产业的领头羊。现今，网络游戏业已成为韩国的支柱产业之一，其产值已经超过韩国的汽车产业。伴随韩剧席卷全球，韩国还注意“一源多用”，利用韩剧中展现的饮食、服饰和美丽的韩国风光，创新开发文化产业，及时跟进养生、美容、服装、饮食、旅游等相关产业，不断扩大韩国产品的出口。

6.2.6 借鉴与启示

第一，发展壮大跨国传媒集团，提高国际传播能力。在信息全球化时代，以美国为首的西方国家能够成为国际舆论的主导者，主要得益于美国在线——时代华纳、维亚康姆、迪士尼、新闻集团等跨国传媒集团的迅速兴起，它们对大众传播媒介的控制，使其成为影响社会公众价值观念的重要渠道，并左右社会公共生活。[①] 美国、英国拥有发达的国际传媒，不但控制了全球新闻的消息源，而且在国际新闻的议程设置上主导全球新闻传播。经过改革开放几十年的快速发展，中国虽已进入传媒大国行列，但国际传媒实力和影响力还远远不及美国。中国尚未形成具有国际竞争力的跨国传媒集团，尚不具备全天候即时采编播发国际新闻的能力，新闻信息产品海外有效覆盖和落地入户水平不高，争夺国际舆论话语权能力不强。[②]

当前，世界各国都十分重视国际传播能力建设，国际传播的内容形式也从相对单一走向丰富多样。逐步从以新闻类、政治类信息为主，扩展到知识、娱乐、服务以及经济、文化、科技、军事、社会等各个方面；从新闻传播、政治传播延

---

① 范春辉．全球化背景下跨国公司的政治功能研究［M］．南京：南京大学出版社，2006：64.

② 王庚年．国际传播发展战略［M］．北京：中国传媒大学出版社，2011：32.

伸到文化传播、娱乐传播乃至商品传播等不同领域；通过文字、声像、网络、通信等多种手段，实现传统媒体与新媒体的互动与整合，努力保持国际传媒“强者更强”的影响和地位。针对国际传媒竞争日益激烈的形势，中国应以新华社、人民日报、中央电视台、中国国际广播电台、中国日报、中国新闻社等国际传播主流媒体为基础，加快资源整合和结构调整，发挥不同媒体形态的特性，实现媒体间的协同效应，建设语种多、受众广、亲和力强，覆盖全球的国际一流传媒，实现传播实效和社会收益的最大化。

第二，充分利用孔子学院的教育渠道作用，大力促进中华文化走向世界。语言是一个民族文化的重要标志。语言国际推广在国家软实力竞争过程中，具有基础性、先导性、战略性重要作用。西方国家在语言文化输出过程中，非常重视语言文化推广机构的作用，如法国于1883年设立法语联盟，英国于1934年设立英国文化协会，德国于1951年设立歌德学院。美国、日本虽然没有设立专门的语言文化推广机构，但是他们通过实施语言教育教学项目促进了本国的语言文化推广。汉语作为中华文化的重要载体，在全世界越来越受到各国政府、教育机构和民众的重视，全世界兴起了“汉语热”。中国借鉴法国、英国等国家海外推广语言的做法，2004年在韩国设立孔子学院，此后孔子学院（课堂）在世界各地竞相设立，电视、广播、网络等多种形式的孔子学院（课堂）也相继开通运作。网络孔子学院已开通了英语、法语、德语、西班牙语、俄语、日语、韩语、泰语、阿拉伯语等语种的“学习中心”，网站注册用户已达10余万人，丰富多彩的大赛及专题活动使网络孔子学院的吸引力不断上升。孔子学院逐渐成为展示中国软实力的品牌。“在英国，5200多所中小学开设汉语课。在法国，中小学学汉语人数每年增长40%。在德国，学汉语人数在5年内增长了10倍。”① 根据中国文化传媒网数据，2013年世界学习汉语的外国人约1.5亿人。孔子学院（课堂）广泛设立，源自全球各国民众自发学习汉语的强烈需求，这既为中国语言教育走出去开辟了重要渠道，也为中华文化的传播和中国文化软实力的塑造提供了难得机遇。

第三，顺应国际文化产业发展态势，把文化创意产业培育成为文化走出去的主力。文化创意产业成为后工业化时代经济增长的动力引擎，并在国际经济竞争格局中的地位和作用逐渐凸显。美国谋求影视传媒“娱乐产业”霸主的努力，英国开展以软件、电子游戏和电子出版和艺术品繁荣发展的“创意英国”活动，法国实施以保护民族文化为目的内容产业振兴，日本加强“动漫产业”发展，以及韩国推广的“韩流”影视与网络游戏，无不向世界传递出文化创意产业已

① 孔子学院:向世界的一声问候[N]. 光明日报,2012-01-05.

经成为世界经济竞争的主战场这一信号。当今世界，发达国家的文化创意产业以各具特色的众多文化创意产品和服务，吸引着全世界的眼球。从国际文化创意产业的发展来看，各国优秀文化产品的生产和传播都抓住了本国的文化优势，以文化创意内容为主，以国外受众乐于接受的模式，寻找适合于国外受众的文化载体，把本国的形象、价值观等元素融入其中，潜移默化地去影响国外受众。中国文化要真正“走出去”，要靠文化产业的实力，也要靠文化创意智慧。具体来说，中国文化走出去战略的实施，需要以文化创意企业的全球运营能力和竞争力为基础，需要以可持续发展的文化创意产业作为文化走出去的真正主力。

第四，文化走出去的关键是要靠市场的力量。市场是突破国际文化壁垒的法宝。中国文化产品只有实现市场渠道“走出去”，而非“送出去”，才真正彰显中华文化的影响力。自 20 世纪 90 年代以来，韩国《大长今》《澡堂老板家的男人》《爱情是什么》等一大批电视剧在中国受到追捧，韩国鸟叔的一曲《江南Style》风靡中国，这些并不是韩国的强力推销，而是中国老百姓自愿接受。同样，中国电视剧《乔家大院》在韩国热播，《少林寺传奇》等一批影视作品在日本、美国等 24 个国家和地区受到热捧，也是以版权贸易的方式走出去的。在文化消费个性化新形势下，中国文化要走出去，当然要顺应当前文化传播的规律和文化消费的潮流。首先要通过“送出去”让更多的外国人接触中国文化。因为只有多接触，才会熟悉和认知。但与“送出去”相比，以市场的方式走出去不仅能满足个性化的消费需求，而且可以为文化走出去可持续发展积累资金。因此，中国文化走出去，将具有深厚艺术内涵、鲜明地方特色、适应国际需求的文化精品“卖出去”，从而实现文化产品的价值补偿，文化走出去才有可持续的动力。

案例 5

电视剧《乔家大院》热播韩国，带动传统文化走出去

电视剧《乔家大院》自播出起一直备受好评。该剧以平均超过 10 个点的收视率，成为 2006 年央视电视剧收视冠军。不仅如此，该剧还在海外热播。为方便韩国民众更好地理解中国文化、晋商文化，将其改名为《巨商乔致庸》。该剧播出后，韩国观众对《乔家大院》的情节设置和干净简洁的画面处理给予好评，有的观众还迷上了主人公乔致庸，认为他是个充满魅力的人。

电视剧《乔家大院》讲的是清末晋商大族乔家第三代当家人乔致庸的故事。全剧围绕主人公儿女情长的纠葛，商家斗智的奥秘，以及晋商、儒商厚重的文化理念，塑造了一系列性格迥异的人物形象，反映了特定历史时期的民俗民情，展

开了一幅中国晋商文化的历史画卷。作品以丰富的画面语言，通过对人物性格真实细腻的刻画展现了中国独特的儒商文化，成功地塑造了乔致庸这样一个有血有肉、有真性情的商人形象。该剧自播出后，获得了广泛好评，收视率屡创新高。

据了解，《乔家大院》在韩国播出大获成功后，带动了韩语配音版《大清徽商》《成吉思汗》《倚天屠龙记》等中国电视剧出口和热播，在韩国刮起了一阵探究中国文化底蕴的“汉风”。《乔家大院》中尘土飞扬的黄土高坡、崖头下的窑洞，街灯、烟花、糖葫芦、皮影戏，精巧的建筑、错落有致的深宅大院和讲究的家具摆设、窗户剪纸、中堂条幅，剧中人物的服饰梳妆、婚丧嫁娶及独具地域特色的地方方言、晋胡和二股弦演奏的晋剧音乐把观众瞬间带到了充满晋中乡土气息的氛围中，激发了观众亲自来乔家大院参观的愿望。该剧在国内外热播后，到山西祁县乔家大院旅游的境外游客数增长了近两倍，实现社会效益与经济效益双丰收。

案例点评：

电视剧《乔家大院》通过清末时期山西商人奋斗的历史故事，宣扬了诚实守信、开拓创新的商道精神及忠孝仁义、心怀天下的儒商精神。《乔家大院》在韩国热播后，带动了中国相关历史剧作的出口，让中国悠久的历史文化和人文精神在海外得到广泛传播。海外观众也自然而然地接受了中国传统价值观的影响。同时，电视剧《乔家大院》展现了中国精湛的建筑文化和丰富独特的民俗文化、民间艺术，拍摄地山西省祁县乔家堡也成为中外游客喜爱的旅游胜地，并由此推动山西的文化旅游产业发展，带动中国文化产品走出去。《乔家大院》在韩国热播说明，一部成功的电视剧能让中国传统文化走出去。因此，让更多中国影视精品走出去，这是中国文化扩大世界影响的理想途径。

6.3　构建多途径协同走出去的大格局

6.3.1　构建多途径协同走出去大格局的战略意义

构建中国文化多途径协同走出去大格局，对于适应不断发展的新形势，更好地动员社会力量，面向更大领域，实现更好的走出去，具有重大的战略意义。

第一，有利于改变文化走出去资源分散的状况。中国各级各类文化资源丰富，既有国家资源，又有地方资源，既有国内资源，又有国外资源，但受制于隶属关系、行政区域分割、运作机制差异等因素，没有真正做到优势互补、资源共享，资源分散问题比较突出。构建多途径协同走出去大格局，有利于有效整合多种资源，充分调动各方力量，形成强大声势，以取得最佳效果。

第二，有利于强化中国参与国际文化市场竞争的能力。构建走出去大体系是推进中国文化走出去的战略需要。当前，美、英、日等发达国家的影视、音乐、出版传媒、动漫游戏等文化产品，在国际市场拥有绝对优势地位。美国、英国、法国等西方国家对外传播机构积极适应"融媒体"发展趋势，通过兼并重组，形成多语种、全媒体、多产业联合，打造了一批具有全球影响力的媒体品牌，如美联社、CNN、BBC、法新社、迪士尼，等等。要打破西方发达国家的市场垄断格局，就必须调动一切可利用的营销手段，主动挖掘资源，搭建多个支点，将中国文化产品和服务走出去战略融入各个领域。通过文化产业上下游整合、对外传播媒体与文化外贸企业联合，不断壮大文化走出去企业的整体实力，进而不断扩大中国文化走出去的综合影响力。

第三，有利于形成文化走出去的协同效应。当前，面对"西强我弱"的国际传媒业发展格局，中国迫切需要构建跨媒体、跨领域、跨国界的媒体集团。过去，无论是新华社、中央电视台、中国国际广播电台、中国日报等对外传播媒介，由于没有实现人力、设备、技术、品牌等资源共享，难于形成整体效应，导致竞争力偏弱。近年来，配合国家重大外交活动，外交部、文化部（2018 年 3 月 13 日组建文化和旅游部，不再保留文化部）等单位牵头，组织新华社、中央电视台、人民日报海外版、中国国际广播电台等有关对外传播媒体和外方媒体，组织实施了"中国—东盟合作之旅""中俄友谊之旅""中巴媒体母亲河之旅""丝绸之路文化之旅"等大型多媒体宣传报道活动。活动覆盖政治、经济、历史、文化、旅游多个领域，引起了国内外舆论的强烈关注。这是有效整合资源，产生规模与协同效应扩大走出去影响的成功实践。从理论上看，构建协同走出去大格局，有利于实现优势互补，优化整体结构，降低运行成本，增强规模效益。

6.3.2 多途径协同走出去大格局主要内涵和功能

多途径协同走出去大格局，是指面向全球受众全方位、宽领域、多层次的文化走出去立体化网络。一是全方位。就是全社会多部门、多行业、各阶层共同参与文化走出去。整合全国文化走出去资源，"由国家唱主角，以政府为主导，统一策划，统一部署，建立新的整体格局和工作机制"。[①] 二是宽领域。就是把文化走出去拓宽到文化出版、广电、外事、外宣、旅游、经贸、科技、教育、体育、信息、民族、侨务等涉外工作领域，形成广覆盖的文化走出去新体系。三是多层次。就是在中央统一领导下，加强政府与民间力量的统筹协调，官方主流传播、民间外交、个人传播各层次相互配合、有序运行的新格局。在这当中，中央、地方有关服务走出去工作的政府部门、驻外使领馆是主导，企业、民间团体、社会组织、有影响力个人的聚合是主体力量，"主导"与"主体"共同发力，密切配合，文化走出去方能走得深、走得远。

多途径协同走出去大格局作为中国文化全球传播活动的有机整体，具有独特

① 王庚年．世界格局变化中的文化国际传播战略[J]．中国党政干部论坛，2011(11)：15.

功能：

第一，促进中国文化海外传播媒体之间的合作发展。倡导中国主流传媒之间整合互动，建立全球华语媒体更深层次的战略合作伙伴关系，共同提升对国际舆论的引导水平和影响能力，更好地服务各国民众。

第二，聚合中国文化产品和文化服务资源，为增强中国文化传播力、竞争力和影响力创造条件。多途径协同走出去大格局是中国文化海外传播活动的有机整体，通过聚合文化资源，“抱团”出击，形成合力，增强中国文化企业整体生存发展能力；通过联合全球华文传播媒介，丰富华文传播渠道，促进文化项目合作；通过节目交换、节目联播扩大彼此节目影响力；通过重大活动的联合采访报道，共享报道资源，以新闻叠加产生更大舆论影响力；通过受众信息资源共享丰富产业合作形式，扩大产业开发空间。

第三，发展壮大中国文化海外传播主体。多途径协同走出去大格局作为一个有机整体，内部的个体发展具有独立性，且与整体发展有关联性。多途径协同走出去大格局将为个体的独立发展创造更加有利的条件，提供更大的助力，推动建设更多国际一流文化传播主体。

第四，构建立体的中华文化海外传播合作机制，打造中国文化国际传播综合平台。中国文化立体传播至少包含三层含义：一是传播手段的立体化。充分发挥传统媒体的作用，加大建设互联网新媒体传播平台的力度，实现新旧媒体相辅相成、互为补充，打造立体化传播格局。通过创新传播途径、传输方式，实现信息传播的全球覆盖。二是媒体形态的立体化。中国文化海外传播体系可以整合各类传播媒介和多种传播渠道，构建立体交织的文化传播系统，全方位、全时空地为目标受众提供中国内容等文化信息资讯服务。三是合作机制的复合多样。通过举办中外媒体论坛，联络感情，沟通观点；通过影视节目交流交换、新闻联合报道和专题节目共同制作，扩大传播效果；通过市场手段进行项目合作，共享市场与产业开发机会；通过资本运营合作发展，实现互利共赢。

第五，打造全球华人思想文化艺术交流大平台。着眼于促进世界华人教育、文化、艺术的交流借鉴、协同发展，使世界各地的华语华文出版传媒和华人华侨艺术团体凝聚在中国多途径协同走出去大体系框架之下。搭建平台、建立盟约，共享中国文化的相关资源，促进全世界华语媒体以和声的方式维护中国形象与华人正当权益，在国际重大事件面前表达全球华人的诉求与心声。

6.3.3　构建多途径协同走出去大格局的主要策略

面对世界范围内各种思想文化交流、交融、交锋日益深化的新形势，增强中华文化的国际传播力、影响力和竞争力，必须树立世界眼光，构建多途径协同走出去大格局。根据建立全方位、宽领域、多层次文化走出去立体化网络的目标要求，当前主要任务是突出补短板、强弱项，整合资源，壮大实力，努力实现中国文化走出去的新跨越。

第一，做大做强中国国际传播媒体，搭建全天候广覆盖的大平台。当今时代，传播力决定影响力。媒体传播能力是衡量国家软实力的重要指标。一个国家对外传播能力强大、传播手段先进，其思想文化和价值观念就能广泛流传并深度影响世界。为在国际话语权竞争中赢得主动权，无论西方大国还是发展中国家都在竞相打造具有国际影响力的媒体，以提升对国际舆论的影响力。

中国国际传播主流媒体是中国文化走出去的先锋和主力。中国国际传播媒体一直坚持把传播中国文化作为重要内容，如人民网文化频道开设历史、考古、中外交流、文化遗产、国学、美文、艺术、地理、读书人物、批评、观察等栏目，较为全面地介绍了中国文化发展现状。《人民日报（海外版)》较为集中地报道了中国传统曲艺、中国文博事业、中国民间风俗与景观、中国申请世界物质与非物质文化遗产等内容；中央电视台中文国际频道、英语频道、西语频道、法语频道等电视节目中，宣传中国文化的内容占有较大比重。西语频道的《文化新闻》《华夏之旅》《中华艺苑》《学做中国菜》《神州行》等栏目；法语频道的《文艺舞台》《文化新闻》等栏目受到当地受众的喜爱和好评。中国国际广播电台对外广播节目中，文化类节目分量较重、内容丰富，包含音乐、旅游、民俗、烹饪、文学、民族、体育等多方面内容，既有对传统文化民俗的展示，也有对当今中国社会文化的介绍。可以说，中国国际传播主流媒体从不同侧面展现了中国社会文化生活情况和国家文化形象，在促进对外文化交流中发挥了重要作用。

近年来中国国际传播主流媒体硬件建设得到加强，在大力推进海外机构和海外队伍建设，推进海外节目落地等方面，取得了实质性进展；但是与新闻集团(News Corporation)、维亚康姆、美国 CNN、英国 BBC 等国际主要传媒集团相比，中国国际传播主流媒体的传播能力、经营能力、制播能力还有明显差距，中国媒体在国际社会的公信力不强，影响力不够，没有掌控重大舆论斗争中的话语权和“中国形象”塑造的主导权。构建覆盖全球的国际传播体系，中国国际传播的主流媒体需要在提高覆盖率、落地率和受众面等方面下功夫。

一是，实施“本土化”战略，提高传播实效。“本土化”原为经济领域的词语，指跨国公司的海外子公司在东道国从事生产和经营活动过程中，为迅速适应东道国的经济、文化等环境，淡化企业的母国色彩，在人员、资金、技术开发等方面都实施当地化策略，使其成为地道的当地公司。① 传播“本土化”，就是传播终端机构在地化、工作人员当地化、传播话语当地化，实现信息采集、编辑制

① 陈静．电视媒体的“内容本土化”策略浅析[J]．视听，2015(08)：15.

作、印刷发行、信号传输、产品营销等在当地发展，充分适应当地环境，从而增强对本土受众的吸引力，塑造媒体在当地的权威性。以新闻集团为例，新闻集团在中国有线落地的综艺频道“星空卫视”，其播出的节目除了从新闻集团获取之外，还打造了具有本土特色的节目，如《人小鬼大》《拍案惊奇》等，所有语言使用普通话，主持人和嘉宾都“中国式”，其本土化节目占到总节目的 60% 。[①] 当然，我们国际传播“本土化”也不能搞成“去中国化”。要在接近本土需求的过程中，注意用我们自己的观察和判断报道世界，体现中国视角，传播中国理念，发出中国声音，争取得到越来越多的国家和受众的认同。此外，“走出去”与“请进来”相结合，主流媒体也需要重点引进国外先进传媒技术、人才、管理、品牌和传媒运作方式，扩展与国外主流媒体全方位、多层次的交流合作。

二是实行市场化运作，间接实现节目落地。西方国家特别是欧洲国家对社会主义国家或拥有相关背景的媒体，实行严格的政治准入政策。因此，中国外宣主流媒体，一般难以在欧洲国家实现整频率落地，必须采取“借船出海”“绕道出海”等方式，间接实现节目落地。由于欧洲国家法律允许私人或企业办媒体，我们可充分利用这一政策，运用市场化运作方式，通过收购、参股、控股较有影响或有发展潜力的媒体，在当地建立媒体制播平台。同时，加强海外市场营销工作，因地制宜，在海外收购或投资创办一批新闻出版、广播影视等文化传播中介机构，促进中国新闻节目和文化产品在海外的落地和销售。

三是做大做强国家重点媒体，打造一批媒体集群。目前的国际新闻传播格局，基本上被美联社、路透社、法新社以及美国 CNN、新闻集团、时代周刊、英国 BBC 等一批国际传媒巨头所把控。如美国新闻集团拥有 400 多家子公司，直接或间接控制《泰晤士报》《华尔街日报》等 170 家平面媒体，拥有近 40 家卫星和有线电视频道，具备覆盖全球 2/3 人口的能力。[②] 相对比之下，中国国际传播媒体的总体实力还不够强，我们要扩大中国声音在国际舆论场中的影响力，需要培育一批具有强大实力和竞争能力的综合性传媒集团。加快打造综合性和专业性传媒集群，推动重点媒体整合功能重复、市场同质的媒体资源，实现集约化、科学化运营。要着力在采编网络、信息内容、营销体系、传播技术和人才队伍等硬件和软件建设方面取得突破，大力提高主流媒体对国际热点问题和突发事件报道的原创率和首发率，提高国际议程的设置能力，从而大幅度提升中国媒体对国际主流舆论的影响力。

---

① 杜敏．试论本土化在传媒全球化进程中的关键作用——从默多克新闻集团全球扩张案例谈起[J]．东南传播，2007(11)：42.

② 刘芳．如何加强我国媒体国际传播能力建设[J]．传媒，2011(10)：70.

四是提升优化大众传播新媒体，建设全球传播新高地。以互联网为代表的新兴媒体具有跨越时空、信息海量化、便捷化、个性化特点，是天然落地的全球传播载体。“网络媒体的兴起和传统媒体的网络化，推进了信息传播的全球化”①，这为我们打破西方对国际传播的垄断局面，提高中国国际话语权提供了空前的机遇。因此，中国要在国际传播战略布局上加强发展新兴媒体的力度，突出网络媒体在传播中的战略地位。要以新华网、人民网、央视网、新浪网、中国文化网等为主体，实施网络音视频、图文、手机报、手机电视、网络电视、微信 App 以及其他新媒体同步传播、落地。同时，提升优化中国国际广播网络电视台、央广网络广播电视台，建设拥有自主知识产权的搜索引擎，使之成为具有全球竞争力的一流网络媒体。此外，要进一步推进国家传统主流媒体加快向现代综合媒体转型，打造立体传播网络。

案例 6

“蓝海云”平台：让中国故事可持续、规模化走出去

“蓝海云”平台，是专注于中国内容国际传播，基于云计算和云储存以及大数据技术，实现全球共享的视听图文全媒体运营平台。现拥有 6000 多家海外注册媒体用户，分布在 124 个国家和地区。其中不乏国际主流媒体，如美联社、彭博社、欧洲新闻图片社、非洲新闻社、英国天空电视、CNN、BBC、CBN、探索频道、福克斯商业频道、今日俄罗斯、印度 ZEETV 等。“蓝海云”平台运营两年多来，通过数千家合作媒体，将数万分钟的中国故事推向了世界，成为领航中国文化走出去的新型媒体平台。现今“蓝海云”平台已成为国家重点扶持的文化走出去的重点项目。

一、“蓝海云”平台的创建过程

“蓝海云”平台研发于 2012 年，于 2014 年投入运营，是蓝海传媒集团继蓝海电视台后，率先将云计算、云存储技术运用于对外传播领域的新媒体。2010 年，北大新闻与传播学院顾宜凡博士在北京市朝阳区创办了在海外落地播出（主要是欧美国家）的蓝海电视台（Blue Ocean Network，简称 BON）。这是一家专注中国内容国际传播的 24 小时全天候英文电视频道。2011 年，创办了第一个民营机制的视频内容发行机构——蓝海视频通讯社。2012 年，随着云计算、云存储技术的发展成熟，蓝海电视台采用互联网 + 运营方式，迅速扩大电视节目的覆盖面和落地国家，以卫星、有线、网络及手机等多种传输渠道将节目落地范围覆盖

① 王凤仙．文化全球化语境下国际传播问题的传播学解读［J］．新闻界，2009（1）：17.

至亚太、北美、欧洲、北非等 120 多个国家，成为拥有外国受众最多的中国英文电视媒体。2014 年，经过 2 年多的研发，以蓝海电视台、蓝海视频通讯社为基础，创建了蓝海融媒体全球传播云平台——蓝海云平台。

二、“蓝海云”平台的运营模式

目前“蓝海云”平台运营良好，成为中国文化走出去领域唯一的民营“融媒体”传播平台，开创了文化走出去可持续、规模化的模式。它基于互联网与云储存，集中使用了云技术和大数据技术、节目制作和媒体资源管理技术。该平台具有四大功能体系：一是实现视听节目及素材的海量上传、远程制作，视听图文内容的全球协同制作，创建海量内容的高效生产体系；二是高智能媒资管理，实现全媒体发布，面向海外机构用户发行来自中国的视听图文内容，开辟了制作人、内容源、受众、媒体用户、广告主等利益相关方共享互利的商业模式，使内容发行交易体系成为可持续商业模式；三是实现全媒体全球传播，开辟在目标国家的多种传播模式组合，构建“一云多屏，一网多模式”的“海量中国内容，全球规模传播”传播生态体系；四是“蓝海云”平台拥有“大数据分析系统”。它能准确记录视听图文节目从选题到制作、传播到各个细分观众群的全过程，能够精准分析和统计受众的需求及分布差异、收视数量、喜好程度等情况，从而对传播效果进行定量分析，使国际传播变得可预测、可反馈、可评估。近期，基于“蓝海云”，蓝海电视台发起了“中国故事走出去千万亿工程”项目，将调动数以千计专业机构和人员，拍摄数以万计的中国故事，向全球观众传播。

案例点评：

“蓝海云”平台是专注于国际传播平台模式的新型媒体形态，是“互联网+媒体”，又是媒体中的立体媒体。“蓝海云”平台最成功的地方，是让“国际传播”从过去少数专业机构的行为，变成大众可以参与的“众创”行为。这让众多视频专业人员和爱好者积极参与到中国故事的拍摄与制作中来。“蓝海云”平台在国际传播技术、渠道、模式上的创新，成为全天候广覆盖的国际传播大平台，强化了中国内容国际传播的覆盖面和影响力。无疑是信息化、网络化、全球化条件下中国文化走出去途径创新的成功典范。

第二，加强海峡两岸暨香港电影产业合作，促进中国影视文化国际传播。电影是最具国际化特点的综合性艺术门类和大众传播媒介。电影产品是大众消费文化、政府主导文化与精英高雅文化的结合，能够满足意识形态建设和大众娱乐的需要。从文化产业发展的角度来看，电影具有很强的产业带动能力，不仅可以带动图书出版、文化旅游、演艺、游戏、动漫等重点产业的发展，而且还可以带动文化制造业等外围产业的发展。在全球化语境下，让更多反映当代中国面貌的影视产品走出去，能够让更多国家的人民了解中国文化、喜爱中国文化，对中国文化走出去可以起到极大的推动作用。改革开放以来，中国电影事业蓬勃发展，成为世界电影生产大国，但是由于贸易壁垒以及表述方式、价值观念、发展理念等方面的差异，面对好莱坞在全球电影市场的强势竞争，中国电影走出去未能达到预期目标。正如北京师范大学中国文化国际传播研究院黄会林教授分析指出："生产的影片数量多，实现出口的少；参加公益性对外交流的影片多，实现商业性销售的少；国产片在海外艺术院线和华语电影频道播出的多，进入外国商业院线和主流电影频道的少。"① 中国电影产业国际贸易逆差较大，如 2012 年 75 部中国电影在海外票房与销售收入 10.63 亿元，同期 19 部进口片产生票房 88 亿元。② 海峡两岸暨香港肩负传播中华文化的共同使命，面对全球电影产业的激烈竞争，海峡两岸暨香港需要加强影视产业合作，以增强中华影视国际传播的竞争力、影响力。

一是建立优势资源整合机制，培育具有竞争优势的影视制播实体。香港在电影演员、导演和后期制作技术和海外发行等方面有比较优势，台湾在故事创意、导演和海外市场推广等方面经验丰富。海峡两岸暨香港电影业界应从长远着眼，建立海峡两岸暨香港电影业协会和华语电影海外推广基金，引导海峡两岸暨香港电影企业形成良好的合作机制。通过集团化改革与引进民营企业，培育发展华语电影制作、传播的强优企业。政府要通过税收优惠、财政补贴等经济杠杆，加大中国电影海外推广的力度。成立专项基金，支持海外影展项目，宣传中国电影；同时以专项资金建设投资海外院线，提高中国电影的国际影响力。

二是进一步加强合作拍片。合作拍片是加快中国影视走出去的重要路径。事实证明，合拍片为国内电影业提供了先进的管理经验和国际市场运作范式。要善于"借船出海"，充分利用国外电影企业的营销渠道，借鉴其成功经验，完善国产影片的制作模式。同时，加强新媒体时代下的"长尾"营销，推进非银幕营销，加强合拍片的衍生产品和服务的合作，完善电影产业链条，形成"一源多用"、相互促进的产品盈利格局。

三是健全完善中国影视产品进入国际市场的营销体系。海外影视产品市场竞争激烈，且大多数国家普遍存在较强的市场壁垒。因此，在推动中国影视产品走出去过程中，应加强国际市场营销力度，加大政策支持力度，重点扶持反映中国当代价值和当代社会人民精神面貌等主题国产影片参加国际商业推广。充分利用中国电影海外推广平台，扩大中国影片的国际市场知名度。扩大与国际知名播出平台的合作力度。创新营销方式，从单一导演、单一产品营销推广拓展为多产品

① 中华人民共和国文化部对外文化联络局，北京大学文化产业研究院．中国对外文化贸易年度报告(2014)[R]．北京：北京大学出版社，2014：151.

② 中华人民共和国文化部对外文化联络局，北京大学文化产业研究院．中国对外文化贸易年度报告(2014)[R]．北京：北京大学出版社，2014：144.

的"组合式"推广。充分利用"文化年""文化节"等文化外交、文化国际交流平台，在目标市场举办中国电影、电视作品展，并以此为跳板，跳向目标市场，实现商业销售。利用海外中国文化中心、孔子学院等平台资源，以点带面，扩大中国电影海外市场。积极开发和利用互联网络等新媒体营销推广平台，加强影视产品宣传互动，积极引导影评舆情。

案例7

创新中国电影走出去的平台①
——中国电影"海推"的探索

2004年，原国家新闻出版广电总局成立了以中国电影集团公司、华夏电影公司、中国电影制片人协会为主要股东的会员制非营利性机构——中国电影海外推广中心，并在2006年6月正式改制成股份制公司。成立中国电影海外推广公司（以下简称"海推公司"）宗旨在于整合中国电影的总体资源，打造中国电影通向海外的平台和输出渠道，为各种所有制的中国电影制片企业提供全方位的推介和销售服务，全面开拓国际市场。

"海推公司"的主要探索。一是加强国内外宣传。建设官方网站和中国电影网上交易平台，打造一支专业化国际营销团队。通过制作中国电影宣传材料和电影片花光盘，制作中国电影画册年鉴，译制外文字幕拷贝等加大对外宣传。同时，通过开展电影国际市场调研，建立国际客户信息数据库，建立中国电影海外票房情况统计系统等，为中国电影国际营销提供决策支持。二是利用既有的海内外主流电影宣传媒体、展播平台，加大海外市场营销推广。组织中国电影参加重大国际电影节和电影市场活动以及在世界各地主办或协办中国电影节、电影周或电影展，拓展中国电影的能见度和知名度。如2008年"海推公司"举办了好莱坞中国电影节、加拿大中国电影节、东京国际电影节中国电影周、巴黎中国电影节、悉尼中国电影节等活动。2009年，在境外47个国家和中国港澳台地区举办了99次中国电影展和专题电影活动，展映国产影片647部次。与国外官方或非官方机构合作，在目标市场举办中国电影节展，使中国电影实现商业销售成为可能。三是探索建立新媒体营销模式。考虑到中国电影现在要走入国外主流院线比较难，主要走电视、DVD渠道，网络、手机这类新媒体，"海推公司"并着手建立新媒体"点击监控"的分账平台。"海推公司"在和巴基斯坦一家电视台商谈

① 本案例根据江鹏《追寻"中国梦"—中国电影海外推广工作与"海推公司的努力"》改编而成。原文载于《中国对外文化贸易年度报告(2010)》,北京大学出版社,2011:169。

合作，由“海推公司”提供影片，于巴方电视台建“中国电影频道”，中间广告时段由“海推公司”寻找当地的中国企业，实现中国电影和当地频道的双赢。

“海推公司”的实际成效。经过“海推公司”的努力，国产影片的海外销售实现多年持续增长。“海推公司”为中国电影在海外发声，为中外电影文化交流搭建起一座桥梁。同时有利于中国电影整体品牌的打造，助力“中国梦”通过电影银幕辉映全球。

案例点评：

成立中国电影海外推广公司，为中国电影走出去建立海外交易平台，对扩大中国电影的海外影响具有重要作用。“海推公司”为实现中国电影特别是主流电影走向世界做出了积极贡献。电影作为“铁盒大使”，出口海外不仅为赢取利润，更重要的是发出中国声音、推介中华文化。“海推公司”从经济、文化与技术维度，有力引导国内电影企业生产更多适应国际市场的电影产品，是构建中国影视国际营销体系的成功探索。

第三，坚持办好海外孔子学院，深化拓展汉语文化国际推广。近代以来，英国、美国、法国、德国、西班牙、日本等经济强国都非常重视对外推广本国语言，以此来促进本国的商品、文化和教育输出。殖民时代的英国向世界大力推广英语，使英语成为全球通用语言，便利了美国、英国等西方国家对外传播思想文化和生活方式，乃至形成全球文化霸权。汉语虽然是世界上使用人口最多的语言，但在国际交往中使用汉语的国家很少。随着世界各国与中国交往日益增加，汉语的应用越来越广，逐渐受到海外人士的重视。顺应世界“汉语热”的形势发展需求，教育部国家汉语教学发展办公室于 2004 年 11 月在韩国首尔大学挂牌成立第一家孔子学院。之后，孔子学院在全球五大洲众多国家兴起。截至 2016 年底，共有 140 个国家建立了 513 所孔子学院和 1073 个孔子课堂。① 孔子学院（课堂）成为面向世界推广汉语教学、传播中国文化及汉学的全球品牌。

各地孔子学院由中外方合作建立，办学经费筹措由协议双方共同负责，其中一次性开办费原则上由双方根据协议共同承担。中方按协议承担派出管理人员和专职教师的工资、住房、国际旅费等费用，提供免费教材、图书、音像制品等教学资料。孔子学院的服务内容主要包括：一是为社会各界各类人员特别是汉语教师提供汉语教学服务，开设继续教育类非学历、应用性汉语学习课程；二是为国外大、中、小学生提供汉语教学服务，开设专业汉语和公共汉语学习课程；三是为研究中国问题的学者和机构服务。除开展语言教学之外，孔子学院还根据不同

① 孔子学院总部/国汉办．孔子学院 2016 年度发展报告［R/OL］. 2016：11［2017-6-18］. http://www.hanban.edu.cn/report/2016.pdf.

需求开设文化课程，如中国饮食文化、书法、武术、音乐、绘画等课程。同时，在国家汉办汉语考试中心的委托下组织开展新汉语水平考试、汉语桥比赛等事项。

孔子学院是中国对外文化交流的一项创新举措，对中国文化走出去具有重要价值和深远意义。其一，有助于实现“让中国走进世界，让世界了解中国”的文化外交战略。孔子学院作为中国文化走出去的一个符号，搭建了文化国际交流传播的桥梁，孔子学院以平和、寓教于乐的教学方式增进了受训学员对中国文化的了解和认同，加深了他们对中国的感情，从而有助于提升中国形象。其二，有助于提升中国文化软实力。孔子学院的长期发展，扩大了汉语的传播范围、优化了文化传播方式和传播途径，便利了更多人学习掌握汉语，提高了汉语在国际交流中的地位，汉语及其承载的中华文明正吸引着世界越来越多人。其三，有助于带动文化产业，促进国家经济发展。一方面，各国民众随着汉语水平的提高和对中国文化了解的加深，会增加对中国图书、影视、演艺、动漫等文化产品的消费，同时还会增加到中国旅游、留学的需求。另一方面，随着国外汉语学习者的增加，会相应增加对中国的了解和信任，增进与中国的交流与合作，这将会给我们带来长远和持久的综合利益。

当然，孔子学院快速发展中，面临的问题和挑战也不少。单就孔子学院本身的运营管理来说，存在机构定位、布局、师资、资金和教学质量等问题。作为中国文化走出去的海外窗口和交流平台，孔子学院要保持可持续发展并为汉语和中国文化推广做出更大贡献，迫切需要加强宏观管理，切实解决当前存在的困难和问题。

一是进一步提高孔子学院的定位。按照孔子学院的章程，孔子学院只是一个教学或教育机构。实际上，对外汉语教学只是其中的一项任务，除此之外，还应满足当地人了解中国的各种需求，提供与中国教育、文化、经济和社会相关信息的咨询服务，以及开展当代中国的研究与文化传播工作。但目前由于部分孔子学院的学分得不到当地教育机构的认可，影响了孔子学院的办学规模。因此，需要考虑合作机构的需求，提高孔子学院的定位，使其能真正融入当地教育机构，开展深度合作交流。

二是优化全球孔子学院的布局。当初设立孔子学院，只是顺从需求，没有从战略上考虑布局的科学性、合理性。截至 2016 年，“孔子学院亚洲 32 国 115 所，非洲 33 国 48 所，欧洲 41 国 171 所，美洲 21 国 161 所，大洋洲 3 国 18 所；孔子课堂亚洲 20 国 100 个，非洲 15 国 27 个，欧洲 29 国 293 个，美洲 8 国 554 个，大洋洲 4 国 99 个。”① 一些地区过多，而一些中国外交战略重点国家却很少。因此，今后要

---

① 孔子学院总部/国汉办．孔子学院 2016 年度发展报告［R/OL］. 2016：11［2017 - 6 - 18］. http://www.hanban.edu.cn/report/2016.pdf.

结合“一带一路”建设需要，统筹安排孔子学院的设置布点，使之趋于合理。

三是加强师资培训和教材开发。针对汉语教师比较缺乏的现状，孔子学院应促进汉语教师本土化，进一步加强本土教师的培训工作，注重发挥本土教师的作用，推行用母语学习汉语的方式；同时，根据不同班次的学习需求，结合当地社会文化状况，开发适应本地需要的新教材和教辅读物。

四是开发新的办学模式，加强教学质量评估。一方面，要结合所在国的历史背景、文化传统等情况，举办各具特色、丰富多彩的中外文化交流活动；另一方面，应根据当地学生、学员学习汉语的不同需求，开设汉语之外的教学课程，开发远程教学、网络教学等信息化办学模式，做到因材施教、因地制宜。同时，为实现“办好每一所孔子学院，教好每一个学生”的目标，着眼于不断提高孔子学院的办学质量，组织专家开展教学评估活动。

五是加强沟通合作，进一步扩大影响力。加强与当地政府教育部门、社会组织、企业的沟通合作，获得更为广泛的资源和支持。要本着互利双赢的原则，在当地法律和制度规范框架下，采取多种合作模式，促进孔子学院办学和文化交流活动的开展。同时，要进一步加强与所在国高等院校、主流媒体等方面的沟通合作，扩大孔子学院在当地的影响力。

六是走产业化发展道路，减少财政经费比重。孔子学院运行中过度依赖政府的财政投入，容易引起西方一些媒体和政客的猜疑、指责。虽然孔子学院同法语联盟、英国文化委员会、歌德学院等语言文化推广机构的运作模式基本相同，均为“政府支持、民间运作”，但在资金来源上，目前孔子学院的资金大部分依靠国家财政投入。解决孔子学院办学资金来源问题，需要进一步拓宽经费来源渠道。一方面积极争取来自当地政府、合作学校以及企业、基金会的赞助；另一方面可以走产业化道路。通过合作办学、联合授课、开发教材及语言教学配套产品、举办汉语资格考试及认证等方式促进孔子学院的产业化，这是孔子学院可持续发展的必由之路。

第四，积极举办大型国际盛会，利用公共外交平台促进文化走出去。对于中国来说，举办重大国际性活动，是展现民族风貌、文化魅力、综合国力，赢得国际声誉的难得机会。2008 年北京奥运会、2010 年上海世博会，让中国成为世界关注的焦点。北京奥运会在向全世界传播奥林匹克理念、宗旨和精神的同时，也成功展现了中国悠久的历史、古老的文化和文明、进步、和平的当代中国形象，使之成了提升国家形象和影响力的重要舞台。上海世博会再次全方位、多角度地向世界展示了中国丰富多彩的民族文化和现代化建设取得的伟大成就。2010 年举办的广州亚运会又展示了中国岭南文化的深厚底蕴；2011 年西安国际园艺博览会则突出了西安这一历史悠久文化古都的特殊地位，生动形象地向世界展现了中华民族的文化价值观。一系列重大国际性活动成为传播中华文化、提升全球知名度和美誉度的重要平台。举办国际性会展活动、重大体育赛事，或者是主办多边外交国际会议，都是中国开展国际公共外交的重要舞台。利用好这些公共外交平台，主动宣示中国的核心理念，能够提升中国对国际事务的话语权。在社会信息化，尤其是新媒体和新传播技术迅猛发展的今天，中国在开展主场外交活动时，可通过国家领导人权威性言论，主动塑造、引领国际舆论，掌握主动权，加强对“中国道路”和“中国故事”的国际宣传。

当前，中国引导和塑造国际舆论的能力逐步提高。近年来，特别是党的十八大以来，习近平同志提出的“中国梦”“新型大国关系”“亚洲新安全观”“人类命运共同体”“一带一路”等一系列新理念和新构想，引起国际社会良好反响。今后，除了每年举办中国—东盟博览会、夏季达沃斯、博鳌亚洲论坛等国际区域多边会议外，还将陆续举办 G20 峰会、中欧领导人峰会、金砖国家峰会、“一带一路”国际合作高峰论坛、中美战略与经济对话、中非合作论坛、中拉合作论坛、亚太经合组织会议（APEC）、中国和中东欧经贸合作论坛以及 2022 年北京冬奥会等重大国际性外交盛会。我们要周密组织、精心准备，形成引起国际共鸣的“中国倡议”“中国故事”。同时利用和发挥国内外媒体的作用，推动“中国故事”的传播，营造有利于中国“两个一百年”战略目标实现的外部舆论环境，维护并延长中国战略机遇期，为区域与国际和平稳定、发展合作提供思想动力。

第五，培育发展文化产业跨国公司，推动中国文化产品和服务走出去。在经济全球化的今天，跨国公司和合资企业是国际市场角力的主力军。文化产业是高智力、高技术、高投入、高风险产业，国际文化市场竞争强度大，参与国际主流文化市场竞争，需要一批有资本实力、人才与技术实力、规模与品牌实力的骨干企业。当前，国际文化产业市场基本上被美国、英国、法国、德国、日本、韩国等国文化寡头企业所垄断，美国的迪士尼、时代华纳、亚马逊、谷歌，德国贝塔斯曼等一批跨国文化产业集团成为全球文化生产和贸易的主导力量。中国文化贸易国际市场所占份额低，竞争力弱的一个关键因素是文化产业市场主体偏弱，缺少一批规模大、技术先进、人才密集、综合实力强的跨国公司的带动和引领。

中国是具有丰富文化资源的文明古国、人力资源大国，具有发展文化产业的巨大潜力。尽管中国文化产业起步晚，但是文化产业发展势头强劲，涌现了如华谊兄弟传媒、北京完美世界、浙江华策影视、深圳华强集团、北京小马奔腾传媒、北京水晶石数字科技等文化产品和文化服务出口重点企业。随着中国经济外交、政治外交和文化外交的务实有效推进，为中国文化企业走出去创造了良好的环境条件。特别是当前“一带一路”建设的实施，在覆盖 100 多个国家的巨大地缘空间，建立起互联互通网络，将成为中国向全球传播正能量、增强国际文化影响力的新起点，也将是中国文化企业走出去的“蓝海”。近年来，中国华谊兄弟、大连万达、腾讯、网易、百视通、水晶石数字科技等一批企业在数字内容、互联网服务、影视制作、娱乐旅游、文化科技装备制造等领域，采用了本土影视联合拍摄与海外院线并购相结合、数字科技研发与海外投资相结合、本土研发与向海外提供技术服务相结合等多种跨国经营模式。政府应鼓励支持这类企业充分利用“一带一路”建设的政策优惠，依托技术和人才优势，加大技术聚合、资本整合、品牌宣传，引导其成为国际区域创意经济开发和文化产业分工的主角。

一是加大对外文化投资合作，把国内部分发展较为成熟的文化装备制造业和文化服务业转移到刚刚起步的中亚及越南、老挝、缅甸等东盟国家，利用东道国吸引外资的优惠政策，以及当地劳动力低成本、本土市场优势提高竞争力；二是通过对外承包文化旅游项目或者对外直接投资文化设施建设项目，发挥中国文化工程建设在技术、专利、人才、管理等方面的比较优势，促进文化智力资源出口；三是通过实施跨国并购等方式掌握相关国家的传媒、品牌、院线、营销网络等优质文化资产，逐步进入对方国家文化价值链的中高端，从而提升中国跨国文化企业的核心竞争力；四是通过实施对外文化直接投资，以合作开发或开办文化企业等方式，有效应对贸易保护主义，规避东道国对进口中国文化产品的限制。近年来，中国部分文化企业在对外投资合作等方面进行了积极探索，如中国百视通集团与印尼电信公司开展 TMT 新媒体技术的产品开发和产业化经营合作，合资总额达 2000 万美元；深圳华强文化集团依托最为先进的专业数码电影制作技术和设备，成功开发了十大类特种电影，将环幕 4D 电影出口到 40 多个国家和地区，并在伊朗、南非、乌克兰等国投资和建设梦幻王国主题公园。①

案例 8

俏佳人传媒：中国文化走向世界的旗舰②

1994 年，俏佳人传媒股份有限公司（以下简称俏佳人传媒）成立。经过多年发展，俏佳人传媒从广州一家音像企业逐步成长为一家跨国文化传媒集团，集电视台、广播电台、音像制作发行、报业、动漫、影视专题拍摄及海外文化交流于一体，旗下拥有广州俏佳人文化传播有限公司、美国 ICN 电视联播网、ICN 纽约侨声广播电台、广州笑笑吧动漫有限公司等 4 家子公司，还是美国维亚姆集

① 花建. 大力发展中国文化跨国公司—迈向“十三五”的战略任务与创新举措[J]. 学习与探索,2015(5):100.

② 本案例根据俏佳人传媒公司有关资料编写而成,包括 http://www.gzbeauty.com/CN/网络资料。

团、亚马逊网上书店、美国国家地理频道等世界知名公司合作伙伴。先后获得原文化部、广播电影电视总局等授予的“国家文化出口重点企业”“国家文化产业示范基地”等多项荣誉称号。

主要成长历程。1995年开始收集、出版发行《中华武术展现工程》系列产品和中国20世纪30—80年代的老电影并成为其拳头产品。1998年，参加美国华人工商大展，迈出了国际化第一步。2001年广州俏佳人全年共发行1000万张VCD，其中包括电影180余部、电视剧90余部及综合百科类180余种。同年，参与电视连续剧的投资拍摄，拍摄了《中华武术展现工程》300小时。并在北京、上海、广州、武汉、成都、济南、南京、福州、沈阳、西安、香港等地建立生产与发行基地，产品远销中国香港、中国澳门及东南亚、美国、加拿大等国家和地区。2002年，制作发行的《激情燃烧的岁月》红透全国，并开始大规模向海外传播中华文化，已成功在亚太、大洋洲、欧洲、美洲等国家与地区建立分销渠道。2009年7月俏佳人传媒并购美国国际卫视，成立“美国ICN电视联播网”，通过卫星、无线、有线、网络、手机五种介质同时传播。无线及有线电视直接可收视人群达1亿以上，卫星电视覆盖全北美，网络播出及手机使全球网民和手机用户均可直接收看ICN中英文频道的电视节目。

力推中国文化走出去。俏佳人传媒根据海外市场对中国文化产品的需求，调整自身定位，着力推进中国文化走出去。建立海外市场服务体系，成立海外中心，下设翻译部、版权部、音像成品出口部、采购部、电子商务部等多个部门，服务于海外市场；在美国洛杉矶成立公司并建立零售网点及物流配送中心服务于北美市场；在法国巴黎建立办事处服务于全球市场；在德国法兰克福建立办事处服务于整个欧洲市场。具有代表性的海外发行音像产品有功夫、杂技、中医按摩、舞台剧、电影和电视剧、纪录片、中国音乐、汉语教学系列、动漫产品等门类。1996年，俏佳人把中国各门各派的传统武术整理成影像资料，通过专题片《中华武术展现工程》加以完整反映，节目量达2000多个小时。并把《中华武术展现工程》推上世界版权交易市场。为适应海外主流市场的需要，投资在吴桥拍摄了具有中国特色的杂技表演。同时，反映中国文化、饮食、服饰等系列的“跟我学”产品也应运而生。他们对节目进行翻译并加入多国语言字幕，包括反映中华民族历史文化的电影、武术、戏曲、百科《跟我学汉语》系列，受到广泛好评。

通过立体网络力促中国文化走向世界。建立了包括大中小学教材市场、图书馆采购、传统实体销售、电视播出和网络新媒体等多渠道、立体化的文化产品销售与文化传播系统。一是进入国外中小学汉语教材发行体系。《跟我学汉语》教材进入到全球400多所孔子学院和全球各地孔子课堂，作为“学汉语”教学辅助视听节目音像教材发行到欧美国家中小学校。二是进入公共图书馆及大学图书馆采购网络。2000 多部经其翻译的音像制品成功进入美国公共图书馆推荐目录，并进入全球近万家图书馆。同时还与海外中国文化中心等数十家图书机构建立了长期合作关系。三是影视音像成品海外发行。中国影视音像制品是俏佳人传媒文化走出去的主要产点，俏佳人传媒制作的音像光盘已进入美、英、法、加、澳、俄、日、韩、新加坡等 100 多个国家和地区。四是电视播出。在美拥有 ICN 电视台。总部位于洛杉矶国际中国联播网（International Chinese Network，简称 ICN）覆盖美国洛杉矶、西雅图、休斯敦、达拉斯、奥斯丁等城市，收视人群超过 5000 万。并与美国 24 个主要城市联网，覆盖全美人口达到 70% 以上。四是新媒体销售。俏佳人与全球最大的网上书店——亚马逊合作，在网上开辟了“俏佳人中国音像专区”。与美国最大音乐网站 APPLE 公司合作在该网站开设中国音乐专区。俏佳人建立国际商城网进行销售。

案例点评：

俏佳人传媒坚持服务于中国文化走向世界，不断做强、做大、做优音像文化产品参与中国文化传播。短短十几年时间里，历经从产品走出去到企业走出去再到文化资本走出去，发展壮大为一家颇具实力、影响力的跨国文化传媒集团，成为中国文化走出去的旗舰。从俏佳人传媒由弱到强的发展历程可以看出，中华文化产品和服务海外市场潜力巨大，只要坚持与时俱进，不断开拓创新营销方式和手段，便能走出一条向全球传播中国文化的康庄大道。

第六，发挥人际与新媒体传播的作用，形成文化走出去的巨大合力。个人是特定民族文化的承载者。在对外交往中，人际传播具有贴近性、互动性、灵活性、广泛性等特点，比政府外宣和主流媒体渠道传播，更有人情味，也更有吸引力、说服力。特别是在国际互联网条件下，随着微博、博客、播客、微信等自媒体的广泛运用，每个个体都可能成为公共外交场合传播中国故事的“意见领袖”。因此，构建中国文化多途径协同走出去大格局，一定要发挥最广泛民众参与的作用，只有这样，才能真正形成立体多样的传播体系。

一是中国大规模人口国际流动造就了中国文化跨国人际传播的突出优势。在经济全球化条件下，人口的跨国流动变得越来越频繁、越来越广泛。随着中国对外开放的深入发展以及综合国力的大幅提升，中国与世界各国在经济、文化、社会等各个领域的联系、交流与互动已经非常紧密和频繁。如 2014 年中国游客出境游达到 1.17 亿人次，其中到欧洲旅游人数占 3.5%，到非洲旅游占 3.0%，到美洲游占 2.7%，到大洋洲旅游占 1.1%。[①] 同时，近年来外国游客到中国旅游的人数也逐年

① 中国内地居民 2014 年出境游破亿人次[EB/OL]. 中国新闻网，2014-12-31[2015-5-4]. http://www.chinanews.com/hr/2014/12-31/6927485.shtml.

攀升，2014年接待入境游客1.28亿人次。[①] 在国际留学方面，据教育部统计中国出国留学人数达45.98万人，其中赴美留学逾27万人，境外来华留学生人数也逐年增多，2014年接近38万人。[②] 此外，中国企业在全球五大洲128个国家分设有2万多个企业，从事国际劳务、国际工程承包人员每年120多万人，规模庞大的文化主体跨国流动，各国各民族之间的民间文化传播也愈加频繁和广泛。特别是国内外精英阶层出国度假、旅行、访学、交流访问、商业往来、探亲访友等已经非常普遍，这些跨国流动人员足迹所到之处，无不以自身的言行，向当地民众诠释着中国形象和中华文化。传播学研究发现，就信息传达而言，虽然大众传播比人际传播高效，但就思想观念和生活方式传播而言，人际传播更加深入持久、更加有实效。

二是民间传播和人际传播是帮助西方民众正确认知中国及中国文化的现实需要。长期以来，由于信息封锁，大部分外国普通民众对中国历史文化、中国当代发展现状很不了解，甚至受CNN和BBC等西方媒体和好莱坞电影影响，脑海里对中国的负面成分比较多，往往戴着有色眼镜来看中国，对中国存有偏见。在西方民众眼中，中国和中华文化是神秘、奇异的。他们中的多数人对中国的印象还停留在古代中国或改革开放以前的中国。要改变西方民众对中国的刻板印象，靠政府组织传播或有限的大众传播，力量远远不够。西方民众对我们官方传播信任度低，甚至有逆反心理。针对这种情况，通过人际、民间方式进行面对面交流互动，或借助于微博、微信和脸谱、播客、维基、推特、论坛、社交网络以及内容社区等新媒体方式进行交流互动，及时解释、回应有关中国的相关消息，就能逐渐纠正国外民众对中国的误解。例如，中国大批具有国民意识和爱国情怀的民间意见领袖和知识精英，自发对“维基百科”上涉及中国政治、经济、文化、意识形态，以及包括自然灾害、暴恐事件等“知识”“历史”“真相”的诸多词条错误解释或者歪曲真相的解释，进行修正、补充、辩驳和抗争。对国内外主流媒体对中国新闻的报道，广大爱国网民积极跟帖评论，参与向世界解释和讲述千面中国、复杂中国、真实中国的宣传中，大大扩展新闻媒体传播的深度和广度，形成政府和媒体传播之外的“长尾”。中国广大知识精英，在日常网络传播中充当民间意见领袖，积极影响国外有影响力人士，对促进国际社会了解和认同中国文化、政治、经济等实情，起到不可替代的作用。

此外，要重视国际亲华友华力量在传播中华文化方面的重要作用。重视发挥非政府组织的作用，可设立专门基金，提供资金援助，培养亲华友好和热爱中国

---

① 2014年接待入境游客人数达1.28亿[EB/OL]. 前瞻网,2015-1-15[2015-5-4]. http://www.qianzhan.com/qzdata/detail/149/150116-6bd33f97.html.

② 教育部:2014年度中国出国留学人员总数达45.98万人[EB/OL]. 新浪网,2015-3-5[2015-5-6]. http://news.sina.com.cn/c/2015-03-05/153531572705.shtml.

文化的海外各界知名人士。创造机会和条件，多邀请外交重点国家的政、商、学、传媒、体育等各界精英等来中国考察，参加国际论坛、智库项目研究、交流等活动。这些精英人士言论对其本国民众具有极大的影响力。他们通过游览中国的名胜古迹、城市风光，与普通中国人面对面交流，将增加其对中国文化、发展现状的了解，增进对中国政府和人民的友好感情，减少不利于中国和平发展的各种指责和舆论。

值得一提的是，随着中国对世界的影响日益扩大，中国随时都可能成为世界舆论主题。在努力挖掘、动员和培育、激励国民自觉参与对外文化传播的同时，要从根本上树立“固本培元”和“中华民族心灵建设”的理念，大力提高国民的素质修养和外交观念。在公共外交场合，国民素质和修养是一个国家形象的主要体现，事关国家的荣辱。少数出国公务人员、商务和旅游者不注意个人形象，在公共场所大呼小叫、乱丢废弃物、随意吐痰等不文明行为引起了当地民众的不满，以致于一些国家专门有针对中国游客的中文告示，这使中国的文化形象蒙羞。因此，要从每一个公民的素质教育着手，培育全体国民的社会主义核心价值观，提高国民的国家意识和文化素养。要加强出国人员的专门培训，教育出国人员要自觉以良好的道德修养和文明举止诠释社会主义现代化风尚，以儒雅之风和尚礼之德塑造中国文化新形象。

第七，强化入境旅游的文化传播功能，开拓文化走出去的新渠道。[①] 入境旅游是文化“就地出口”的主要途径，结合博大精深的中华文化，中国可考虑充分发挥入境旅游的文化传播功能，借助数量庞大的入境旅客体验传播，将入境旅游打造成文化走出去的新渠道和突破口，使中华文化更深入地走向世界。

入境旅游是促进文化走出去的重要突破口。我国历史悠久、幅员辽阔、文化灿烂、风光多姿，是国际重要旅游目的地。近年来，随着中国旅游产业发展，入境旅游者逐年增加。目前，中国已跃升为全球第三大入境旅游接待国，旅游外汇收入居全球第四位。2015 年，中国接待的入境游客中，外国游客 2598.54 万人次，入境过夜游客 5249.06 万人次。[②] 入境旅游不但成为中国最大的国际服务贸易产业，而且成为中国文化走出去的重要渠道。全球数以亿计的入境游客浸润于浓厚的中华文化氛围之中，他们与家人、朋友分享中国之行的直观感受，客观上宣传了中华文化以及中国形象，扩大了中国的国际影响力。

一是入境旅游是对外文化传播的重要渠道，是一种特殊的文化交流活动。美

① 王春林．文化走出去视角下的入境旅游发展策略[J]．广西社会主义学院学报，2014(04).

② 国家旅游局数据中心．2015 年中国旅游业统计公报[EB/OL]．中华人民共和国国家旅游局，[2017－6－16]．http://www.cnta.gov.cn/zwgk/lysj/201610/t20161018_786774.shtml.

国“新文化地理”代表人物詹姆斯·邓肯（James Duncan）把文化景观与书写文本、口头文本并列为人类储存知识和传播知识的三大文本。[①] 入境旅游者近距离、面对面地接触与欣赏旅游目的地的建筑、文物古迹、宗教文化、民族风情、神话传说，更能充分、全面、客观地领略当地的风土人情和历史文化，更好地满足他们的文化心理需求。同时，潜移默化地接受旅游目的地文化和民俗风情的熏陶。在旅游过程中，导游作为跨文化活动的媒介，将旅游者和旅游接待者之间的交流变成了跨文化交流。1992 年世界旅游组织提出，“旅游是促进社会经济发展和增进各国人民了解的途径”，2001 年世界旅游组织的主题是“旅游业——为和平与文明之间的对话而服务”。旅游活动本身就是跨文化的文明传播。

俗话说，百闻不如一见。来华旅游者在旅行中，通过真实体验中国灿烂辉煌的历史文化，感受当代中国现代化政治、经济、文化、社会建设的伟大成就，并通过广泛接触友善、勤劳智慧和热爱和平的中国普通民众，增进对中国的了解和友谊。有了亲身体验，他们就不会轻易相信西方一些别有用心的媒体对中国和中国人民的歪曲报道和故意贬毁。

二是入境旅游有利于培养、造就大批热爱中国文化的中国迷、中国通。随着中国国际地位的提升，国外越来越多的年轻人热衷于学习汉语，了解中国文化和先进技术、管理经验。美国、英国、法国、日本、韩国、新加坡、澳大利亚等许多国家的政府采取措施，着力在精英层次上培养“中国通”，要求不仅会说中文，更要懂中国的文化和历史，懂中国人的性格和思维方式。不少痴迷中国文化或有志于成为“中国通”的国外汉语学习者，并不满足在当地学习中文，他们选择来中国旅行或留学，以进一步了解中国博大精深的民族文化和富有特色的地域风情，了解汉语方言等。据国家教育部发布的《2014 年全国来华留学生数据统计》：“2014 年共有来自 203 个国家和地区的 377054 名各类外国留学人员在 31 个省、自治区、直辖市的 775 所高等学校、科研院所和其他教学机构中学习，比 2013 年增加 20555 人，增长比例为 5.77%（以上数据均不含中国港、澳、台地区）[②]。”数量庞大的国外汉语学习者和外国留学生，他们除了在学校看一些中文版的漫画、小说和电影，通过中文书籍和影视娱乐节目学习中文外，通常还利用假期到中国各地旅游观光，到长城、故宫、兵马俑、莫高窟、少林寺等名胜古迹体验中国历史文化，进而有学习京剧、方言、太极拳、中医、禅宗、美食、茶道等。

三是入境旅游是实现文化产品出口的重要渠道。旅游是文化传承的重要载体

---

① 唐晓峰．地理学与人文关怀[J]．读书，1996(1)：61.

② 2014 年全国来华留学生数据统计[EB/OL]．中华人民共和国教育部，[2015 - 9 - 28]．http://www.moe.gov.cn/jyb_xwfb/gzdt_gzdt/s5987/201503/t20150318_186395.html.

和文化繁荣的重要支撑，同时也是扩大文化消费的重要渠道。入境旅游将国外游客的部分消费需求转移到国内，对我们来说，可以就地实现文化、商品和劳务的直接出口，是典型的“国际贸易国内化”。外国游客来中国，除了对中国的传统文化、历史、风景名胜感兴趣之外，打动他们的还有中国特色的文化产品，包括旅游演艺、纪念品、工艺品、丝绸、陶瓷、文物复制品、山水字画等。并且，入境游客普遍对文化产品具有较强的消费意愿和消费能力。

入境旅游助推文化走出去的成功案例有很多，类型模式不尽相同，具体有：

西班牙模式：以文化支撑入境旅游可持续发展，以精品演艺带动文化产品输出。

西班牙是仅次于法国的欧洲第二大国，是拥有世界文化遗产最多的国家之一。目前共有43处历史古迹被联合国教科文组织列入“世界遗产”名录。西班牙旅游业十分发达，素有“旅游王国”之称。文化是旅游的灵魂，西班牙旅游业持续发展主要靠文化支撑。20世纪90年代初，西班牙政府认识到光靠阳光、沙滩传统旅游产品难以适应竞争和满足旅游者多样化的需求，大力开发文化旅游。依托数量众多的博物馆、美术馆、教堂、古城、斗牛、弗拉门戈舞、民间节日（狂欢节、法亚节、情人节、玩偶节、美食节、葡萄酒节、集市节、奔牛节、鸽子节、番茄节）、特色饮食以及风格各异的生活方式开发文化旅游路线，着力推出朝圣旅游线路——圣地亚哥之路、白银之路、堂吉诃德之路三条重要的文化旅游路线。其中，圣地亚哥之路堪称欧洲第一文化旅行路线，沿途各地不同的文化传统、当地居民的热情好客以及动人美景、奇闻逸事等赋予这条旅游文化线路具有极强的文化色彩。35年来，圣地亚哥之路年接待游客量从200万人次上升到1000万人次。①

西班牙高度发达的文化旅游业产生了非常好的经济效益。发达的文化旅游带动了演艺业等文化产业的快速发展，极大地推动了该国图书、绘画、音乐、电影和戏剧等文化产品的出口。在国际上，西班牙的艺术展览和音乐歌舞表演具有较强的竞争力。

深圳模式：迅速崛起的国际旅游都市，以主题公园和文化创意彰显当代中国的文化自信。

设立于1979年的深圳市，建市前是一个人口不到30万的海滨小镇。1980年深圳被批准为中国改革开放的经济特区后，开启了超速发展历程，短短40多年时间走完了许多西方大城市几百年走完的路，迅速成为GDP总量过万亿、人口规模1400万的新兴国际大都市。深圳的迅速崛起，向世界彰显当代中国的道路

---

① 陈志学．西班牙旅游发展的经验及启示[J]．旅游调研，2007(07)．

自信、理论自信、制度自信与文化自信。

40 多年来，深圳依托毗连香港的地理优势、改革开放试验田与示范区的创新优势及迅速积累的经济实力，本着“生态造梦、文化造城”的先进理念，大力开发城市休闲度假文化旅游。深圳以中国“主题公园之都”成为“世界级度假旅游目的地”，为国内外游客提供全方位体验自然、异域文化的休闲度假地。深圳市于 1989 年建成中国第一家主题公园“锦绣中华”，并相继建成中国民俗文化村、世界之窗、欢乐谷、东部华侨城等为代表的极具国际水平、文化内涵丰富的主题公园。以此为基础，深圳推出“主题公园之旅”“自然生态之旅”“都市风情之旅”“滨海休闲之旅”“乡村观光之旅”“人文历史之旅”“购物美食之旅”和“高尔夫之旅”等八类特色旅游线路，初步形成了滨海浪漫、主题公园、文化创意、运动休闲、都市风情等五大特色旅游。华侨城已成为旅游景区世界八强，中国文化产业的“航空母舰”。深圳以东部华侨城成为“亚洲旅游新地标”，被美国《纽约时报》评为全世界必到的 31 个旅游胜地之一。

深圳市文化旅游与文化创意产业相辅相成。随着旅游业的发展，深圳以现代、前卫、时尚、开放的城市文化形象扬名天下。2004 年，深圳开发利用城市品牌影响力资源，创办了“中国（深圳）国际文化产业博览交易会”，经过三次升格，深圳文博会成为唯一一个国家级、国际性、综合性文化产业博览交易会。进入新世纪，深圳创意产业与文化旅游业进一步融合发展，以良好的环境与机制催生了腾讯、TCL、华强、A8、环球数码、雅图等一批数字娱乐、工业设计、动漫游戏、现代高新技术、软件开发、出版印刷、珠宝、工艺美术等文化产业龙头企业，使深圳成为“图书馆之城”“钢琴之城”“设计之都”“创意之都”和“动漫基地”，成为具有国际影响力的创意产业研发和孵化基地、创意产品出口基地。

桂林模式：以山水品牌和民俗特色文化建设国际旅游胜地，带动民族文化走出去。

桂林是首批“中国优秀旅游城市”，是中国著名的风景游览城市和历史文化名城，享有“山水甲天下”之美誉。世界旅游组织曾向全球推荐桂林市作为中国最佳旅游目的地城市。近年来，桂林市加大旅游资源整合和开发力度，打造两江四湖、《印象·刘三姐》、乐满地、愚自乐园、龙胜温泉等各具特色和高品位的旅游精品，构筑山水观光、休闲度假、商务会展、历史文化、红色旅游、民俗风情、城市旅游等多元化旅游产品体系。“2016 年，桂林市接待游客 5380 万人次，旅游总消费达 626 亿元，分别增长 20%、21%。”①

依托旅游市场打造民族文化品牌。桂林整合山水旅游资源、少数民族歌舞资

---

① 胜地建设“一本蓝图绘到底”[N]. 广西日报，2017－01－16.

源和名人资源，将传统民俗文化与现代科技相结合，在漓江书童山景区推出大型实景山水剧《印象·刘三姐》。演出集艺术性、民族性、视觉创意性为一体，极具震撼力。自2004年起，《印象·刘三姐》平均每年接待国内外游客100万人次，现发展成为世界级旅游演艺品牌。在《印象·刘三姐》的名牌效应影响下，桂林每年举办国际旅游博览会和桂林创新创意文化节，相应又催生了桂林各市区的节庆品牌，如阳朔县渔火节、兴安县米粉节、恭城县桃花节和月柿节、临桂区湿地文化节、平乐县柚子节、永福县福寿养生节、资源县河灯节、龙胜县侗族大歌节等。各地的节庆主题都以弘扬当地的民俗与历史文化为根本，一定程度上扩大了桂林作为旅游名胜、历史文化名城在国际旅游市场上的品牌影响力。

桂林旅游业发展促进了广西民族手工艺品的生产与出口。规模庞大的旅游人群对文化产品的消费需求，促进了桂林旅游工艺品产业繁荣发展。为满足国内外游客对桂林自然景观、历史文化、民间工艺、民族文化的审美需要，桂林一批民间工艺大师开发生产画扇、芒编工艺、美术陶瓷、金银饰品、玉石竹木雕刻等20多个种类，约1000多个品种手工艺品。其中，桂林山水字画、阳朔画扇、临桂三皮画以及壮族绣球香包之类的少数民族绣品、挂件饰品受到国外游客的欢迎，并畅销海外。如阳朔县福利镇画扇产业。画扇以宣纸丝绫作幅、毛笔水墨手绘、山光水色入画，承载了中国的历史文化内涵。临桂五通镇“三皮画”是在树皮、猪皮、牛皮上绘画，“皮画”以少数民族人物、风情为主要题材，表现了广西各少数民族历史文化。五通镇现有800多户专门从事绘画产业，成为中国“文化（美术）产业示范基地”“广西民间特色艺术之乡”。桂林山水字画、阳朔画扇、临桂三皮画作品在桂林旅游市场向国内外游客销售外，还出口到英、日、韩和马来西亚等50多个国家。

入境旅游助推文化走出去的发展对策。近年来，中国不断推进文化产品和服务的国际贸易，取得了积极成效；但也存在表层化、滞后化、单一化等问题，基本上还是沿袭过去文化外交手段，依赖政府扶持和名人效应等方式进入国际文化市场。旅游是文化的载体，具有文化传承、教化、体验与休闲娱乐功能，是文化交流与传播的重要途径。重视和发挥入境旅游的文化传播功能，能更有效地将中国文化传播给世界。

一是制定国家入境旅游发展中长期规划，实施政府主导型发展战略。过去，没有重视入境旅游对文化的传播功能，入境游以自发模式为主，政府有计划的营销推广较少。在世界经济总体疲软情况下，入境旅游面临的国际竞争加剧，中国周边国家和地区对入境旅游客源的争夺更加明显。因此，要从国家经济战略和文化战略层面，以“大氛围、大发展、大作为”为目标，总体谋划全国入境旅游产业开发与文化推广。通过定性与定量分析，及时掌握入境旅游客源市场动态，制定中长期发展战略。加强科学规划，整合开发旅游资源，推动建立整体对外的旅游品牌形象、旅游品牌路线。

二是加强入境旅游市场宣传推广，加大文化旅游促销力度。在保障重点客源市场广告投入的基础上，采取电视和网络媒体、资料、展览会、邀请境外记者采访、在线宣传，以及实施“中国旅游名家计划”等多种方式，有针对性地培育新兴市场。加强与国外各种博物馆合作，举办中长期文物展览、特色展览、文艺展览、美食展览等，针对青少年人群加大宣传促销。推进签证政策、免税政策等优惠政策的制定和实施。简化签证办理手续、增加网上签证和落地签证服务，试点实施经济较发达地区和国内入境游主要目的地、口岸落地签证政策和文化商品免税政策。支持文化旅游企业走出去，充分利用驻外使领馆、友好城市、华人华侨等资源，帮助中国文化旅游企业在外设立更多的联络机构，广泛开展信息咨询和项目合作工作，建立良好的国际旅游企业合作关系。

三是加强区域合作，促进旅游市场互通、优惠政策共享。借助 20 国旅游部长会议、中国—亚欧旅游博览会、中国—东盟博览会、中日韩旅游部长会议、中美省州旅游局长对话会议平台，推进旅游区域合作，实行市场互换、互利共赢。利用国家年、首脑会晤、高层出访等重大国际外交活动，重视发展中国—南美、中国—非洲的旅游合作，推动中俄、中国—东盟、中国—尼泊尔、中国—中亚等边境旅游合作，大力开发入境会议旅游、商务旅游和入境修学旅游。

四是实施旅游产品升级工程，打造高品质的文化旅游产品。近年来，随着人们生活水平的普遍提高，大众的旅游需求呈现出多元化态势。入境旅游，不再是为了单纯地游览名胜古迹或秀丽风光，而是逐步转向体验风土人情、了解当地的本土文化。可以说，旅游已经成为一种追求精神文化享受的文化消费。在此背景下，推动入境旅游发展，就需要大力开发文化旅游产品，提升旅游文化品位。要挖掘好发挥好中国历史文化、民族文化、红色文化、饮食文化、福寿文化、节庆文化、山水文化、海洋文化等人文资源优势，做大做强特色文化旅游品牌，增添旅游业的文化魅力。把握国际旅游市场新需求、旅游新趋势，提升旅游产品设计、开发和包装水平，加快培育面向国际游客的新线路、新产品、新业态。突出旅游目的地的新包装，让原有的初级产品变成高端产品，让单一产品变成综合性产品，打造具有时代特征、民族特色、中国气派和具有自主知识产权的国家级旅游产品品牌以及区域品牌、线路品牌、城市品牌、景区品牌。

五是改进和优化入境游服务条件，着力促进中国先进文化的国际传播。按照管理国际化、服务国际化、环境国际化的要求，将促进中国文化传播贯穿到行、游、住、吃、购、娱等各旅游要素和环节。要加快旅游公共服务设施建设，全面提升服务质量和水平。进一步改善涉外旅游的住宿、餐饮、卫生、通讯、车辆和游客服务中心等方面的条件，重点旅游区要合理布局高中低档接待设施，特别是要建设一批适应涉外游客需要的旅游饭店、宾馆，完善配套设施，提高服务水平。要促进“文旅结合”“科技兴旅”，促进旅游业与文化科技互动发展。突出先进管理技术和优秀传统文化在旅游产品开发、市场营销、经营服务中的引领作用。要建立旅游公共信息服务平台，提升旅游业的信息化水平。探索发展“智慧旅游”，规划建设一批“智慧旅游城市”和“智慧旅游景区”。要加强生态文明建设。良好的生态环境已成为旅游业发展最大的优势、最好的品牌，也是最重要的本钱。必须牢固树立强烈的保护环境意识，坚持以生态文明理念引领旅游业发展，切实加强对自然保护区、风景名胜区的保护和建设。抓好造林绿化，强化节能减排，以良好生态促旅游发展，实现旅游产业发展生态化。要提高涉外旅游从业人员的文化交流能力。涉外旅游从业人员，尤其是入境导游和翻译人员，他们是“民间大使”，是与游客交流最多的群体，他们的交流技巧、语言能力直接影响着跨文化交流的成效。因此，要鼓励引导他们参加多种途径、多渠道培训学习，提高理解和鉴赏文化的能力。

案例 9

《ERA—时空之旅》实现文化出口不出境①

梦幻剧《ERA—时空之旅》是中国对外文化集团公司主创的品牌演艺项目，它融合本土文化元素和国际制作理念，以“出口不出国”经营模式，取得了经济收益和社会效益的双赢，为文化走出去提供了一条新路径。

多媒体梦幻剧《ERA—时空之旅》创下了多个第一：第一次大规模聘用国外团队参与创意制作，第一次展开跨地区跨行业合作，第一次把国内国外两个市场连接起来运作，由此也创造了单一剧场同一演出内容 3 年演出 1194 场的中国纪录，以及单日最高票房收入 54 万元、单周最高票房收入 280 万元的同行业纪录。《ERA—时空之旅》从 2005 年 9 月 27 日在上海马戏城首演以来，吸引占总数 60% 以上的国外观众，创造了“出口不出境”的文化产品经营模式。

《ERA—时空之旅》之初就是针对国际市场的外向型项目。这样一台大型多媒体梦幻剧，出国演出的各种成本之高可想而知，其演出价位不低于上海本地，才能在走出去时取得相应的商业利润。《ERA—时空之旅》在上海演出之后，获得了令人满意的收益和口碑。如果此时盲目向外推出，未必能获得理想的经营效果。作为国际大都市和中国最大城市的上海，是国内外热门旅游目的地，这就为《ERA—时空之旅》成长为旅游品牌提供了条件。《ERA—时空之旅》进入上海

---

① 本案例根据喻文益、张妍《<ERA—时空之旅>和中国对外文化集团公司案例分析》改编而成。原文载于《中国对外文化贸易年度报告(2010)》，北京大学出版社，2011：140。

演艺市场和旅游市场，成为城市生活中的亮点，获得观众的好评和认可，在国际游客中口口相传，品牌逐渐树立起来。这或许已经接近纽约百老汇的成功运营模式了。百老汇就是美国一个很好的文化出口品牌，很多到纽约去的游客都不会错过观赏百老汇的音乐剧，甚至有不少人就是为了欣赏百老汇的演出慕名来到纽约。如今，《ERA—时空之旅》也成为上海城市的一张名片了。

《ERA—时空之旅》身在上海，却不仅属于上海。中国对外文化集团公司基于对国外国内市场的认知和明确的产品定位，通过《ERA—时空之旅》把两个市场连接起来。中国杂技在保持中国传统文化内涵的同时，拥有了为国际市场所接受的表现形式；国内观众从中可观赏到国际化的表演，国际观众从中可体会到中国传统文化的内涵。

案例点评：

《ERA - 时空之旅》已经成为“中国制造”优势品牌。在其成长的过程中有一些值得思考和借鉴的经验。从内容来看：一是基于自身文化传统和文化特征的创意元素是文化产品的核心，能够形成产业运营的比较优势。而带有自身文化特征的创意元素往往是一个国家所特有的，在国际同类产品中具有天然的差异性。但是，仅仅靠差异化还不够，还需要内容上国际化，如此才能创作出跨越文化边界并为其他国家所接受的文化产品。二是通过国际化的表现形式呈现的文化产品是产业链的基础和起点，本土、国际两种元素在内容创意上的融合和平衡直接关系文化产品在国际范围内的认可度。演出是一种视觉艺术，要通过各种符号传递信息，编码逻辑要能为观众所掌握，演出所包含的文化内涵才能为观众所接受。通过国际化的表述，传播中国文化，在文化产品项目国际化的同时，实现本土文化的影响力。具备这样的国际影响力才真正具有国际竞争优势。从经营来看：一是国内市场和国外市场共同构成了文化产品的受众，以广泛的国内消费为基础，致力于推动国际关注和参与的文化产品，不仅可以使企业充分发挥自身的比较优势，还能影响整个行业甚至市场需求，真正实现整体竞争优势。二是除了连接两个市场需求，企业还需要在内部整合资源。具体操作《ERA—时空之旅》这一项目的上海时空之旅文化发展有限公司较好地实现了“文旅结合”“科技兴旅”，打造高品质文化旅游产品，从而实现了“不出境”的文化服务“出口”。

6.4　因地制宜选择走出去的有效途径

6.4.1　面向美国的文化走出去

美国是文化强国，文化创意产品出口大国。美国民众对中国传统文化很好奇，对中国改革开放以来的经济的快速崛起，特别是对中国的社会主义政治体制所具有的超强动员能力有戒备心理，担心中国会对美国在全球的“领导”地位构成威胁。美国崇尚自由主义、个人英雄主义，与中国思想文化有较大的差异，中国文化产品对其文化市场适应度相对较差，文化折扣比较明显。因此，面向美国市场要着力从以下途径实现文化走出去。

一是通过强化影视、媒体传播渠道实现走出去，着力解除中国的负面印象，塑造正面形象。美国既是电影电视的生产大国，同时又是电影电视的消费大国。影视图像的感性化、形象化与信息的丰富性降低了跨文化传播的难度。根据相关调查统计可知，欧美国家民众更喜欢通过观看电影电视了解中国文化。大连万达集团2012年收购了美国第二大院线AMC影院公司，为中国电影登陆美国院线开辟了通道。随着中国的快速崛起，美国民众对中国故事充满好奇，这也为中国电影开拓美国市场提供有利条件。更主要的是，多年前在美国播映的中国电影《红高粱》《色戒》《马背上的法庭》等诸多影片，给人一种中国贫穷、落后、野蛮的印象。另外，美国主流媒体报道中国议题的“泛政治化”，炮制“中国威胁论”“中国傲慢论”“中国不重视人权论”等论调，使中国国家形象屡遭“诋毁”。对此，我们应转变“防御型”国际传播模式为“进攻型”国际传播模式，打造一批反映中国当代发展面貌的影片，塑造和传播国家形象。在这过程中，关键是要全面提升中国主流媒介信息生产和全球传播能力，使中国媒体成为“世界中国信息”的第一信息源和第一定义者。

二是拓展文化外贸平台，逐步扭转中美文化贸易巨额逆差。近年来，我国对美国文化贸易的规模不断扩大，中美版权贸易逆差也在逐步缩小。根据美版权贸易统计数据，2011年从美国引进版权数4553种，输出766种；2015年引进4840种，输出1185种，版权贸易逆差减少了31%。从中可以看出，中国的出版内容在美国还是有一定的市场需求。扩大中国核心文化产品对美国出口，除了加大优秀内容的创作生产外，另一个重要方面是要进一步开拓中国文化产品进入美国主流市场的渠道和平台。近年来，我国一些出版机构通过美国亚马逊电子图书平台、谷歌网络推进中国数字出版走出去，与培生教育、爱思唯尔、汤姆森路透、威科、企鹅兰登书屋等国际出版巨头版权合作推进中国出版走出去，取得了明显成效。现在，我国万达集团、阿里影业、腾讯、华策影视、完美世界等民营企业集团通过新设、收购、合作等方式，在美国设立销售网络、传输渠道和贸易平台，相信这些举措会在推动中国文化产品和文化服务进入美国主流社会产生积极影响。

三是借助美国社交媒体传播中国文化。美国是个互联网高度发达的国家，通过互联网进行文化消费早已成为美国民众的生活习惯。近年来，中国网络文学走红海外①，网络游戏、网络影视剧在北美的市场份额快速上升。央视中文频道在

① 中国网络文学走红海外，美外交官也是粉丝[N]. 人民日报，2017-05-09.

美国 YouTube 账号的订阅数突破 10 万，2016 年频道视频观看人数 3644 万，同比增长 350% 。[①] 这说明，借助美国当地有影响力的社交媒体传播中国文化内容，是互联网 3.0 时代适应国外大众文化需要的明智选择。

四是充分发挥民间人文交流渠道促进中国文化走出去。美国是当今世界最发达国家，也是中国最大的贸易伙伴，中美之间人员往来密切，每年中国赴美旅游、商务、留学、访问人数规模大。人本身既是最重要的文化载体，也是跨文化传播的主要媒介。我国可充分发挥学术团体、社会组织、中资机构以及留学生、出境游客、华人华侨、侨领、侨商、中国侨商会的“文化使者”作用，综合运用官方交流、民间往来和商业演出等多种方式，促进中国文化向美国传播。通过大量的民间文化交流活动，展现当代中国风采，促进美国普通民众对中国文化、中国政府的了解和认同。

五是加强“请进来”，通过“影响有影响力的人”实现中国文化走出去。中美作为世界上最大的发展中国家和最大发达国家，两国在文化、科技、教育等领域保持密切交往，两国政府签署了《中美文化合作协定》《教育合作议定书》《中美政府间科学技术合作协定》等合作文件，建立了中美科技联委会、中美文化论坛等对话机制。双方在教育、科技、文化、体育、妇女、青年等领域，达成万名美国大学生来华留学（中方提供奖学金）、“汉语桥”万人来华研修、公派万人赴美攻读博士学位和美方“十万人留学中国计划”等在内的一系列合作交流项目。这些对话交流机制及合作项目，可以让我们有更多机会接近和认识美国经济、教育、科技、文化、体育等领域具有全球影响力的名人、明星。我们可以邀请其中对华亲近的知名人士、影视明星及知名记者来华访问，借用他们的影响力、号召力向世界传播中国故事、中国形象和中国文化。例如美国基辛格博士专著《论中国》、美国纽约大学著名政治学教授专著《习近平时代》成为全球畅销书，对西方世界了解中国起到了很好的推动作用。又如，中美合拍电影《功夫梦》邀请好莱坞巨星贾登·史密斯参演，使影片《功夫梦》与中国功夫一道风靡欧美。

---

① 央视中文国际频道 YouTube 账号各项数据提升明显[EB/OL]. 中国中央电视台网，[2017 - 4 - 21]. http://www. cctv. cn/2017/02/17/ARTI33ewP4j8mSKsqx4hXlNi170217. shtml.

案例 10

从产业到内容的创新合作①
——电影《功夫梦》海外票房分析

2010 年，中美合拍电影《功夫梦》以 2.6 亿元人民币的总投资，创造了 23.63 亿元人民币的海外票房成绩，成为近年中外合拍电影的票房冠军。

一、产业合作方面

《功夫梦》由中影集团、索尼哥伦比亚电影公司、威尔·史密斯的电影公司 Overbrook 联合出品。威尔·史密斯投资 2500 万美元，中国电影集团投资 500 万美元，获得中国及其他部分亚洲地区的发行权，这是中影集团首次与好莱坞制作商合拍的影片。

该片由美国方面承担导演、编剧、后期剪辑等核心工作，并解决大部分资金问题，而中国方面负责演员、拍摄场景和中国市场的发行工作。主演由威尔·史密斯的儿子贾登·史密斯和功夫巨星成龙出任，豪华的明星阵容保证了影片的可看性。《功夫梦》不仅是一部血统优良的精品电影，也是好莱坞电影梦工厂进军中国的一块试金石；从投入、产出规模来看，虽然它只能算作好莱坞制片体系下的中小影片。

《功夫梦》的营销、宣传和发行按照好莱坞全球化的规则享受好莱坞大公司的最高待遇，充分调动了索尼哥伦比亚公司在全球市场的发行网络和经验，因其分级限制低促成了大范围、大规模发行目标的实现。在芝加哥首映当天，成龙和贾登·史密斯亲临助阵，威尔·史密斯也短暂亮相，给观众带去惊喜。在英国的首映则延至 7 月 15 日，以引爆欧洲市场。

2010 年 6 月 11 日，《功夫梦》在全美 3663 家电影院同日上映。当日即以 1880 万美元的票房排行榜首，首周末以票房 5600 万美元排名榜首，不仅成功收回了制作成本，还比同期排名第二的电影《天龙特工队》（首周末票房 2600 万美元）多出一倍有余。各国功夫影迷大力追捧，盛况空前。截至 7 月底，该片在全球票房收入已达到 16.35 亿美元。截至 10 月影片 DVD 发售，共取得 1.76 亿美元票房，位列北美年度票房第十位。

《功夫梦》的票房收入主要集中在一些电影大国，如美、德、英等，在亚太及南美一些国家也取得不俗的票房成绩。美国作为合拍一方，理所当然地成为该片海外票房收入主要来源，销售成绩为 11.6 亿元，约占该片全球票房总收入的

① 本案例根据《从产业到内容的中西合璧—电影 <功夫梦> 海外市场的突破》改编而成。原文载于《中国对外文化贸易年度报告(2012)》,北京大学出版社,2013:193。

73%。墨西哥取得了 8000 多万元的票房成绩，仅次于美国。澳大利亚也到了 6000 多万元。相比之下，中国票房平淡，仅以 5000 万元人民币收账。

二、展现中国元素与普适化价值观

《功夫梦》翻拍自 1984 年美国同名电影《龙威小子》（The Kante Kid）。故事梗概大体一致，只是将故事的时间、地点、人物移到中国。虽然，它与《功夫熊猫》等影片一样是充满美式创作风格的华人电影。但却有着让东西方观众眼前一亮的新内涵，可以算作好莱坞打造中国功夫题材电影的一次崭新尝试。在北京怀柔影视城搭景拍摄，中影集团负责协助拍摄，拍摄基地设在北京电影制片厂，外景地则主要是一排排四合院中的胡同，部分镜头在天安门和故宫拍摄。

《功夫梦》全片将中国传统文化元素、符号连缀起来，故宫、长城、武当山、北京胡同和四合院，还有太极拳、皮影戏、七夕节、拔火罐、旗袍等中国传统文化符号汇聚一起，异域奇观搭在一处，卖点十足。此外，影片不拘泥于中国历史，崭新的鸟巢、CBD、建筑工地，川流不息的马路和古老的长城，清净的道现，破落的巷道新老混搭，可谓活生生的一幅北京风情画。

《功夫梦》形象展现了中国文化的精神价值。片中的武当功夫柔中带刚，彰显了中国功夫的精神内涵。中国功夫深得儒、道、佛三家思想熏陶，讲求内外兼修。习武并不是为了争胜负，是为了达到“止戈为武”的和平。成龙饰演的韩先生，身怀绝技却不争强好胜，深得中国文化精髓，代表了中国习武者追求的理想人格。影片还展示了中国民俗民风、中医等文化。可以说，《功夫梦》为世界观众呈现了生鲜形象的中国文化。

虽然影片中的武打戏非常精彩，但影片最能动人心弦的还是那浓浓的师徒情义。武功师傅韩先生因车祸失去妻子，孤单而痛苦。洋人德瑞从小失去父亲，缺少父爱。因偶然的机会，两人成为师徒。相处期间，韩先生像父亲一样，对德瑞充满关爱。人间至爱柔情、真善美的普世文化和积极乐观的“美国梦”，是《功夫梦》所宣扬的文化价值。

《功夫梦》中的人物对白几乎全为英文。在美国观众眼中，不说英文而看字幕的影片，都是小众艺术影片（外语片）。该片定位于主流商业大片，它采取了文化混杂策略，即按照不同国家的市场需求配置故事、场景、人物和演员，有机组合各种文化元素，扩大了电影的市场适应面。

案例点评：

《功夫梦》是中美合拍的一部老少皆宜的卖座电影，它的成功在于以美国好莱坞巨星来演绎中国故事，用国际化话语为中国内容裹上了一层普适文化外装，这是最大限度获得票房的基础。这是一个成功的商业运作，也是一个展现中国文化价值，以产业合作方式宣扬中国文化的创新之举。

6.4.2 面向欧洲的文化走出去

欧洲多数国家一方面主张文化多样性，对不同文化对话交流持欢迎态度；另一方面，普遍实行文化保护政策，有比较严格的文化传播壁垒。欧洲一些国家在人权问题上与中国分歧较大，对中国的意识形态认同度低。21 世纪以来，中国与欧盟关系不断加深，文化交往越来越密切，为中国面向欧洲国家文化出口打下了良好基础。今后中国面向欧洲国家的文化走出去，可重点从以下几条途径展开：

第一，继续实施文化外交项目，推动中国当代文化走出去。近年来，中国与英国、德国、意大利等欧洲大国高层交往不断，中欧文化关系日益密切。2010年以来，中国坚持每年在英国、法国、德国、意大利、比利时等国举办“中国文化年”“欢乐春节”“感知中国”“中国文化周”等各种形式的文化交流对话活动，以精彩的文化艺术展演和文化展览活动，展现中国博大精深的历史文化和丰富多彩的民间文化、民族艺术，让当地民众近距离感受中国文化的丰富内涵，更生动具体地了解认识中国。但是，从总体来看，这些对外文化交流活动，以展示京剧、戏曲、民族歌舞、杂技等传统文化居多，中国现当代文化艺术比较少。为此，实施对欧洲文化交流项目时，需要注重中华传统文化与现当代文化相结合，创新走出去的文化内容、文化表现方式，增强思想对话、文明互鉴、创意交流，切实加强中华文化价值观传播的深入性和普及度。

第二，巩固发展孔子学院文化传播平台，大力推广中国语言和文化。推进汉语的国际化，是中国文化走向世界的战略性、基础性工程。截至 2016 年底，欧洲 41 国设立孔子学院 171 所，29 国设孔子课堂 293 个①，但是欧洲国家学习汉语的人数比例相对较低。还要进一步巩固和发展孔子学院、孔子课堂，帮助和引导更多的欧洲青年学习汉语和中国文化，通过孔子学院这一本地化中国文化传播阵地，促进更多中国图书和中国影视文化等文化产品出口。

第三，通过民间对外交流途径走出去。近年来，国际金融危机之后，欧洲国家经济普遍不景气，大部分欧洲国家面向中国扩大开放，这为中国赴欧留学、旅游、投资经商办企业提供了良好机遇。随着大量中国公民涌入欧洲各国，为民间传播中国文化提供了良好机遇。

第四，通过大众传播特别是互联网传播途径走出去。在欧洲，互联网和数字技术使用已经非常普遍，“文化内容 + 数字技术加工 + 互联网传播”模式已成为各国创意经济发展的新趋势，“英伦圈”“英国那些事”与凤凰伦敦、央视欧洲

---

① 孔子学院总部/国汉办. 孔子学院 2016 年度发展报告[R/OL]. 2016:11. [2017 - 6 - 18]. http://www.hanban.edu.cn/report/2016.pdf.

微博、中国日报网在线等手机 App、微信公众号等已成为当地百姓经常接触的新媒体。一方面，中国驻外机构、中资企业或当地中国留学生可积极向当地影响力较大的新媒体投稿，讲述中国精彩故事，发出中国声音。另一方面，可以通过“互联网 + 公关公司”模式切入传统主流媒体，掌握当地舆论制高点。中国作为欧洲最重要的贸易伙伴，对欧洲经济影响越来越大，欧洲各大媒体也逐渐加大对中国新闻的报道力度。通过网络公关公司（或当地对华友好网络“大 V”）评论和转发中国的好新闻，使之成为当地舆论热点，必然会引发当地主流媒体对相关内容的深入报道，从而达到巧借外媒传播中国文化，扩大中国影响力的目的。

第五，通过欧洲来中国旅游者、汉学家传播中国文化。欧洲人历来，喜爱旅游和探险，中国是欧洲人重要的旅游目的地。前文相关问卷调查（表 3 - 16）显示，浏览中国城市达 11 个以上的占欧美接受调查者的 31.3%。这个数据充分说明，欧洲人习惯以旅游方式了解中国。因此，要加强与欧洲旅行社和旅游组织的合作，采取多种途径加大对中国旅游目的地营销，以吸引更多欧洲人来中国度假休闲，让他们了解中国，亲身体验中国文化。

6.4.3　面向非洲、拉丁美洲的文化走出去

历史上，非洲和拉丁美洲很多国家同属英、法等西方国家的殖民地，受西方文化影响较深，非洲、拉丁美洲的文化价值观、社会制度、日常生活娱乐等都留有西方文化的印记。新中国成立后，不断加大对非洲、拉美国家的经济援助，双方友好合作关系不断深化发展；在经济发展水平上，与我国同属于发展中国家和多民族国家，同样面临着现代化建设过程中的一系列问题，包括人口城镇化、就业与民生保障、社会管理等。在一些非洲、拉丁美洲国家民众眼里，中国是发展中大国，靠独立自主、艰苦奋斗的民族精神和改革开放发展道路走出来的，是值得信赖的“老大哥”，是他们学习的榜样。在民族独立斗争中，非洲国家人民风靡学习毛泽东著作，毛泽东思想成为他们争取民族独立斗争的思想武器。在拉丁美洲和非洲，大部分民众对中国文化、中国人民是比较认同的。同时也要看到，近些年来，欧美国家也非常关注非洲、拉丁美洲事务，在政治、经济、文化、教育、医疗等领域不断渗透其影响，西方慈善和宗教等多种组织一直在当地活动，从中干扰和破坏中国与非洲各国的良好关系。特别是近年来，少数西方国家为挑拨非洲、拉美国家与中国的友好关系，利用西方主流媒体在非洲、拉美的影响力，传播中国的负面新闻，致使非洲、拉丁美洲一些国家也有了关于中国的“杂音”。为此，面向非洲、拉丁美洲国家的文化走出去可采取以下途径：

第一，通过对外传播媒体走出去，扩大中国在非洲、拉美地区的影响力。非洲、拉美地区是“海上丝绸之路”的自然延伸地带，也是我国“一带一路”建设布局的重要组成部分。当前，中国与拉美、非洲在经贸、基础设施建设及投

资、制造业等领域的合作不断加深，要与非洲、拉美国家巩固外交关系，推进命运共同体建设，就要改变“中国国际传播弱势”的现状。当前，应抓住拉美、非洲国家加入“一带一路”建设的有利时机，积极推进我国与拉美、非洲国家主流媒体的沟通、合作、交流，促进中国数字媒体在非洲、拉美地区国家的落地，提高传播效果。特别是要针对当地需求和舆论动态，讲好中国故事、传播中国声音，阐释好中国特色，以中国感召力、公信力和影响力，突破美欧政经界、知识界和媒体在拉美、非洲的话语霸权。要让当地民众时时处处能听到中国声音，感受中国文化美好，从而不断提高中国在当地的美誉度。

第二，增加政府与民间的文化交流，加强中国与第三世界国家的文化合作。目前非洲、拉美国家同样面临欧美国家强势文化入侵带来的文化安全危机。为了抵制西方大国的文化殖民企图，非洲、拉美国家加强了文化保护与文化发展意识，建立了一些区域性文化合作组织，如“非洲国家广播电视组织”“加勒比广播联盟”等。中国与拉美、非洲国家的文化差异较大，彼此文化交往的基础比较薄弱。因此，中国要在保护和发展文化多样性以及不同民族文化共存共荣原则指导下，增加与第三世界国家的文化交流与合作；以促进文化互鉴、文化共享为目的，推动政府间双边和多边文化交流，共同对抗美国文化霸权主义，维护发展中国家的文化权益。在推进汉语教学的同时，坚持以政府为主导，吸纳更多民间力量，办好“文化交流年”“文化节”“文化季”等文化交流项目；通过节目表演、主题展览、影视展播、系列讲座、智库研讨等活动，促进不同文化背景人民的心灵沟通与对话，扩大中国文化的国际影响力。

第三，加强中非、中拉文化产业合作，推进中国电影、电视剧走出去。中国与拉美、非洲国家同属多民族集聚与多元文化融合发展的国家，文化的民族性、多样性、包容性比较鲜明。近代史上，中国、拉美、非洲国家人民都曾经遭受西方列强入侵和压迫，在反抗侵略与殖民统治，争取民族解放与独立自主斗争中，形成了以爱国主义、平等自由为文化基因的民族价值观。在这点上，可以说拉美、非洲国家文化价值观与我国有许多共同性和共通性。因此，对于实现核心文化产品走出去，拉美、非洲的新兴市场经济国家是有待开发的目的地。近年来，电视剧《媳妇的美好时代》《年轻医生》《平凡的世界》以及《失恋 33 天》《重返 20 岁》等影片在非洲和拉美国家热播，说明反映改革开放、城市生活为内容的影视剧能够超越文化差异。中国电影、电视剧走进非洲、拉美市场还有很大的发展空间，要通过版权贸易及合作拍摄等方式，让更多的中国影视剧译成当地语言进入主流频道。从另一角度看，中国电影电视中反映我国高铁、核电、机器人等高端制造、智能制造及跨海大桥建设等内容，以及当代城市生活的实景展现，能够改变非洲、拉美国家人们心中“中国 = 廉价品”“中国 = 援助者”“中国 =

李小龙”等片面印象。

第四，通过大力实施面向非洲、拉美国家留学生教育和干部的培训项目实现主流文化走出去。中国经过改革开放40多年的高速发展，快速崛起，其背后的文化因素、管理经验受到非洲、拉美广大第三世界国家人民的推崇，一些非洲、拉美国家从政府到民间都有到中国学习取经的强烈愿望。中国可利用国家行政学院、浦东干部学院以及地方行政学院的教育培训资源，举办非洲、拉美国家官员培训班，通过现场教学、中外官员面对面交流，促进第三世界国家对中国文化价值观、中国道路、中国精神的理解和认同；同时，通过遴选机制，吸纳非洲、拉美国家青年精英来华留学，加大培养亲华、友华、知华人才队伍的培养，为促进中国企业到拉美、非洲投资兴业和中国文化产品出口，打下基础。

第五，巧借非洲和拉美国家的政界名人、体育明星和知识精英的影响力，促进中国文化传播。邀请拉美和非洲的社会名流、体育明星和知识精英访问中国，开展文化项目合作（如请他们参演中国电影、电视剧，或译制、推介中国核心文化产品等）。通过他们在当地的话语权和号召力，促使当地民众对中国文化产品、中国制度、中国梦的接受和认同。

此外，要加大文化援助力度，促进非洲和拉美地区公共文化设施建设和文化遗产的保护，巩固和提高中国在当地民众中的亲和力。

6.4.4 面向阿拉伯世界的文化走出去

阿拉伯世界有22个国家，人口超过3.5亿，GDP总量达2万亿美元，地处亚、非、欧三大洲交通要道，占据战略位置，拥有丰富的石油等资源。中国和阿拉伯国家在历史上长期保持交往，历史上的“丝绸之路”联结了中华文明、阿拉伯文明两大古老文明。长期以来，阿拉伯国家的伊斯兰教文化影响了中国多个民族的精神生活，但中国对阿拉伯世界的影响主要停留在物质层面和技术层面，中国儒家文化对阿拉伯文化的影响有限。过去十年间，中阿双边政治、经济合作迅猛发展，经贸合作活跃，中阿关系呈现强劲的发展势头，文化领域内的交流也日益频繁。中国与阿拉伯世界是国际舞台上的好朋友，经济交往中的好伙伴，发展事务中的好兄弟。从地缘上看，中东正好处于丝绸之路经济带和21世纪海上丝绸之路的交汇地带，“一带一路”架起“民心相通”的桥梁，增进了中阿人民的相互认知和友好感情。“一带一路”建设为中国文化在阿拉伯世界的传播带来难得的历史机遇。面向阿拉伯世界的中国文化走出去，重点可考虑以下几个方面。

第一，加强与阿方新闻媒体合作交流，促进中国新闻在阿拉伯地区的落地传播。传播力决定影响力和舆论引导力。20世纪中期以来，中东成为西方政治利益集团关注的重点地区，并在这一地区密集发展和渗透，逐渐形成了在阿拉伯世界的舆论话语权。中国要摆脱西方媒体掌控涉华报道的被动局面，就必须加强中国新闻在阿拉伯地区的落地传播。一方面，选择“一带一路”建设沿线城市及对华友好的阿拉伯国家作为中国国际新闻落地的突破口，扩大中国主流媒体阿拉伯语广播电视频道落地传播。近年来，我国国际广播电台与阿尔及利亚、埃及、黎巴嫩、摩洛哥、约旦、突尼斯等一些国家媒体合作，获得了当地听众的认同。另一方面，加强与阿拉伯国家广播联盟、阿拉伯通信卫星组织的合作交流，通过邀请加入“丝路电视国际合作共同体”等方式，合作制作国际节目、互译互播对方国家经典影视作品。如黎巴嫩国家电视台和 OTV 电视台赴华拍摄和播出《世纪奇迹—中国》纪录片，促进了阿拉伯观众对中国的了解。

第二，利用阿拉伯地区的国际文化贸易平台，促进中国图书与影视作品走出去。美国的影视、音乐等流行文化在阿拉伯世界颇有影响力，尤其对阿拉伯国家的年轻人影响较深。近年来，“韩流”开始风靡中东，不少韩剧被阿拉伯民众所熟知和喜爱。客观上说，虽然阿拉伯国家在宗教、文化等方面偏于保守，但是年轻一代却思想活跃，他们渴望了解世界各地的文化，享受丰富的精神生活。这就为中国文化产业进入阿拉伯国家提供了市场条件。特别是阿拉伯国家面向国际举办的“阿拉伯广播电视节”“阿布扎比国际书展”，从近年中国参展的情况看，阿拉伯国家读者对中国图书、影视的需求还是比较强烈。“据不完全统计，2016年中国与阿拉伯国家之间的图书版权贸易量达 750 多种。”[①] 4.2 亿阿拉伯语读者中有一半以上是青少年[②]，他们对中国的连环画和绘本图书普遍很感兴趣。同时，《琅琊榜》《海上牧云记》《媳妇的美好时代》《金太郎的幸福生活》《杜拉拉升职记》《逃出生天》和《101 次求婚》《十二生肖》等影视也广受欢迎，在当地具有很高的收视率。因此，我们可重点开发针对阿拉伯国家受众的影视作品和精品图书，通过国际展会平台加大走出去力度。同时，引导、鼓励新疆、宁夏的文化企事业单位围绕演艺、电影、电视、广播、音乐、动漫、游戏、游艺、数字文化、创意设计、文化科技装备、艺术品及授权产品等，开发阿拉伯市场。鼓励文化企业在“一带一路”沿线国家和地区投资“丝绸之路国际院线联盟”，通过大规模商业运作，使中国影视作品、图书在阿拉伯国家形成影响力。

第三，通过政府与民间文化交流平台走出去。近年来，中国先后在“阿拉伯国家举办‘海上丝绸之路泉州文化节’（2003 年）、‘中华文化北非行’（2004年）、‘海湾中国文化周’（2005 年）等大型文化活动，足迹遍及埃及、叙利亚、科威特、沙特、阿联酋、阿曼、卡塔尔、巴林、摩洛哥、突尼斯、毛里塔尼亚等

---

① “中国书香”赢得更多阿拉伯读者[N]. 人民日报，2017-04-28.

② “中国书香”赢得更多阿拉伯读者[N]. 人民日报，2017-04-28.

国”①，产生了较好的效果。今后要立足于促进世界和平发展、合作共赢，彰显“开放包容、互学互鉴”的东方智慧，以举办“欢乐春节”“丝绸之路文化论坛”等品牌活动为重点，互办文化节（年、季、周、日），以此促进中国与阿拉伯国家优秀艺术家互访，增进阿拉伯国家人民对中国的了解认知和友好感情。要通过坚持举办“中国阿拉伯国家图书馆馆长论坛”，推动中阿图书馆资源的共知共建与共享，让阿拉伯地区国家广大读者通过图书馆接触到中国古代和现代的文献、视频、音频、图片等，更多地了解中国文化与历史。

第四，加大在阿拉伯世界兴办孔子学院和中国文化中心的力度，通过文化交流对话平台走出去。“相比其他地区，中国在阿拉伯国家建立的孔子学院或孔子课堂还非常少”。② 但是，在阿拉伯世界，埃及、约旦、苏丹、阿联酋国家学习汉语的人数逐年增多。我们要以战略眼光，选择在“一带一路”沿线中的阿拉伯地区重要城市布局孔子学院和中国文化中心，加强汉语在阿拉伯世界的推广，扩大中国文化在当地的影响力。

第五，加强与阿拉伯国家大学的联系合作与文化交往，借助阿拉伯国家的智力和人才促进中国文化走出去。阿拉伯国家的大学教师、智库学者是思想文化的重要传播者和建设者。阿拉伯国家大学中文系老师及当地汉学家，是有助于传播中国文化的重要角色。因此，我国应面向阿拉伯国家大学实施“丝绸之路文化使者”遴选计划，以中阿文化经典作品互译与推广为合作载体，举办青年汉学家、翻译家研修活动，邀请智库学者、汉学家、翻译家来华参加文化价值观的交流对话，亲身感受和体验中国国情、中国制度与中国特色。

6.4.5　面向东盟的文化走出去③

中国与东盟地缘相近，人文相亲，文化交流源远流长。随着中国—东盟自由贸易区的建立和中国—东盟南宁博览会的连续举办，中国—东盟战略伙伴关系稳步发展，人文交流不断深化。总体上，在经贸合作的推动下，中国面向东盟的文化走出去形成了多主体、多渠道、多方式格局。一是通过政府间建立的大型公共外交平台“走出去”。多年来，坚持每年举办中国—东盟南宁博览会、中国—东盟南宁国际民歌艺术节（即“两会一节”）以及泛北部湾经济合作论坛、中国—东盟文化论坛，东盟各国政要、专家学者、业界精英在这些盛会上交流政策理念、展示文化精品，对东盟国家产生了广泛的影响力。二是组织开展政府主导的对外文化交流活动“走出去”。通过举办“文化交流年”“文化周”“欢乐春节”

① 刘伟．宁夏中阿文化交流的成果与机遇[J]．中国穆斯林，2014(01)：29.

② 刘欣路．中国在阿拉伯国家的文化软实力亟待提升[J]．公共外交季刊，2012(04)：55.

③ 王春林．广西面向东盟的文化“走出去”模式探析[J]．学术论坛，2012(07).

“青年友好交流年”等活动，开展舞台艺术展演、美术绘画、文化展览、图书推广、文化名人学术活动等，让东盟国家民众近距离感知中国文化魅力。三是通过网络平台实现文化信息走出去。建立了中国—东盟自由贸易网、中国—东盟在线、中国—东盟信息港、中国—东盟中心网等一系列政务、新闻与商务网站，推动互联网经贸服务、人文交流和技术合作。四是建立新闻传媒合作机制实现中国故事、中国话语、中国形象走出去。采取双向互动方式与东盟国家广播电视机构开展联合采访、联合报道、节目交换、合作制片和频道落地等，推动中国广播电视新闻和文化节目走出去。五是通过国际教育培训实现文化价值观走出去。目前东盟国家已有数万名留学生在中国高校接受高等教育，每年有数千名官员或专业技术人才来中国培训机构接受短期学习培训。六是通过发展对外文化产业，扩大对东盟文化贸易和吸引入境旅游，实现文化贸易顺差。近年来，中国对东盟图书音像出版走出去实现了从出版物实物出口贸易、版权赠送等扩大到版权输出、合作出版、对外投资开办印刷厂出版公司转变。“中国对东盟游客的吸引力持续上升。2016 年上半年，按入境旅游人数排序，中国主要客源市场前 15 位国家中，有 6 个是东盟国家。东盟国家来华旅游人数达到 650 多万人次。以毗邻东盟的广西为例，目前广西每年入境游客超过 300 万人次，其中近一半来自东盟国家。”① 大量东盟游客通过中国之行，切身感受到了中国现代化建设新面貌和富有魅力的国家形象。

中国虽然在东盟国家的影响力有了大幅提升，但是文化走出去的成效还不平衡。特别是与中国经济面向东盟走出去的成效相比，中国文化走出去不容乐观。东盟地区是西方文明、东方文明、印度文明、阿拉伯文明以及当地土著文明等多种文明汇聚之地，也是美国、日本、英国、印度等多方利益博弈及多种意识形态、政治制度交织地区，中国要实施文化走出去战略，必然会面临西方文化、日本文化、印度文化、伊斯兰文化等外来文化的竞争与挑战。

按外来文化影响力与经济发展水平分类，东盟国家大致可分为三类：一类是经济发展水平较高，同时受西方文化影响较深的国家，主要有新加坡、泰国、马来西亚、文莱；二类是经济发展水平居中，对外来文化既包容又排斥的国家，主要有菲律宾、印度尼西亚；三类是经济比较落后，对西方文化比较排斥，与中国保持传统友好的国家，主要是越南、老挝、柬埔寨和缅甸。为使中国文化顺利走出去，我们要深入研究各国不同的文化包容度、文化市场需求状况，选择更有针对性的走出去重点途径。

对于新加坡、泰国、马来西亚、文莱，虽然面临“西方文化”的强势竞争，但是文化消费市场发育较好。要重点以民间交流为主体，选择以市场化、产业化方式，举办中国文化艺术展演活动，促进图书、影视精品出口，加强文化旅游与

---

① 中国东盟共筑旅游共同体[N]. 钦州日报，2016 - 11 - 16.

教育产业合作，扩大中国文化产品和服务出口。同时，加强与新加坡、泰国、马来西亚华文媒体合作，让其媒体资源为我所用，间接表达中国的诉求，强化对中华文化、儒家文化核心价值、“一带一路”建设与人类命运共同体等宣传报道，努力提升中国文化的影响力。

对于菲律宾和印度尼西亚，同属于多民族、多宗教、多党制国家。对于面向这类国家的文化交流，要注意避开宗教意识形态壁垒，重点采用政府公共外交、民间交流和网络交流互动途径实现走出去。通过经贸合作交流促进少数民族文化交流，加强旅游合作交流，促进传媒合作、数字版权贸易和娱乐文化产业合作。

对于越南、老挝、柬埔寨和缅甸四个国家，要注意加强“走出去”与“请进来”相结合。在中央政府主导下，有效发挥广西、云南等地方公共外交和民间外交的积极性和创造性，促进多层次、多领域人文交流，举办援助形式的干部培训班、青年骨干人才培训班和智库专家学者专题研讨交流会，促进当代中国意识形态和改革开放政策理念的传播；资助办好孔子学院、孔子课堂，大力推广汉语学习和中国传统文化；促进双边国际教育和传媒合作，对外援助建设公共文化设施等，增强东盟民众对中国“亲、诚、惠、容”外交理念与和谐发展模式的文化认同，构建共享共荣的价值体系。

6.4.6　面向日韩国家的文化走出去

中国与日本、韩国是一衣带水的近邻，同属汉字文化圈、儒学文化圈。日本、韩国与中国有着悠久的文化交流史，中国文化对日、韩的历史文化有过深刻的影响。第二次世界大战后，日本、韩国得到美国的经济支持，经济快速发展。日、韩民众受教育程度与文化素质较高，文化产业比较发达。其中，日本动漫、电子游戏，韩国电视剧在国际上的知名度较高。随着中国快速崛起，无论是经济、文化，还是国际话语权方面，都是强有力的竞争者。美国知名的文明论学者亨廷顿认为，中日之间“在宗教、社会结构、体制和普遍价值观方面几乎没有共同之处”。[①] 此话虽有些夸张，但中日之间的结构性矛盾确实客观存在。因此，实施中国文化面向日韩国家走出去宜采取以下策略：

第一，推进民间文化外交，增强民间文化交流的活力和影响力。民间交往能够成为国与国之间经贸合作、人文交流的基石和催化剂。由于地理上邻近、文化上相通，东亚各国民间友好交往一直没有中断过。通过民间交流，相互了解、欣赏、理解；接受彼此，相互合作。在政府文化外交出现危机情况下，民间交流对增进两国人民的理解、信任和友谊有很大帮助。如2015年，来自日本政治、经济、旅游、文艺等各界3000多位“民间大使”访华，受到中方欢迎，对改善两

① （美）塞缪尔·亨廷顿，周琪等译．文明的冲突与世界秩序的重建［M］．北京：新华出版社，2010：11.

国关系产生积极影响。民间文化交流有对方的民间支持，能够融入对方民众心中，文化交流的实际效果较好。当前，中国与日本、韩国民间友好交流活动形式丰富，发展态势较好；但也存在民众参与热情不高、参加活动的名人不多、文化交流友好团体人员老化、民间文化交流机制欠缺等问题。[①] 需要在政府层面建立民间文化交流协调委员会，创造更好的条件，引导更多的年轻人、文化名人和民间艺人及媒体参与到对外文化交流中来。在文化交流中广交朋友，建立友谊，并通过媒体宣传、传播文化交流活动的正能量，扩大文化的影响力。

第二，促进文化产业合作，推进中日、中韩文化贸易，逐步缩小文化贸易逆差。日本、韩国同属东方文化圈，汉字使用率较高，对中华文化的接受能力强，这是中国文化产业面向日本、韩国走出去的重要基础。但是，日本、韩国文化产业发展起步早，其文化产业比较发达，国民文化产品消费层次较高，内容质量不高的文化产品难于在日本、韩国打开市场。据统计，2015 年中国引进日本图书版权 1724 种，韩国 826 种，同期，出口图书版权日本 313 种，韩国 654 种。[②] 为此，中国应加强与日本、韩国在图书出版、影视和游戏、动漫等产业方面的合作，学习借鉴其先进经验，特别是通过合作出版、联合制作动漫、合作拍摄电影电视等方式，促进中国内容的图书、影视、动漫进入日本和韩国市场。例如，由江苏译林出版社、日本童心出版社和韩国四季出版社三方联合发起“祈愿和平”中日韩绘本系列图书，受到日本、韩国等国读者的欢迎。中日联合拍摄的电影《敦煌》《禅》《一盘没有下完的棋》《空海》等优秀影片，中韩合作拍摄的《重返 20 岁》《坏蛋必须死》《第三种爱情》等电影，在泛东亚尤其在儒家文化圈都有较好的市场。目前，已经建立的“中韩文化产业论坛”，中日合办动漫节、影视周—中国动漫节等文化产业合作机制，联手打造的面向世界的文化产业合作模式，都能够提升中国文化产业竞争力，有利于中国文化走出去。

第三，发挥孔子学院和中国文化中心平台作用，促进中国传统文化与当代文化艺术走出去。韩国和日本是海外孔子学院的“重镇”。根据孔子学院总部发布的《孔子学院 2016 年度发展报告》，韩国已有孔子学院 23 所、孔子课堂 13 个；日本有 14 所孔子学院、8 个孔子课堂。[③] 韩国首尔孔子学院是中国在世界上设立的第一家孔子学院，韩国首尔的中国文化中心是亚洲第一个中国文化中心。在日本、韩国，孔子学院与中国文化中心受到当地民众与地方政府的欢迎。这些孔子

① 周明伟. 对促进中日文化交流提出四点建议[EB/OL]. [2017-4-21]. http://news.china.com.cn/txt/2014-06/13/content_32654418.html.

② 2015 年全国新闻出版业基本情况[J]. 出版视野,2016(05):28.

③ 孔子学院总部/国汉办. 孔子学院 2016 年度发展报告[R/OL]. 2016:64. [2017-6-18]. http://www.hanban.edu.cn/report/2016.pdf.

学院和中国文化中心在展示中国文化、促进交流合作、沟通密切双方友好感情等方面起到了积极作用。推进中国文化走出去，还要进一步发挥孔子学院、中国文化中心的平台作用，要引导其搞好汉语教学之外，还可根据不同需要，面向当地民众推广当代中国文化艺术、介绍中国国情及开展中国发展专题的研讨交流。

第四，加强与日韩两国媒体和智库学者的对话交流，促进中国话语、中国方案、中国理念走出去。媒体和智库学者的言论是本国公众了解他国的重要信息来源。媒体保持定力，把握大局和主流，客观全面地报道对方国家，就能提升国际互信。同样，智库学者通过出版书刊、举办各类交流活动、利用媒体宣传等方式，影响政府政策制定、教育和引导社会大众。通过加强与日本、韩国媒体和智库之间的交流，把中国的社会现状和民情民意，以对话沟通、新闻报道等方式对外传播，使日韩两国公众深入认识中国的诉求，消解对中国的误读误判，缩小认知差距。目前，中日、中韩媒体间分别建立了对话交流机制，促进双方媒体在维护两国友好关系以及促进东亚和平与发展发挥积极作用。但是，两国媒体的相互信任和务实合作还要加强。据调查，日本有识之士认为本国媒体的对华报道不客观公正的高达59%。① 因此，需要建立新闻联络机制，保持常态沟通；加强与日本、韩国驻中国记者的联系，如举办沙龙等；推进与日本、韩国媒体联合策划与报道，组织日本、韩国的网络名人到中国访问。此外，中国智库学者既要积极主动走出去，也要善于“请进来”。日本、韩国汉语普及率高，不少专家学者对当代中国社会、中国历史文化研究颇深，他们也是对本国民众传播中国文化、中国问题的重要信息源。我们可邀请部分优秀专家参加举办“汉学与当代中国”座谈会、青年汉学家研修计划、中外文化翻译合作研修计划，促进中外智库交流与合作，大力推动国际汉学和中国研究的发展，培养一批具有发展潜力的青年汉学家、翻译家。借助他们的力量讲好中国故事，使之跳出西方固有的错误思维来解读中国。

---

① 高岸明：从六方面推动中日两国媒体加深交流[EB/OL]. 人民网. [2014-11-17]. http://world.people.com.cn/n/2014/0928/c1002-25754881.html.

第7章　创新优化文化走出去的宏观管理

基于上述研究，笔者认为，推进中国文化走出去的内容、形式和途径创新，从根本上讲，需要从优化文化走出去的顶层设计入手，进一步强化常态化体制机制支撑，构建一个尊崇创新、鼓励创新的文化生态制度环境。为此，提出相关政策建议如下：

7.1　完善管理体制，加强文化走出去的统筹协调

加强工作领导和科学规划是文化走出去健康有序发展的重要保障。2000年以来，根据中共中央、国务院《关于全国外事管理工作若干规定》，原文化部作为国家对外文化交流工作的归口管理部门，负责对全国各地、各部门对外文化交流工作的政策指导、宏观调控和监督检查。中国加入WTO以后，特别是中央提出实施文化走出去战略以来，中国对外文化工作的领域不断拓展，逐渐形成了主体多元、层次丰富、领域广泛的全方位对外文化交流新态势。为了适应这一新的形势，2009年，经国务院批准，建立了对外文化工作部际联席会议制度，以原文化部为牵头单位，外交、教育、商务、新闻出版、广电、体育、侨办等12家部、委、办、局为成员单位。建立部际联席会议制度以后，加强了全国对外文化工作的组织指导，一定程度上增进了各部门的沟通、协调和配合，初步形成了中国文化走出去“全国一盘棋”的新局面。

十七届六中全会提出建设“文化强国”，党的十八大又明确经济、政治、文化、社会和生态文明“五位一体”总体布局，文化被赋予了推动经济社会和生态文明建设的重要作用。在对外文化工作方面，十七届六中全会提出“对外要服务于国家对外工作大局，服务于提升中华文化的国际影响力，对内要服务于祖国统一大业和文化强国建设”的宗旨，党的十八大明确了“着力推动中华文化走向世界，展示中国文明、民主、开放、进步的形象，营造良好的外部环境，推动建设持久和平、共同繁荣的和谐世界”的总体要求。文化走出去不再是文化部门一家的事务，已成为与国家外交、安全、经济发展紧密相关的综合性工作，必须放在国家发展和对外开放战略的总体框架下逐步推进。

第一，文化走出去要与国家整体外交战略相衔接。突出文化在国家外交中的特殊作用，以党和国家领导人访问和主场外交为契机，大力开展对外文化交流，

加强国际文化合作，特别是加强与“一带一路”沿线国家文化交流与合作，支持国家年、文化年（文化节、文化季）、“欢乐春节”等大型国家级文化交流活动。以此为载体，系统全面地向外推介中华优秀传统文化和现当代文化，充分展示中华文化精粹，展示中华文化独特魅力，树立“文化中国”形象。

第二，文化走出去要与国家安全战略相衔接。文化安全是国家安全的重要方面。扩大文化对外开放，需要重视和维护国家的文化安全。随着非传统安全领域的进一步扩大，文化安全管理在国家安全中的重要作用日益突出。一些西方国家敌对势力把社会主义中国的发展壮大视为对其价值观和制度模式的挑战，加紧对我国进行思想文化的渗透，企图对我国实施丑化国家形象、西化价值观、分化领土与主权的图谋，维护本国文化安全已经成为现代民族国家政权建设的一个重要方面。面对国（境）外影视和网络文化的大量涌入，我国应坚持“以我为主、为我所用”的方针，在充分吸收有益经验和先进文化成果的同时，注意加强对国外（境外）新闻出版和广电媒体、互联网新媒体等思想舆论辐射源的分析鉴别，增强防范意识，积极应对和有效化解可能带来的风险和冲击。实施文化走出去战略，要始终坚守我国文化理想、文化信念和文化原则，以延续民族文化血脉，传承民族文化基因为根本，不断加强国际传播能力和对外话语体系建设，强化新闻宣传和文化领域的主导权和国际话语权。

第三，文化走出去要与国家经济发展战略相衔接。涉外文化产业既是经济转型升级的重要引擎，又是国家经济发展的新增长点。随着“一带一路”建设推进，中华文化的国际影响力持续扩大，中国文化产品和服务走出去的空间会更加广阔。特别是随着发达国家和新兴市场国家居民可支配收入和闲暇时间进一步增多，以及高新科技的广泛应用催生了文化生产、传播、消费方式的深刻变革，多样化多层次的精神文化需求更加旺盛。文化走出去要以大力推进对外文化贸易为突破口，通过加快发展动漫、游戏、创意设计、网络文化等新型文化业态，扩大文化产品和服务出口，带动对外文化产业投资，推动文化产业走出去，提高中国经济发展的质量和水平。

与文化走出去战略所承载的重要定位和面临的新形势、新任务、新要求相比，当前中国文化走出去工作的宏观管理体制还存在薄弱环节。一是对外文化工作管理决策机制不适应文化走出去统筹发展的需要。目前，由原文化部牵头、12个部门组成的部际联席会议，只是一个工作协调性质的组织，主要职能局限于信息沟通。由于缺乏权威性，一些重大项目的决策计划执行与监督难于有效运行。在文化走出去的项目实施和资源统筹上，各成员单位往往出于部门自身利益考虑，而难于真正从大局需要出发，形成工作合力。二是缺乏文化走出去项目的决策咨询和评估机构。文化行政管理部门是政府对外文化工作组织者，也是政府对外文化交流项目的决策机构。国家文化走出去战略实施管理需要有许多专业性的研究和评估，在文化行政部门不能独立完成的情况下，需要相关机构参与项目的决策咨询与评估。三是缺乏文化走出去项目实施的非政府组织。在西方发达国家，对外文化交流项目通常是由基金会等非政府组织代表政府出面去实施。而在中国，通常是由政府或企业、事业单位组织开展对外文化交流，缺乏非政府组织的参与管理和广大公众的参与，与国际通行惯例不相符合。

为了适应新形势下文化走出去战略实施工作的需要，应当积极探索、建构富有效率的文化走出去工作组织管理体系，制定和实施文化走出去的战略规划。这是抓住文化走出去重要战略机遇期，形成全方位、多层次、宽领域、多渠道文化走出去格局的重要保障。为此，笔者建议：

第一，进一步健全文化走出去管理决策机制。文化走出去是一项涉及面很广的战略性任务。中央宣传部、中央网信办、国务院新闻办、原文化部、教育部、外交部、工业和信息化部、商务部、海关总署、税务总局、原新闻出版广电总局、旅游局、体育总局、宗教局、文物局、侨办、外专局以及贸促会等，这些部门的部分管理职能在不同程度上都涉及文化走出去的相关工作。为提高决策和工作统筹的权威性，建立直接隶属于党中央或国务院的文化强国建设工作领导小组，成员单位可由中央宣传部、外交部、教育部、商务部、财政部、文化和旅游部、税务总局、新闻出版广电总局等部门组成。建立这一统筹协调机构，能够在国家战略层面进行顶层设计，制定文化走出去的重大政策，建立和完善适应文化强国建设工作体制和运行机制，统筹实施重大国际文化交流项目，处置危及国家文化安全的重大事件等。

第二，制定实施文化走出去的中长期发展规划。推进中国文化走出去高质量发展要进一步厘清思路、加强统筹谋划。目前，中国文化走出去尽管取得了可喜的成就，但是也存在投入大、产出小、效益低，短期行为明显的现象，迫切需要认真总结实践经验，研究制定文化走出去的中长期发展规划。要在对全球各国文化政策、文化差异与文化市场特点科学分析的基础上，提出文化走出去的工作重点、目标定位和方式途径，有针对性地分部门分地区明确相关任务，设计好重点项目实施路线图，以提高国家文化走出去的整体性、协调性、实效性和长远性。

第三，建立和健全文化走出去决策咨询与评估机构。文化走出去涉及许多专业性很强的领域，需要有许多跨文化、跨国界的专业研究工作。国家层面可依托驻外使领馆、中国社会科学院、北京大学、清华大学、中央党校及外交学院、国际关系学院、中国语言文化大学、北京外国语大学等高校科研单位建立多种形式的中国文化走出去决策咨询与评估机构来承担相关决策咨询与评估任务。通过委托开展走出去对象国的文化政策、文化需求、文化市场竞争结构等情况的专题研究，为政府文化走出去相关决策制定和项目实施情况提供科学依据。省、区、市层面可根据工作需要依托本省相关单位建立相应的咨询决策机构。

第四，发展壮大促进中国文化走出去的非政府力量。为了改变中国对外文化交流由官方主打的格局，应当进一步健全完善政府主导、企业主体、市场运作、社会参与的人文交流机制。把政府交流与民间交流结合起来，鼓励高等院校、社会组织、中资机构等参与孔子学院和海外中国文化中心建设，承担人文交流项目，鼓励代表国家水平的各类文化艺术团体、艺术机构参与相应的国际组织并为促进中国文化走出去发挥积极作用，鼓励海外华人华侨积极开展中外人文交流。进一步优化文化走出去项目的组织实施模式，引导非政府组织等社会力量积极参与对外文化交流活动。发展壮大对外文化交流协会、孔子研究基金会、敦煌学基金会等国际影响力较大的非政府组织，以及发挥电影、电视、动漫、新闻出版和作家、音乐家、舞蹈家、戏剧家、民间艺术家等现有艺术门类行业协会组织的作用，促进非政府机构与国际相应机构开展文化交流合作。

7.2　健全文化走出去的法律法规体系

法治是改革发展的坚强保障。“任何一个巨大产业的发展，都需要法律给予体系化的支撑及调整”。[①] 健全完善文化走出去相关政策法规，才能保障对外文化交流与对外文化贸易的健康有序发展。近年来，为促进中国文化产业发展，以及为对外文化贸易市场主体发展创造良好的政策环境、法制环境和市场环境，中国逐步实施了一些文化管理法规，如《文物保护法》《专利法》《著作权法》《文化娱乐场所管理条例》《演出市场管理条例》《出版管理条例》《广播电视管理条例》《音像制品管理条例》和《计算机软件保护条例》《文物特许出口管理试行办法》《互联网视听节目服务管理规定》等。但从总体上看，这些国家法律、行政法规和部门规章有的是针对文化事业管理而制定的，带有过渡性，而且大多内容并不是以促进和保护文化产业为直接目的，尤其缺少涉外文化法规。此外，有一些法规与 WTO 对中国文化产业政策要求之间存在矛盾。为此，结合当前国际文化产业发展的新形势和 WTO 规则与政策要求，对现有文化管理法律规章进行全面梳理，加快“立、改、废”进度，逐步完善与社会主义市场经济相适应的文化法律法规，制定与之配套的部门规章和地方法规，形成促进涉外文化产业发展与对外文化交流的法律法规体系。

第一，制定和颁布《文化产业促进法》，确立中国文化产业发展的基本法，规范引导对外文化贸易和服务。加强对涉外文化产业的指导和管理，完善文化创意产业版权保护法律法规，加大对盗版、仿造、假冒等侵犯知识产权行为的制裁。保障各类文化市场主体的国民待遇，放宽市场准入与涉外经营条件，清除体

---

① 从立先. 网络版权问题研究[M]. 武汉:武汉大学出版社,2007:339.

制性障碍，简化行政审批，支持文化企业扩大规模，开拓海外市场。

第二，完善对外文化交流的管理法规。参照国际惯例和经验做法，加强对外文化交流的立法进程，将对外文化交流管理纳入法治化轨道。如对中央统筹项目与地方项目、政府资助项目、引进项目与派出项目的立项审批、人员选派和经费管理等方面做出明确规范。

第三，加快互联网文化管理立法，引导文化传播新兴业态健康发展。在文化产业与科技创新不断融合的趋势下，随着大数据、云计算、平面媒体、移动互联时代的到来，网络传播迅速发展，开启了人类生活的新空间，人类文明进入更高层次。与此同时，网络黑客、网络侵权、网络诈骗、网络色情、网络谣言等乱象亟须以法制形式加以强制性规范。当前，就网络文化产业来说，随着百度、阿里巴巴、腾讯、乐视网等互联网企业和部分制造业企业纷纷进入电影行业，以及中影集团、浙报传媒、湖南卫视等传统行业进入移动互联网游戏领域，更加凸显网络内容、网络视听、网络游戏管理立法工作的重要性、紧迫性。因此，要加快制定适应网络文化传播业态的版权保护制度，构建一个尊崇创新、鼓励创新的文化生态制度环境。

自20世纪90年代以来，中国一直非常重视网络相关立法工作，先后出台了《计算机信息系统安全保护条例》《中华人民共和国计算机信息网络管理暂行规定》《互联网文化管理暂行规定》《互联网信息服务管理规定》等一系列法律规范，但是具体实施中仍存在不完善、不配套的情况，网络立法还不能适应网络发展形势的需要。当前，对网络文化进行法律规制，既要解决好网络控制过度过宽的问题，又要制定法律法规引导和鼓励全社会通过网络信息弘扬和传播中华优秀文化。结合中国网络文化建设的实际，加强网络文化的立法管理，一是完善网络管理制度。如2014年8月国家国信办发布《即时通信工具公众信息服务发展管理暂行规定》，对微信为代表的即时通信工具进行管理，加强规范力度，要求微信公众号发布时政类新闻需取得互联网新闻信息服务资质。二是规范网络用户的行为。如原国家新闻出版广电总局《关于进一步完善网络剧、微电影等网络视听节目管理的补充通知》则强调“先审后播”，以强化对自制剧内容的审查管理。三是促进网络社会民间组织的组建。如中国动漫产业联盟、中国网络文学联盟、中国网络视频反盗版联盟、数字出版联盟等行业协会强化行业组织的自律和规范作用。四是建立完善网络信息评价和管理制度。如原文化部于2013年8月出台《网络文化经营单位内容自审管理办法》，设置专门的内容管理部门和人员负责网络文化产品及服务的内容管理，提高文化企业的自审能力与自律水平。这意味着对移动互联网产业的管理将会更加符合其内在特点与发展趋势，体现现代化网络治理的理念。五是加强互联网出版的国际版权保护合作。鉴于网络“无边界、传播快”等特点，网络时代的版权保护问题是一个国际难题，需要各国加强对话与合作，共同寻求解决办法。国家版权局应加强与世界知识产权组织及包括“一带一路”沿线国家在内的世界各国的版权保护合作，探索打击盗版跨境协作机制，促进优秀作品的有序传播，为版权创造与保护营造更加有利的国际环境。

7.3　优化完善文化走出去的政策支持体系

政策扶持是推动中国文化走出去的有力杠杆。考虑我国文化产品和服务出口起步晚、基础弱的实际，需要进一步加大政策扶持力度，完善有利于促进文化产业发展、对外文化交流、对外文化贸易的政策体系和运行机制。近年来，为引导、支持、扶植和促进文化走出去，中央和地方政府相关部门出台了投融资鼓励、财政补贴、税收优惠、政府奖励和外贸（外事）便利化等一系列政策措施，支持对外文化交流和文化产品、服务出口。从表7－1可知，中国政府支持文化走出去的政策呈现以下特点：一是从纵向来看，既有纲领性政策又有指导性和专门性政策，既有宏观决策又有中观规划和微观操作，有面有点地提供了不同层面的政策支持，政策系统性连贯性强。二是从横向来看，政策面宽、范围广，涉及文化产业各个领域，政策支持力度不断加大。从政策扶持的力度加大，政策数量的逐年增加可以看出，随着中国经济结构调整步伐的加快及文化产业不断发展，政府对文化走出去的重视程度在不断提高。

表7－1　国家支持文化走出去的相关政策

政策层次	政策文件名称	发布时间
纲领性文件	十七届六中全会《关于深化文化体制改革推动社会主义文化大发展大繁荣若干重大问题的决定》	2011.10
指导性政策	国务院《“十一五”文化发展规划纲要》，要求抓好文化“走出去”重大工程、项目的实施	2006.8
	国务院《文化产业振兴规划》提出“扩大对外文化贸易，落实国家鼓励和支持文化产品及服务出口的优惠政策，在市场开拓、技术创新、海关通关等方面给予支持”	2009.7
	原文化部《关于加快文化产业发展的指导意见》	2009.9
	中国人民银行、财政部、原文化部等九部门《关于金融支持文化产业振兴和发展繁荣的指导意见》	2010.3
	原文化部《“十二五”时期文化产业倍增计划》	2012.2
	国务院《国家“十二五”文化改革发展规划纲要》《国家“十三五”文化改革发展规划纲要》	2012.2；2017.5
	中央办公厅《深化文化体制改革实施方案》	2014.2
	原文化部“一带一路”文化发展行动计划	2016.12
	原文化部《“十三五”时期文化产业发展规划》	2017.4

续表

政策层次	政策文件名称	发布时间
专门性政策	原国家广播电影电视总局《关于进一步加强广播影视"走出去工程"管理工作的通知》	2004.9
	原文化部《关于促进商业演出展览文化产品出口的通知》	2004.12
	国务院办公厅《关于鼓励和支持文化产品和服务出口的若干政策》，确定了中国文化走出去政策的基本思路和框架。	2006.11
	商务部会同宣传、文化、外宣、外交等主管部门制定《文化产品和服务出口指导目录》	2007.4
	原文化部办公厅《关于奖励2007—2008年度优秀出口文化产品和服务项目的通知》	2008.10
	原文化部《2009—2010年度国家文化出口重点企业和项目目录》	2009.11
	原文化部《关于进一步推进国家文化出口重点企业和项目目录相关工作的指导意见》	2010.2
	原文化部《关于促进文化产品和服务"走出去"2011—2015年总体规划》	2011.4
	原文化部《关于鼓励和引导民间资本进入文化领域的实施意见》	2012.6
	原文化部、中国人民银行、财政部《关于深入推进文化金融合作的意见》	2014.3
	原文化部、国家发展改革委、财政部、国家文物局《关于推动文化文物单位文化创意产品开发的若干意见》	2016.5

资料来源：笔者根据有关文件资料整理而成。

不少文化企业和地方文化部门在走出去实践中反映，中国文化走出去支持政策仍存在明显缺陷，主要是：可操作性不强，多头分管导致一些政策在实际工作中执行难、障碍多，政策虽好却成为一纸空文，不能有效落实到位；由于政策制定部门庞杂，政策在执行中容易出现推诿扯皮，效率低下。同时，由于政策实施过程还没有建立考核评估体系，政策执行缺乏有力监督，导致国家的扶持资金难以见到应有的实效。从总体上看，当前国家支持文化走出去的政策体系还没有形成合力，亟待优化和完善。因此，要优化完善文化走出去的支持政策体系。

第一，以政策推动"互联网+""文化+"，促进文化产业结构优化升级。当前，以"互联网+"为代表的第三次互联网革命给全世界带来了深刻影响，"云计算、大数据等新一代信息技术发展迅猛、应用广泛，以数字化、网络化、智能化为重点的信息化，已成为国家核心竞争力的重要标志，成为推动经济社会文化等更好更快发展、重构规则的战略选择"。① 以互联网为基础，利用信息技术与文化产业跨界融合，推动文化产业结构优化升级，是推动中国文化走出去发

① 聂辰席．创新驱动　融合发展　加快推进广播影视信息化[N]．光明日报，2013-10-24.

展战略转型的必然选择。从国家战略层面，要通过政策引导，促进外向型文化产业结构优化布局。着力发展骨干文化企业和创意文化产业，培育新型文化业态，推动文化外贸转型升级、提质增效，构建结构合理、门类齐全、科技含量高、富有创意、竞争力强的现代文化产业体系。一是要推动数字文化产业创新发展。落实国家战略性新兴产业发展部署，制定推动数字文化产业创新发展的政策指导意见。推动优秀文化内容数字化转化和创新，丰富数字文化创意内容创作与供给，提升数字文化创意技术与装备水平。支持数字文化产业双创平台建设，构建数字文化产业创新生态体系，鼓励数字文化与相关产业融合发展。二是培育发展文化产业新业态。跨界、融合、创新是"互联网+"的本质特征。在"互联网+"浪潮下，文化创作、生产、传播、消费等各环节，以及与制造、建筑、设计、信息、旅游、农业、体育、健康等相关产业都将开启融合与创新的新征程，从而发展出跨界融合的新业态，形成文化产业发展新亮点。如文化旅游业，可以将文化创意、演艺、工艺美术、非物质文化遗产等与旅游资源整合，开发具有地域特色和民族风情的旅游演艺精品和旅游商品，开发集文化创意、旅游休闲、康体养生等主题于一体的文化旅游综合体。要鼓励引导以文化创意内容为核心，依托数字技术和"互联网+"，提升动漫、游戏、创意设计、网络文化等新兴文化产业发展水平，大力培育基于大数据、云计算、物联网、人工智能等新技术的新型文化业态，形成文化产业走出去新的增长点。三是促进传统文化行业转型升级。促进新一代信息技术在新闻出版、广播影视、演艺、娱乐、文化旅游、会展、工艺美术等传统文化行业中的应用，推进传统文化行业在内容创作、传播方式和表现手段等方面创新，推动线上线下融合发展，提升传统文化行业发展活力。推动优秀传统文化资源数字化进程，积极促进共享和利用。引导上网服务、游戏游艺、歌舞娱乐等行业转型升级，全面提高管理服务水平。推动中国（深圳）国际文化产业博览交易会、中国西部文化产业博览会、中国（义乌）文化产品交易会、中国国际网络文化博览会、中国国际网络文化博览会、中国国际动漫游戏博览会等重点文化产业展会转型升级，提升市场化、专业化、国际化发展水平。

第二，坚持政策引导创新驱动，打造以知识产权为核心的原创品牌。文化内容是文化创意产业核心资产和竞争力。优化以知识产权为核心的原创内容精品供给是中国文化走出去必须重点加强的方面。全球第二大娱乐品牌企业迪士尼公司创造出来的文化，传播世界各地且经久不衰，其经验在于不断发展原创内容供给，并以这些为基础，推进创意化、精准化、全球化和本土化发展，形成以主题公园、图书、动漫影视、电子游戏、玩具等多种文化娱乐形式相结合的方式，拓展品牌形成的价值链。习近平总书记指出，要"推动中国制造向中国创造转变、中国速度向中国质量转变、中国产品向中国品牌转变。”[①] 因此，要加强对文化内容创作生产的引导，推动文化产品创意内容的开发，打造文化精品品牌。一方面，要鼓励深入发掘中华优秀传统文化，弘扬以爱国主义为核心的民族精神和以改革创新为核心的时代精神，培育精品意识，推出一批思想性、艺术性、观赏性相统一，体现中华文化精髓、反映中国人审美追求、传播当代中国价值观念、符合世界进步潮流的文化精品。另一方面，要深入挖掘民族传统文化资源，推动文化资源活起来，以中华美学精神引领创意设计，把传统元素与时尚元素、民族特色与世界潮流结合起来，创作生产更多优秀原创文化创意产品，扩大中高端文化供给，努力推出更多弘扬中国梦主题、传播当代中国价值观念、体现中华文化精神，思想性、艺术性、观赏性有机统一的优秀作品。特别是要鼓励文化文物单位和社会力量深度合作，创作生产传承优秀传统文化、适应市场需要、满足现代消费需求的优秀文化创意产品。再一方面，要推进文化品牌建设。鼓励和引导文化企业坚守工匠精神，加强质量意识、精品意识、品牌意识和市场意识，提升品牌培育意识及知识产权创造、运用、保护和管理能力，积极培育拥有较高知名度和美誉度的文化企业品牌和文化产品品牌。

第三，坚持开放发展战略，引导文化企业和文化事业单位大胆走出去参与国际分工合作。随着经济与文化全球化、网络化、信息化、智能化的深入发展，文化资源与资本、产权（版权）、人才、技术、信息等文化产业生产与流通要素全球配置与流动的趋势正在形成。推动文化企业、事业单位走出去既是提高国家文化竞争力、影响力的需要，也是学习借鉴各国优秀文明成果、先进技术与管理经验，统筹利用国内外文化生产要素、市场条件，促进国内文化繁荣发展的需要。因此，要研究制定和落实对外文化贸易相关政策措施，加快我国文化企业和文化事业单位走出去步伐，深度参与国际文化产业分工协作，提升我国文化产业国际竞争力，构建互利共赢的文化产业国际交流合作新格局。一是要培育文化产业龙头企业国际合作竞争优势。通过制定发布国家文化出口重点企业和重点项目名录，为入选企业和项目在市场开拓、技术创新、海关通关、金融服务等方面创造有利政策条件等，培育一批具有国际竞争力的外向型文化企业，形成一批具有核心竞争力的文化产品和服务，打造一批具有国际影响力的文化品牌，全面提升在全球价值链中的地位。在优势领域加强国际标准制定和推广，抢占国际文化产业制高点。鼓励各类企业和资本通过新设、收购、合作等方式，在境外开展文化产业投资合作，建设国际营销网络，扩大境外优质文化资产规模。鼓励外资企业在

---

① 以质量创新促进中国制造向中国创造转变——论学习贯彻落实“三个转变”重要指示[N]. 中国质量报，2014-05-21.

华进行文化科技研发，大力发展文化服务外包，提升民族文化品牌科技内涵，突出“中国智造”理念。二是搭建文化产品和服务走出去平台和渠道。深入发挥国家对外文化贸易基地作用，辐射和带动更多文化企业及其产品和服务走出去。鼓励文化企业参加国际重要文化展会，提升国内展会的国际化水平。鼓励文化事业单位参加国外智库学习交流，鼓励文化企业借助电子商务等新模式新渠道拓展国际业务。借助“欢乐春节”活动等大型对外文化交流品牌，向世界展示推介我国优秀文化产品和服务。加强对外文化贸易公共信息服务，向文化企业发布海外文化市场信息。三是拓展文化产业国际交流合作新空间。坚持“走出去”和“引进来”相结合，吸引外商投资我国法律法规许可的文化产业领域，推动文化产业领域有序开放，提升引进外资质量和水平。建立健全双边、多边政府间文化贸易对话与合作机制，积极参与国际文化贸易规则制定，不断增加国际话语权。鼓励文化企业、文化事业单位与国外有实力的文化机构进行合作，学习先进技术和管理经验，不断提升我国文化产业面向国际市场的综合能力。配合“一带一路”建设重大战略，推动沿线城市积极开展对外文化贸易，扩大沿边地区与周边国家和地区的文化贸易往来，发挥各地自贸区开展文化贸易的优势和潜力，引导中西部地区文化贸易发展，形成全方位对外文化贸易格局。

第四，优化资本供给，构建灵活、多元、操作性更强的文化产业投融资体系。近年来，国家和省区市层面相应出台了《关于促进文化产业发展财政扶持资金实施办法》《关于鼓励和引导民间资本进入文化领域的实施意见》《关于深入推进文化与金融合作的实施意见》等一系列涉及财政、金融扶持和税收优惠的政策性文件，并以政府投入、银行贷款、产业引导基金、社会（民间）资金和上市融资等方式支持文化产业，帮助解决文化产业发展所需的资金投入困难。但是，总体上看，文化产业投融资体系结构不尽合理。与其他行业相比，由于文化产业自身轻资产、高风险的特殊性，文化产业的投融资仍然存在较大困难。希望政府能以更大的力度，以更灵活、更多元、操作性更强的政策，进一步支持重点文化企业发展壮大。一是创新政府投入方式，逐步引入市场化运作模式，加大对具有较好市场前景、战略性、先导性文化产业创新创业项目支持力度。通过专业投资基金、引导基金、众筹众包、互联网金融等方式对文化创新创业项目予以支持。二是鼓励地方政府设立文化走出去专项扶持资金。可重点用于保障重点创新领域文化发展的资金需求，支持文化创造、创意成果的产业化开发，鼓励文化企业开拓国际市场或到国外投资。三是设立文化走出去发展基金。以孔子教育基金会、敦煌研究基金会为基础，以政府投资、企业赞助、个人捐赠为资金来源，建立支持中外文化交流、国际汉学研究项目资助等功能的非政府性基金。以孔子教育基金会的名义支持海外兴办孔子学院、国际来华留学生奖励与资助资金投入，避免因为政府资金投入过大，导致国外舆论对孔子学院等项目的排斥和诟病。四是在国家层面建立中国文化产权交易所。可依托深圳市或上海市文化产权交易所，研究成立中国文化产权交易所。通过公开竞价发现市场价格，促进文化产业要素资源的流通。通过产权交易为优秀文化企业和文化产业项目，搭建直接融资平台。同时，交易所还可为文化企业提供股权托管、过户、质押登记等中介服务。五是鼓励金融机构对文化企业的信贷支持。建立由政府、企业与银行、担保机构等金融机构共同组成的联席会议制度，积极引导和鼓励金融机构拓展适合文化产业发展特点的贷款融资服务。国有银行可以设立专门的中小文化企业信贷部，拓展中小文化企业信贷业务；商业银行可以低息贷款给符合条件的文化企业；政策性银行应为符合条件的中小文化企业提供适时的政策性贷款。保险企业拓展文化企业及相关的保险服务。六是进一步完善税收扶持政策。“税收扶持政策对于企业的激励作用更直接而公平，对产业发展具有更长效、更稳定的促进作用，可以有效避免财政扶持政策可能出现的行政职能越位问题”。① 对于引导文化产业走出去而言，税收扶持政策同样具有明显的激励作用。具有自主知识产权、能代表中华文化，具有原创性和较高艺术水平的文化产品和服务出口进行税收优惠扶持。对高等学校、科研机构或个人服务于文化产品和服务走出去的文化创意转让、创意产品开发、技术咨询服务所取得的收入，减免所得税。利用税率调节鼓励引导社会资本进入文化领域。实行鼓励民族文化服务贸易和文化走出去的税收政策。对列入国家文化产品出口扶持计划且具有民族特色的文化产品，给予相应的退免税优惠。

第五，优化公共服务，为文化产业走出去创造高效的服务体系。文化公共服务是文化市场宏观管理的重要方式，也是文化繁荣发展的有力保障。美国、英国、日本、韩国等文化产业发达国家都相应建设了完善的公共服务平台，对文化产业提供重要的扶持、激励和引导作用。借鉴国外的经验，我们要在坚持和规范当前行之有效的文化发展相关扶持政策的基础上，探索推动文化走出去的管理机制创新，创造更加优质高效的公共服务。一是持续推进国家级文化产业公共服务平台建设，增强综合信息服务、项目宣传推介、公共技术支撑、投融资服务、资源共享、统计分析等功能。二是鼓励和支持各地建设文化产业服务、孵化平台，促进文化企业创新，降低创业成本。三是建立支撑文化市场宏观决策、市场准入、综合执法、动态监管等核心应用的文化市场技术监管系统，形成统一的信息共享平台、信用服务平台、业务关联平台、应用集成平台和技术支撑平台。运用云计算、大数据、移动互联网等新一代信息技术和手段，创新管理方式、再造管

① 魏鹏举．完善文化产业税收扶持政策［N］．光明日报，2013－05－02．

理流程，进一步提高管理水平和效率。四是鼓励发展文化行业协会等中介组织体系。电影、电视、动漫、新闻出版、文学、音乐、舞蹈、绘画、民间艺术等文化行业协会要逐步淡出政府管制，借鉴国际经验，建立以市场机制为导向，理事会方式运作，实行自律管理、自我服务的非营利性中介组织。政府以适当方式引导行业协会为国内企业或从业人员提供信息咨询、培训、资质评价、奖励和国际交流等相关服务。

7.4　构建重大项目绩效评估与信息反馈机制

绩效考评是保证政策效果的重要手段。绩效考核注重效果和责任，以结果为导向，有助于形成追责机制，规范决策程序，有助于深化预算改革，实现从“重投入”向“重效益”转变，最终提高财政资金的使用效益。对于文化走出去重大项目实施而言，通过开展绩效考评对项目实施情况做出正确评估与判断，并将考评结果及存在的问题反馈给决策层，有助于适时调整文化走出去的财政扶持政策和文化走出去重大项目的预算支出与督促落实。

第一，推进政府支持文化走出去重大项目实施情况的绩效评估与预算管理。“十二五”至“十三五”时期，财政重点支持了“经典中国”国际出版工程、中国出版物国际营销渠道拓展工程、重点出版行业企业海外发展扶持工程、中华精品出版工程、“原动力”中国原创动漫出版扶持计划、中国国际图书展销中心建设项目、丝绸之路影视桥工程、丝路书香工程等一系列中华文化走出去重点项目和工程（详见表7－2、表7－3）。要有计划地实施对这些重点工程项目绩效评估，根据评估结果编制未来的重点工程计划。同时，加大对文化走出去重点项目支出的预算管理，加强预算编制的科学性，预算执行的准确性和预算评价的严肃性。

第二，建立健全公共资产管理制度。随着文化走出去战略的不断推进，中国在海外的公共文化资产，以及土地、房屋、设备等固定资产数额越来越大。相应地，应将海外的公共资产列入绩效考评的一个重要内容。只有将其纳入绩效考核范围，相关海外文化资产才能不断发挥最大效益，避免出现资源闲置浪费的情况。

第三，建立完善文化走出去重点项目绩效考评体系。逐步建立完善项目评估配套制度，设计可量化的指标体系，探索建立评估结果反馈与问责机制；引导新闻出版广电及文化旅游部门加强项目实施管理，集中财力支持文化走出去重大项目建设。健全国家重点支持文化走出去重大项目工程社会效益综合评价体系和机制，加大舆论导向、内容质量、品位格调、国际影响等指标权重，因地制宜、科学把握收视率、上座率、点击率、排行榜、市场份额、采用率等国际评价指标。实践中，要在充分发挥已有评估机构功能作用的基础上，加大聘用第三方独立评估机构开展评估，发挥和运用信息科技手段，提高评估和反馈的速度、质量和效益。

表7-2 “十二五”期间出版行业“走出去”重大工程规划①

序号	名称	主要内容
1	“经典中国”国际出版工程	采用项目管理方式资助外向型优秀图书选题的翻译、出版、推广；以版权输出和出版合作等方式，实现对外出版发行，进入国外主流发行渠道，提高中国出版物出版水平和国际竞争力；鼓励向发达国家出口，以主流社会读者为对象，向国际市场推广中国优秀思想文化、精神文明以及历史成就。
2	中国出版物国际营销渠道拓展工程	积极实施“借船出海”战略，加强与全球性和区域性大型连锁书店的合作，拓展国际主流营销渠道；整合和巩固现有海外华文出版物营销渠道；积极开拓重要国际网络书店等新型出版物销售渠道；构建国际立体营销网络，推动更多的中国优秀出版物走向世界。
3	重点出版行业企业海外发展扶持工程	加快中国出版行业企业海外发展步伐，为中国重点出版行业企业在产品出口、境外机构设立、境外资本运营等方面提供支持；重点扶持20家外向型骨干企业，通过独资、合资、合作等方式，到境外建社建站、办报办刊、开厂开店；通过参股、控股等多种方式，扩大境外投资，参与国际资本运营和国际企业管理；营造良好环境和服务平台，鼓励和支持各种所有制企业拓展出版行业产品和服务出口业务。
4	两岸出版交流合作工程	大力推进海峡两岸出版行业交流合作，重点支持挖掘和整合两岸出版资源、文化资源，完善两岸业界交流机制，加强项目合作，共同开拓海外华文市场，弘扬中华文化。
5	中国国际图书展销中心建设项目	以服务国际出版物贸易、版权贸易为重点，建造国际一流的大型综合性交流平台，为各国参展商提供各项服务，为世界各地的出版商寻找到新的接触机遇。

资料来源：引自国家新闻出版总署《新闻出版业“十二五”时期发展规划》。

表7-3 “十三五”期间新闻出版广播影视“走出去”重点工程和项目

序号	名称	主要内容
1	重点报刊舆论引导力建设工程	加强重点报刊内容建设，对报刊开展主题宣传加大政策和资金的支持，支持主流媒体加强重点栏目、节目建设，培育一批知名栏目、节目和公众号，打造融媒体服务、智慧化传播的新型主流媒体。
2	中华优秀传统文化版权资源传承工程	遴选一批优秀公版版权资源，搭建中华优秀传统文化版权资源公共服务平台。建立中华优秀传统文化公益出版传播的版权资源免费使用、再创作回馈的文化传承良性运行机制，推动中华优秀传统文化的大众化、国际化传播。

① 中华人民共和国新闻出版总署．新闻出版业“十二五”时期发展规划[N]．中国新闻出版报，2011-04-21.

续表

序号	名称	主要内容
3	中华精品出版工程	实施一批对文化传承具有深远意义、反映时代精神、体现国家水平的重大精品工程，包括国家重大主题出版工程、重大精品出版工程、中国文艺原创精品出版工程、网络文学精品出版工程、中华民族音乐传承出版工程、有声读物精品出版工程、国家学术出版工程等。
4	“原动力”中国原创动漫出版扶持计划	扶持一批优秀项目，搭建中国原创动漫出版网络服务平台，实施“原动力”中国高校动漫出版孵化计划，引导促进国产原创动漫出版精品创作生产，推动优秀国产原创动漫出版“走出去”。
5	新闻出版海外发展扶持工程	重点扶持一批外向型骨干企业，鼓励多种所有制出版企业以资本为纽带，通过合资、合作、参股、控股等方式，到境外建社建站、办报办刊、开厂开店，扩大境外投资，输出重点产品。实施海外出版本土化项目。支持有实力、有实绩的民营企业开拓境外市场，设立海外出版营销企业，实现跨国经营。鼓励金融机构支持新闻出版企业海外并购、境外投资。
6	丝绸之路影视桥工程	以内容建设、渠道建设、品牌建设和技术设备输出等为主要内容，推动面向丝绸之路国家和地区的影视作品创作和发行，办好“丝绸之路国际电影节”、开展面向沿线国家的影视精品译配和创作，组织沿线国家跨境采访、媒体活动等品牌活动，推动广播影视对外技术合作和工程承包等。
7	丝路书香工程	面向周边国家和“一带一路”沿线国家，深入实施翻译资助、图书展会、国际出版合作、人才培养等项目，推动开展广泛、深入、务实、共赢的交流与合作，集中优势打造一批知名品牌。每年资助翻译出版多语种、小语种图书 150 种左右。
8	全国版权交易体系建设推进工程	重点培育 5－10 个在“一带一路”沿线、国家综合改革试验区、自由贸易区内的版权交易中心（基地），建立并完善全国性的版权贸易、版权交易协作联盟。推进“版权云”建设项目。建设国家版权交易平台。

资料来源：引自《新闻出版广播影视“十三五”发展规划》。

7.5　实施优秀文化人才培养工程

人是文化的主体，人才是文化发展的根本。以知识为基础，以创意为源泉的文化服务和文化创造活动，其竞争力归根结底决定于文化人才的数量和质量。文化走出去，要靠文化创意人才、文化经营人才和文化翻译人才。加快引进和培养这些方面的文化人才是文化走出去不断走向成功的关键环节。

当前，中国文化人才现状还不能适应建设文化强国的需要，特别是文化创意人才、文化经营管理人才、文化翻译人才不足，成了制约文化产业与对外文化贸易发展的瓶颈。而中国现有文化产业类管理人才培养理念比较滞后，尚未建立适应文化产业发展需要的人才培养体系，必须尽快改革，创新人才培育机制，培养大批量文化创意、艺术创作人才、国际文化市场营销人才、文化翻译人才，才能为中国文化产业走出去提供人才保障。

第一，制定实施具有前瞻性、系统性的优秀文化人才培养工程计划。文化创意源自人才的创造力、思想和技能。国际文化产业竞争的制胜法宝在于拥有富有创意的头脑。中国文化要打造能够在世界产生较大影响的文化精品，必须加快培养和吸引一批具有国际视野的文化创新复合型人才，造就创新人才辈出的文化人才生态环境。根据国际文化产业市场竞争的需要，制定一个造就一大批在全国乃至国际上有地位的拔尖文化人才，一大批精通外语和中国传统文化的文化创新人才，一大批跨资本运作、文化创意、信息科技三个领域的文化产业领军人才的中长期人才培养计划，分阶段有步骤地推进实施，力争在 10—20 年内把中国建设成为文化人才大国。尤其要重点培育文化产业领军人才，扶持培育一批在国内外有较大影响的文化理论名家、文学艺术大师、文化翻译名家和文化创意精英，作为推动中国文化走向世界的骨干力量。具体措施上要抓好以下几个方面：一是以产业发展为导向，以高端内容创作、创意设计、经营管理、投资运营、数字文化、文化金融等人才为重点，加强对文化产业人才的培养和扶持，为文化产业发展提供强有力的人才支撑。二是针对文化产业发展重点领域，办好各类人才培训班、研修班。推动文化产业相关学科专业建设，鼓励有条件的高等学校、中等职业学校和其他教育机构等开设文化产业相关专业和课程。三是发挥高校院所、培训机构、文化企业、园区基地、众创空间、孵化器等各自优势，推进产学研用合作培养人才。鼓励通过“走出去、请进来”方式，加强与各国文化产业界的交流合作，培养国际化文化产业人才。四是加快“一带一路”沿线国家语言文化人才（特别是小语种文化翻译人才）的培养与引进。目前我国高校小语种外语人才招生培养明显不足。据学者研究，当前我国高校开设的外语专业只能覆盖“一带一路”40 多种官方语言的一半左右，而且在已开设专业中，“波斯语、土耳其语和西瓦斯里语 3 个语种每年招生在 50 - 100 人之间，希腊语、希伯来语、乌尔都语、孟加拉语、尼泊尔语、普什图语、僧伽罗语和菲律宾语等 8 个语种均不足 50 人”。[①] 随着“一带一路”建设的推进，小语种外语人才需求紧缺状况将会更加凸显。需要从国家战略层面制定小语种人才培养的特殊政策，采取加大引进小语种师资、放宽语种专业开设条件等具体办法措施，加快小语种外语人才的培养。

第二，营造适宜人才成长成才与创新创业的社会环境。要大力推进人事制度改革，借鉴发达国家培养、引进、留住、用好文化人才的经验和政策，建立与文化生产规律和市场规律相适应的人事管理制度，建立反映精神生产特点和文化创新价值的分配制度，建立开放、公开、竞争的人才培养和引进机制，建设适宜创

① 郭景红. 中国文化走出去的几点思考和建议. 对外传播. 2016(6):54 - 55。

意人才、外向型文化人才创业和发展的社会空间。加强现有文化人才在职培训提高创新技能素质的同时，加快后备人才培养。开发和用好现有国际文化产业交流与合作平台，吸引国际化高端文化人才来中国创业发展。创造良好的文化环境，把北京、上海、广州、深圳等基础条件较好的大城市建设成为最适合文化人才干事创业的地方，最能体现人才价值的地方，成为天下英才向往、人才集聚和人才辈出的地方。

第三，激发专业文化工作者的创造活力。加强知识产权保护，为文化创新人才、研究人才在文化领域的发展创新提供制度保障。加大对各类优秀文化人才的奖励力度，重点扶持民间表演艺术、中国文化艺术品与传统工艺美术、中国传统文化研究等领域杰出人才走向世界；积极组织影视、出版、艺术创意和设计、文化旅游、网络文化、文化产品数字制作等方面骨干人才出国培训交流。加强文化产业领域智库建设，鼓励各地结合实际，建设文化产业专业智库，发挥好文化产业研究和咨询机构、文化产业专家委员会等在理论创新、智力支持、督查指导和项目评审等方面的作用。

7.6　加强中华优秀传统文化教育，提高国民的人文素养

广大民众是中国文化走出去最广泛、最具说服力的传播主体。正如中国文化学者、知名作家冯骥才所言："每个人都是文化的携带者。外国人就是通过我们来认识中国文化的。"向世界展现中国和中华民族的良好形象，彰显中华文化的影响力、感召力，这要求中国普通大众具有良好的文化素养。尤其在全球化深入发展的当下，世界人口大规模跨国流动，不同民族、不同国家人民在全球范围内交流接触广泛且频繁。不仅在国外的中国人和海外华人成为传播中国文化活生生的载体，而且国内普通民众也经常遇到外国人，也会成为展示民族文化的窗口。近二十几年来，社会人文精神普遍缺失的问题，已经引起舆论的高度关注。由于诸多历史与现实原因，当下中国社会，在市场经济大潮中，急功近利、见利忘义等现象屡见不鲜，拜金主义大行其道，人文精神在滑坡，伦理道德在弱化。不少国人只讲物质享受，不讲精神信仰，不尊重人的价值，不重视他人尊严与人格，与中华民族几千年所坚守的仁义、诚信道德相背离。中华优秀传统文化是中国文化软实力的活水源头，是连接中国历史、现在和未来的精神纽带，是民族生生不息的精神支柱，也是实现民族伟大复兴的精神底蕴。正如习近平总书记所强调"抛弃传统，丢掉根本，就等于割断了自己的精神命脉，博大精深的中华优秀传统文化是我们在世界文化激荡中站稳脚跟的根基"。[①] 因此，在推进中华文化走

① 习近平．把培育和弘扬社会主义核心价值观作为凝魂聚气强基固本的基础工程[N]．人民日报，2014－02－26.

向世界的过程中，全体国民必须加强中华传统文化的学习教育，切实提高自身的人文素养。

第一，把中国传统文化贯穿于学校正规教育全过程。党的十七届六中全会提出："优秀传统文化凝聚着中华民族自强不息的精神追求和历久弥新的精神财富，是发展社会主义先进文化的深厚基础，是建设中华民族共有精神家园的重要支撑。"文化传承的主要途径在教育。过去由于学校教育强调以科学知识和职业技能教育为主，对中国传统文化教育重视不够，造成了学生、老师、家长甚至整个社会人文精神的缺失。改变这种现状需要从国民教育体系上加以改革，强化中华优秀传统文化的学习教育。良好的传统文化素养需要从娃娃抓起。要实行教育改革，把中国优秀传统文化的教育融入小、中、大学教育的全过程。借助语文学科教学活动"积极引导中、小学生感悟中华优秀传统文化的精神内涵，更好地传播优秀传统文化知识，以立德树人捍卫基础教育阵地"。① 要将中国传统文化经典学习列入义务教育和高中、大学教育的必修课，建立有中国文化底蕴和国际视野的培养模式和教材体系，建立完善的中国文化教育考评体系。通过开设多种形式的传统文化艺术教育训练课程（如书法、绘画、武术、民族乐器等）、鼓励开展文化经典诵读，以及举办古典文化讲座、中华文化知识竞赛等相关主题活动，逐步加强青少年对中国优秀传统文化的认知和掌握。将中国文化相关知识纳入中考、高考升学考试范围，对中国文化学习成绩优秀的学生可以破格录取。另外，大学教育阶段，要把大学语文作为非中文专业的必修课，同时要像大学英语"四级"考试一样，开展《中国文化通识》考试，考试不过关的不能取得毕业证。因为大学生是民族的未来和希望，他们承担着弘扬民族优秀文化的历史责任，只有通过系统科学的民族传统文化精华的学习教育，掌握必备的人文素养，才能形成正确的文化价值观，才能成为合格的中华民族伟大复兴建设者和接班人。

第二，让中华优秀传统文化与社会主义核心价值观走进社会教育的大课堂。弘扬中华优秀传统文化是培育社会主义核心价值观的重要途径。除学校正规教育之外，还应重视并通过文化窗口教学体系，延伸课堂教学，延展中华优秀传统文化学习内容和实践平台。如可通过家庭生活这一传统文化学习和实践平台，强化对未成年人传统文化习俗、文明礼节、家庭伦理观念的教化。特别是引导年轻人参与春节、元宵节、清明节、中秋节等传统民族节庆活动，激发年轻一代潜移默化地学习掌握民间传统节庆内容、风俗、礼仪，让优秀民族文化传承融入家庭日常生活，使每个中国人知礼仪、明孝悌、讲仁德，增进文明素养和文化自觉。电视、广播等大众传播媒体，是引导全社会学习传承中华优秀传统文化、社会主义

① 韩宝江．语文学科实施传统文化教育探究[J]．新课程研究，2016(9)：4.

核心价值观的有效载体。近年来中央电视台“百家讲坛”“朗读者”“汉字书写大赛”，河北卫视“中华好诗词”“中华成语大讲堂”等电视品牌栏目受到海内观众的好评。要进一步丰富和创新中华传统文化学习传承的实践载体和平台，引导全体公民重视传统文化的学习，打牢对民族优秀文化的情感根基，增强文化自信和传习意识，为核心价值观的全民认同和自觉实践提供良好基础。

第三，将中华传统文化素养列入国家人才选拔大体系。习近平总书记曾指出“中国传统文化博大精深，学习和掌握其中的各种思想精华，对树立正确的世界观、人生观、价值观很有益处”。中华传统文化强调修身齐家、立德立言立行。实践证明，中华传统文化修养较高的人才，其道德境界也相应较高。我们党选拔人才强调德才兼备，以德为先。因此，为突出考核人才德方面的素养，建议加大力度，把中国传统文化素养列入国家公务员考试、国家事业单位工作人员招聘等人才选拔考试范围，并适当增加所占比重。通过国家人才选拔考试这一指挥棒，有效引导全社会积极学习中华优秀传统文化，增强传统文化的吸引力和影响力。更为重要的是，通过这种考试选拔上来的人才，其人文素养、人文精神更有保障。让一大批具有深厚民族文化底蕴和人文精神的人才来治国理政，中国社会治理将有更多的人文关怀，中华优秀传统文化也会得到发扬光大，中国文化必将更加繁荣辉煌。

参考文献

[1]骆玉安.关于实施中华文化走出去的战略思考[J].殷都学刊,2007(2).

[2]廖建军,雷鸣.从文化软实力角度看“走出去”战略[J].出版发行研究,2010(2).

[3]杨利英.中国文化“走出去”战略研究[D].中国人民大学,2010.

[4]曲慧敏.中华文化走出去战略研究[D].山东师范大学,2012.

[5]张殿军.论中国“文化走出去”[J].理论探索,2012(6).

[6]胡晓明.如何讲述中国故事?——“中国文化走出去”的若干理论与实践问题[J].华东师范大学学报(哲学社会科学版),2013(5).

[7]冯颜利.中华文化如何“走出去”文化影响力建设的问题、原因与建议[J].人民论坛,2013(8).

[8]雷兴长,李者聪.中国文化产品走向世界的战略步骤与战略选择[J].求实,2013(4).

[9]赵跃.本土化与全球化的交融——中国传统文化走出去问题探析[J].理论学刊,2014(2).

[10]李超民.增强文化整体实力和竞争力的意义和路径[J].东岳论丛,2013(12).

[11]王雅坤,耿兆辉.中国文化走出去的影响因素及路径选择[J].河北学刊,2013(3).

[12]范军.中国新闻出版“走出去”的理论与实践(上)、(下)[J].出版发行研究,2011(11)、(12).

[13]潘文年.中国出版业“走出去”研究[D].南京大学,2011.

[14]肖洋,谢红焰.入世十年中国数字出版“走出去”的现状及问题研究[J].编辑之友,2012(10).

[15]李京宇.中国数字出版“走出去”发展的动力机理及模型[M].华中科技大学,2014.

[16]周敏,浮琪琪.数字化出版助力中国文化走出去的现状及问题探析[J].科技与出版,2015(7).

[17]崔玉宾. 中国文化“走出去”的现状及对策分析[J]. 人民论坛,2013(5).

[18]邓显超,袁亚平. 从话语转换看中华文化走出去[J]. 长白学刊,2012(4).

[19]王雅坤,耿兆辉. 中国文化走出去的影响因素及路径选择[J]. 河北学刊,2013(3).

[20]任成金. 中国文化走出去的历史借鉴与现实选择[J]. 中州学刊,2015(2).

[21]杨威,关恒. 当代中国文化“走出去”路径探究——基于唐宋文化对外传播方式的考察[J]. 学术论坛,2015(11).

[22]张志洲. 文化外交与中国文化“走出去”的动因、问题与对策[J]. 当代世界与社会主义,2012(3).

[23]韩震. 对外文化传播中的话语创新[J]. 中国特色社会主义研究,2016(1).

[24]曾婕,沈壮海,刘水静. 中华文化“走出去”战略及其实践研究[J]. 江汉论坛,2016(2).

[25]康同辉,李春雷,袁勤俭. 文化“走出去”视角下数字出版内容创新研究[J]. 学术论坛,2015(2).

[26]吴卫民,石裕祖. 中国文化“走出去”路径探析[J]. 学术探索,2008(6).

[27]齐勇锋,蒋多. 中国文化走出去战略的内涵和模式探讨[J]. 东岳论丛,2010(10).

[28]张晓风,金起文. 文化走出去的模式及转型[J]. 青年记者,2012(11下).

[29]王玉梅. 中央媒体走出去的现状及对策研究[D]. 中央民族大学,2011.

[30]李伟荣. 中国文化“走出去”的外部路径研究[J]. 中国文化研究,2015(3)6.

[31]李怀亮,万兴伟. 中国影视文化产品“走出去”的问题与对策[J]. 现代传播,2011(11).

[32]苏红燕. 在国际文化交流中推动中华文化走向世界[J]. 理论学习,2012(1).

[33]王国平,袁也. 推进中国传媒文化“走出去”研究[J]. 求索,2013(5).

[34]舒志彪,王志. 推动中华文化走向世界的路径思考——基于传播学视觉的分析[J]. 传媒,2013(7).

[35]王志勤,谢天振. 中国文学走出去:问题与反思[J]. 学术月刊,2013(2)7.

[36]徐永红. 中医药文化对外传播研究[D]. 华东师范大学,2014.

[37]李建军. 中华文化走出去新视角[J]. 新疆师范大学学报哲学社会科学版,2015(4).

[38]唐世鼎. 打造中华文化走出去的新品牌——中国春晚的海外传播与启示[J]. 对外传播,2016(2).

[39]杨英法,张骥. 借力汉语国际化推进中华文化走向世界的思考[J]. 河北师范大学学报(哲社版),2016(1).

[40]花建. 中国文化地缘和中国文化"走出去"的新格局[J]. 东岳论丛,2012(1).

[41]范玉刚. 文化"走出去"要有新思维、新视野[J]. 中共中央党校学报,2011(2).

[42]祁述裕. 当前文化建设的几个重点难点问题[J]. 行政管理改革,2013(1).

[43]黄波涛. 中华文化走出去财政政策研究[M]. 北京:社会科学文献出版社,2013(7).

[44]韩震,陈海燕. 协同创新推动中国文化走出去[J]. 国家教育行政学院学报,2015(3).

[45]余同元. 文化及中国文化概念述论[A]. 传统文化研究第 17 辑[C]. 北京:群言出版社,2009.

[46]梁漱溟. 东西文化及其哲学[M]. 北京:商务印书馆,1922:24.

[47]梁启超.《饮冰室合集》第五册[M]. 北京:中华书局,1989.

[48](英)爱德华·泰勒. 原始文化[M]. 杭州:浙江人民出版社,1988.

[49](美)克拉克·威斯勒. 人与文化[M]. 北京:商务印书馆,2004.

[50]马克思,恩格斯.《马克思恩格斯选集》第 1 卷[C]. 北京:人民出版社,1995.

[51]毛泽东.《毛泽东选集》第 2 卷[C]. 北京:人民出版社,1991.

[52]张岱年. 文化与哲学[M]. 北京:教育科学出版社,1988.

[53]王佐书. 文化走出去[M]. 北京:人民日报出版社,2013.

[54]任成金. 中国文化走出去的历史借鉴与现实选择[J]. 中州学刊,2015(2).

[55]张殿民. 改革开放后的中国文化外交浅析[J]. 黑龙江社会科学,2012(01).

[56]张西平. 中国文化走出去年度研究报告(2012 卷)[R]. 郑州:大象出版社,2012.

[57]来有为,张晓路. 全球化条件下支持和引导中国文化产业走出去[J]. 中国发展观察,2016(4).

[58]中华人民共和国文化部对外文化联络局,北京大学文化产业研究院. 中

国对外文化贸易年度报告(2012,2014)[R].北京:北京大学出版社,2012,2014.

[59]蔡虹.中国故事国际表达[J].中国经济周刊,2014(22).

[60]李建伟、杨阳.中国出版业发展现状与走出去策略探析[J].中国出版,2015(5).

[61]刘芳.如何加强我国媒体国际传播能力建设[J].传媒,2011(10).

[62]潘源.消除软实力“软肋”传播“中国梦”愿景[J].民族艺术研究,2013(6).

[63]陈丽菲,俞锦莉.数字时代出版传播与阅读文化特征探讨[J].媒介研究,2009(2).

[64]王庚年.国际传播发展战略[M].北京:中国传媒大学出版社,2011.

[65]刘燕飞.中国传统文化图书“走出去”研究[M].北京:人民出版社,2015.

[66]吴雪.坚定文化自信 弘扬优秀传统文化[J].福建省社会主义学院学报,2017(2).

[67](英)罗素,秦悦译.中国问题[M].上海:学林出版社,1996.

[68]李景源.略论中国文化走出去[J].江汉论坛,2006(11).

[69](美)塞缪尔·亨廷顿,周琪译.文明的冲突[M].北京:新华出版社,2013.

[70]习近平.习近平谈治国理政[M],北京:外文出版社,2016.

[71]艾斐.时代文化论要[M].太原:山西经济出版社,2003.

[72]黄波涛.中华文化“走出去”的财政政策研究[M].北京:社会科学文献出版社,2013.

[73]陈晓径,王乐梅.中国对法国文化外交及其反响[M]//张利华.中欧文化外交及影响.北京:知识产权出版社,2014.

[74]张国祚.中国文化软实力研究要论选[C].北京:社会科学文献出版社,2013.

[75]武斌.中华文化海外传播史(亚洲)[M].西安:陕西人民出版社,1998.

[76]李怀亮.当代国际文化贸易与文化竞争[M].广州:广东人民出版社,2005.

[77]李百玲.美国建构国家文化软实力的路径分析[J].当代世界与社会主义,2011(6).

[78]刘笑盈,付江.世界第一通讯社:美联社[J].对外传播,2009(5).

[79]刘笑盈.世界财经信息专家:路透社[J].对外传播,2009(6).

[80]明安香.传媒全球化与中国崛起[M].北京:社会科学文献出版社,2008.

[81]叶靓,邵育群.美国“公共外交2.0”:现状与发展趋势[J].当代世界,2010

(3).

[82]曹伟.揭秘美国智库:“最强大脑”如何影响世界[J].小康,2015(9).

[83]熊澄宇.世界文化产业研究[M].北京:清华大学出版社,2012.

[84]郭瑞军.伦敦奥运会开幕式透视英国创意文化产业[J].大观周刊,2012(37).

[85]郭萍,张景学.提高国家文化软实力的国际比较与借鉴[J].郑州航空工业管理学院学报,2009(4).

[86]花建等.文化软实力:全球化背景下的强国之道[M].上海:上海人民出版社,2013.

[87]赵可金.美国与法国的公共外交实践[J].公共外交季刊,2010(3).

[88]骆郁廷等.文化软实力——战略、结构与路径[M].北京:中国社会科学出版社,2012.

[89]陈静.电视媒体的“内容本土化”策略浅析[J].视听,2015(08).

[90]王凤仙.文化全球化语境下国际传播问题的传播学解读[J].新闻界,2009(1).

[91]戴蓉.孔子学院与中国语言文化外交[M].上海:上海社会科学出版社,2013.

[92]花建.大力发展中国文化跨国公司——迈向十三五的战略任务与创新举措[J].学习与探索,2015(5).

[93]刘伟.宁夏中阿文化交流的成果与机遇[J].中国穆斯林,2014(01).

[94]刘欣路.中国在阿拉伯国家的文化软实力亟待提升[J].公共外交季刊,2012(04).

[95]魏鹏举.完善文化产业税收扶持政策[N].光明日报,2013-05-02.

附　录　中国文化跨文化传播问卷调查表

(The questionnaire of the Cross - cultural Communication of Chinese Culture)

尊敬的　　先生/女士：

您好！首先感谢您在百忙之中对我们课题研究的大力支持！本问卷调查旨在了解海外友人学习和传播中国文化的有关情况。您答题的完整性、真实性对研究的科学性很重要。本调查采取匿名问卷方式进行，您的回答不涉及对和错，并处于完全保密状态，请您不必有任何顾虑。只要您按照自己的实际情况来回答问题，就对本调查具有很大的价值，每份问卷的结果只用于学术上的统计分析。非常感谢您的配合！

中国文化跨文化传播研究笔者

Ladies and Gentlemen,

Thank you for your time to support our research project. This questionnaire aims to understand the learning and dissemination of Chinese culture of foreign friends. The integrity and authenticity of you answers are very important to the scientific nature. This survey is conducted in anonymous questionnaire. Your answers are not involved in right and wrong, and in a state of complete sealed, so please you do not hesitate. Your truthful answers will be a great value to this research. The results of the questionnaire will be used for academic statistical analysis only. Thank you very much for your cooperation.

The research team of the Cross - cultural Communication of Chinese Culture

说明：请选择您认为最合适的选项（在所选项前面的□内画√；或者填写字母，需要填写空格的如实填写）

Instruction: please choose the most suitable option (take √as on your options; or fill in the letter; fill in the blank space)

1. 您的基本情况

Personal Information

男 Male		女 Female		国籍 Nationality				
年龄 Age	18 岁以下 Under 18		19 - 25 岁 19 - 25		26 - 40 岁 26 - 40		41 岁以上 Over 41	
学历 Education	高中及以下 High School or Below		大学 Bachelor		硕士 Master		博士 PhD	
职业 Occupation	（请填写）			最熟悉的语言 The most familiar language（s）		（请填写）		
学习汉语 的时间 How long have been study Chinese	不到半年 Less than half year		7 至 12 个月 7 to 12 Months		1 至 2 年 1 to 2 years		3 年 以上 Over 3 years	

2. 对于以下有关中国的内容，您是怎么看的（请在表格中画钩）：

Please check the ones you know or like

内容 Content	知道吗 Do you know?			喜欢吗 Do you like?			有没有接触过或了解过 Do you contact with or understand?		
	知道 know	不知道 unknown		喜欢 Like	不喜欢 dislike		有 Have	没有 None	
长城 The Great Wall			A1			A2			A3
兵马俑 Terra - Cotta Warriors			A4			A5			A6
茶 叶 Tea			A7			A8			A9
中 医 Traditional Chi- nese Medicine			A10			A11			A12
包饺子 Making Dump- lings			A13			A14			A15

续表

内容 Content	知道吗 Do you know?			喜欢吗 Do you like?			有没有接触过或了解过 Do you contact with or understand?		
	知道 know	不知道 unknown		喜欢 Like	不喜欢 dislike		有 Have	没有 None	
中国功夫 Chinese Kungfu			A16			A17			A18
舞龙舞狮 Dragon and Lion Dance			A19			A20			A21
中国书法 Chinese Calligraphy			A22			A23			A24
中国民乐 Chinese Folk Music			A25			A26			A27
中国诗词 Chinese Poetry			A28			A29			A30

3. 最初决定学习汉语的最主要目的是（单选） A31

（1）到中国留学 （2）找工作或工作需要 （3）增长知识

（4）出于个人兴趣 （5）便于了解中国文化

3. What is your propose of study Chinese?（Single option） A31

（1）To study in China （2）To find a job or job requirement

（3）Increase knowledge （4）Personal Interest

（5）To understand Chinese culture

4. 了解中国文化，经常采用的方式是（可选 2 项） A32 - A33

（1）读中文图书 （2）上中文网站 （3）看中文电影电视

（4）看中国演出 （5）看中文报刊 （6）到中国旅游

（7）收听中文广播 （8）其他

4. What approaches do you use to learn Chinese Culture?（double options）A32 - A33

（1）Reading Chinese books （2）Surfing on Chinese websites

（3）Watching Chinese films and television shows （4）Watching Chinese performance

（5）Reading Chinese newspaper and magazine （6）Travelling to China

（7）Listening to Chinese broadcast （8）Others

5. 认为最能代表中国文化的是（可选 3 项） A34 - A36

（1）孔子　（2）道德经　（3）四书五经　（4）武术旗袍大花脸
（5）大红灯笼　（6）莫言小说　（7）长城　（8）舞龙舞狮

5. Which options do you think represent the Chinese culture the most?（triple options）A34 – A36

（1）Confucius　（2）Tao – te – ching　（3）Four Books and Five Classics
（4）Chinese Martial Arts，Cheong – sam，Beijing Opera Facial Masks
（5）Red Lantern　（6）Mo Yan's Novel　（7）the Great Wall
（8）Dragon and Lion Dance

6. 在中国，最想学习了解的是（可选 2 项）　A37 – A38

（1）汉语（普通话）　（2）中国传统哲学　（3）中医养生　（4）功夫
（5）中国传统艺术　（6）科学技术　（7）管理知识

6. Which options do you want to learn the most in China?（double options）A37 – A38

（1）Mandarin　（2）Chinese Traditional Philosophy　（3）Traditional Chinese Medicine Health Keeping

7. 喜欢读有关中国哪类图书（可选 3 项）　A39 – A41

（1）中国政治类　（2）中国经济类　（3）中国社会类　（4）中国地理类
（5）中国旅游类　（6）中国历史类　（7）中国古典文学类

7. What kinds of Chinese books do you like to read?（triple options）　A39 – A41

（1）Chinese Politics　（2）Chinese Economy　（3）Chinese Society
（4）Chinese Geography　（5）Chinese Travel　（6）Chinese History
（7）Chinese Classic Novel

8. 阅读过中国版图书的大概数量有：　A42

（1）5 本以下　（2）6 – 20 本　（3）21 – 50 本　（4）51 本以上

8. How many books have you read in Chinese version?　A42

（1）Less than 5 books　（2）6 – 20 books　（3）21 – 50 books
（4）More than 50 books

9. 阅读过英文版（母语版）的中国图书大概数量有：　A43

（1）5 本以下　（2）6 – 20 本　（3）21 – 50 本　（4）51 本以上

9. How many books about china have you read in your mother language?　A43

（1）Less than 5 books　（2）6 – 20 books　（3）21 – 50 books
（4）More than 50 books

10. 观看过中国电影的大概数量有：　A44

（1）5 部以下　（2）6 – 10 部　（3）11 – 20 部

（4）21－30部　（5）31部以上

10. How many Chinese films have you watched? A44

（1）Less than 5 films　（2）6－10 films　（3）11－20 films

（4）21－30 films　（5）More than 31 films

11. 看过中国电视剧的大概数量有： A45

（1）5部以下　（2）6－10部　（3）11－20部　（4）21－30部

（5）31部以上

11. How many Chinese television shows have you watched? A45

（1）Less than 5 films　（2）6－10 films　（3）11－20 films

（4）21－30 films　（5）More than 31 films

12. 对于中国的电脑游戏，曾经玩过的数量大概有： A46

（1）0个　（2）3个以下　（3）4－5个（4）6－10个（5）11个以上

12. How many Chinese computer games have you played? A46

（1）0　（2）less than 3　（3）4－5　（4）6－10　（5）more than 11

13. 对于中国的动漫，看过的数量大概有： A47

（1）0个　（2）3个以下　（3）4－5个　（4）6－10个　（5）11个以上

13. How many Chinese animation have you watched? A47

（1）0　（2）less than 3　（3）4－5　（4）6－10　（5）more than 11

14. 知晓的中国歌曲的数量有： A48

（1）0首　（2）1－3首　（3）4－5首　（4）6－10首　（5）11首以上

14. How many Chinese songs do you know? A48

（1）0　（2）less than 3　（3）4－5　（4）6－10　（5）more than 11

15. 观看过的中国歌舞表演的次数有： A49

（1）0次　（2）1－3次　（3）4－5次（4）6－10次　（5）11次以上

15. How many Chinese Dancing & Singing Performance have you watched? A49

（1）0　（2）less than 3　（3）4－5　（4）6－10　（5）more than 11

16. 观看过中国文化艺术（博物馆）展览的次数有： A50

（1）0次　（2）1－3次　（3）4－5次（4）6－10次　（5）11次以上

16. How many times have you visited Chinese cultural arts exhibition (museum)? A50

（1）0　（2）1－3　（3）4－5　（4）6－10　（5）more than 11

17. 到中国旅游，共游览了多少个地方（或城市）： A51

（1）1个　（2）2－4个　（3）5－7个　（4）8－10个　（5）11个以上

17. How many places have you been in China? A51

(1) 1 (2) 2 - 4 (3) 5 - 7 (4) 8 - 10 (5) more than 11

18. 去过或最想去旅游的中国城市是（可选 3 项）： A52 - A53

(1) 北京 (2) 上海 (3) 广州 (4) 深圳 (5) 桂林（阳朔）

(6) 昆明 (7) 成都 (8) 拉萨 (9) 其他城市 ________

18. Which cities you have visited or want to go the most in China (triple options) A52 - A53

(1) Beijing (2) Shanghai (3) Guangzhou (4) Shenzhen

(5) Guilin (Yangshuo) (6) Kunming (7) Chengdu (8) Lasa

(9) Other city ________

19. 了解中国哪些节日？（可选 2 项）： A54 - A55

(1) 春节 (2) 元宵节 (3) 端午节 (4) 中秋节 (5) 清明节

(6) 重阳节

19. What Chinese festival do you know about? (double options) A54 - A55

(1) Spring Festive (2) Lantern Festival (3) Dragon - boat Festival

(4) Mid - autumn Festival (5) Tomb - sweeping Festival

(6) Double Ninth Festival

20. 曾购买中国文化艺术品的花费大概有： A56

(1) 50 美元以下 (2) 50 - 100 美元 (3) 100 - 300 美元

(4) 300 - 500 美元 (5) 500 美元以上

20. How much have you spent on purchasing Chinese cultural artworks? A56

(1) Less than 50 US dollars (2) 50 - 100 US dollars (3) 100 - 300 US dollars

(4) 300 - 500 US dollars (5) more than 500 US dollars

21. 认为中国文化在海外的交流与传播效果是： A57

(1) 非常好 (2) 比较好 (3) 一般 (4) 不太好 (5) 非常不好

21. What do you think about the effect of the intercommunion and spreading of Chinese culture in other countries? A57

(1) Very good (2) Good (3) Normal (4) Not good (5) Very bad

22. 认为中国文化跨文化传播最需要改进的方式是（可选 2 项）： A58 - A60

(1) 电影 (2) 展览 (3) 图书 (4) 电视节目 (5) 孔子学院

(6) 网络 (7) 国际会议

22. Which way of the spreading of Chinese cross - culture do you think needs to be improved the most? (double options) A58 - A60

(1) Movie (2) Exhibition (3) Book (4) TV program

（5）Confucius Institute　（6）Internet　（7）International convention

23. 认为电影或电视剧中“当代的中国故事”　A61

（1）吸引人　（2）有意思　（3）较枯燥　（4）难理解　（5）不可信

23. What do you think about “modern Chinese stories” in movies or TV programs?　A61

（1）Attractive　（2）Interesting　（3）Boring　（4）Confusing　（5）Unauthentic

24. 认为中国文化中对世界影响最大的主要是（可选 2 项）：　A62

（1）儒家思想　（2）孙子兵法（3）道家思想（4）毛泽东思想　（5）中国现代化建设理论　（6）说不清

24. What Chinese cultures do you think have the biggest influence in the world?（double options）　A62

（1）Confucianism　（2）Sun Tzu’s Art of War　（3）Taoism　（4）Mao Zedong Thought　（5）Theory of the Construction of China’ s Modernization　（6）Uncertain

25. 现在对中国的印象与未曾来中国之时比，有哪些变化？（可选 2 项）　A63 – A64

（1）对中国人的印象比原来更好；　（2）对中国人的印象比原来更差了；

（3）对中国政府的印象比原来好；　（4）对中国政府的印象比原来更差了；

（5）对中国民间社会印象更好些；　（6）对中国民间社会印象更差了；

（7）没有什么大的改变；　（8）不好说。

25. What have been changed in your impressions before you came to China and after you visited China?（double options）　A63 – A64

（1）I have a better impression of Chinese people after I came to China.

（2）I have a worse impression of Chinese people after I came to China.

（3）I have a better impression of China’s Government after I came to China.

（4）I have a worse impression of China’s Government after I came to China.

（5）I have a better impression of China’s civil society after I came to China.

（6）I have a worse impression of China’s civil society after I came to China.

（7）No change.

（8）Uncertain.